실속 100%

개정판

러시아어 첫걸음 2

랭기지플러스

머리말

개정판을 내며

    <실속 100% 러시아어 첫걸음> 책이 출판된 지 벌써 10여년의 시간이 지났습니다. 어떤 언어이든 기본 문법이나 어휘는 시대가 바뀐다고 해서 크게 변화하는 것이 아니기 때문에 굳이 개정판을 낼 필요가 있을까 생각하기도 했지만, 이 기간 동안 학생들을 가르치고, 또 이 교재로 러시아어를 독학한 학생들의 피드백을 들으며, 누구나 혼자서도 학습할 수 있도록 필요한 사항을 추가하였습니다. 문법 설명 부분을 강화하고, 듣기를 따로 훈련할 수 있도록 듣기 평가 파트를 더하고, 여전히 러시아에서는 널리 사용되고 있는 러시아어 필기체를 연습할 수 있는 쓰기 노트를 제작하고, 그 사이 러시아에서 사용 빈도가 현격히 줄어든 단어들을 제외하는 등을 책의 구석구석을 새로 손보아 개정판을 출간하게 되었습니다.

    이 책은 대학에서 처음으로 러시아어를 배우는 학생들을 대상으로 문법과 회화 수업을 연계하여 진행할 수 있도록 구성되어 있습니다. 예비과를 제외한 모든 과들은 문법을 다루는 «ГОВОРИ́ТЕ ПРА́ВИЛЬНО!» 부분과, 앞서 배운 문법에 근거하여 회화를 연습하는 «ДАВА́ЙТЕ ПОГОВОРИ́М!» 부분으로 나뉘어져 있습니다. 국내 대다수의 러시아어 관련학과의 커리큘럼이 저학년의 경우 러시아어 1·2, 러시아어회화 1·2 등과 같이 짜여져, 문법과 회화를 나누어 가르치도록 되어있는데, 그 두 수업 사이의 연계성을 높여 학습한 문법을 기초로 정확한 언어를 구사할 수 있도록 하는 교재를 개발하자는 것이 저자들의 집필 의도였습니다. 개정판은 훨씬 자세한 문법 설명을 담고 있고, 회화 공부를 도울 수 있는 mp3 파일과 듣기 평가 파트, 그리고 필기체 쓰기 노트까지 함께 제작되어, 독학으로 러시아어를 공부하는 학생들이 이 교재를 사용하는 데에도 별다른 어려움이 없으리라 생각됩니다.

    초급 단계의 러시아어 학습을 위한 교재를 집필하며, 저자들이 특히 주의를 기울인 것은 다음의 세 가지 사항이었습니다.

    먼저, 이 책의 가장 큰 집필 원칙은 '문법에 기초한 말하기 학습'입니다. 외국어 습득 초기 단계부터 회화를 중심으로 외국어를 교육하는 것이 최근 들어 널리 사용되고 있는 교수법의 특징이지만, 막상 현장에서 러시아어를 가르치다 보면, 탄탄한 문법 지식에 기반하지 않은 암기 위주의 회화 학습은 응용력을 키워 주지 못하는 한계를 지닌다는 것을 경험하게 됩니다. 저자들은 각 과에서 배운 기본 문법들을 중심으로 어떻게 하면 해당 문법을 최대한 활용하여 바르게 말하게 할 것인가를 회화 파트의 중심 주제로 삼았습니다. 편의상 각 과의 제목을 해당 과에서 다루는 회화 파트의 주요한 테마로 잡기는 했지만, 본 교재는 회화의 중심 주제에 따라 문법을 설명하는 회화 중심의 교재와는 방향을 달리 설정하고 있습니다. 우리의 관심은 테마별로 회화 능력을 키우고, 이를 위해 필요한 경우 문법을 익히도록 하는 것이 아니라, 어떻게 배운 문법을 최대한 말하기에 활용할 것인가에 맞추어져 있습니다.

두 번째로 저자들이 특별한 주의를 기울인 부분은 이 책의 '발음편'입니다. 사실상 영어보다 훨씬 복잡한 듯 보이는 러시아어의 철자와 발음은 처음 러시아어를 공부하는 학생들이 부딪히게 되는 최초의 어려움이기도 합니다. 저자들이 발음편에 1시간이 넘는 mp3 파일 러닝타임을 할애한 것은 정확한 발음 습득과 러시아어 음운 체계에 대한 기초적인 이해가 초급 단계 러시아어 학습에 있어 매우 중요한 역할을 차지한다는 생각 때문입니다. 더욱이 책의 구성을 보면 알 수 있듯이, 총 4과에 걸쳐 '발음편'을 학습하면서, 학생들은 단순히 암기식으로 개별 철자를 익히는 것이 아니라, 러시아어 음운 체계에 대한 기본 지식을 습득하고(이러한 지식은 나중에 문법, 특히 격과 관련된 문법을 학습하는 데 있어 아주 중요한 역할을 하게 됩니다), 간단한 단문을 만들고, 기본 억양 패턴을 연습하게 됩니다.

세 번째로 들 수 있는 이 책의 주요한 특징은 충실한 '부록'입니다. 교재가 초급 단계용으로 집필된 것인 만큼, 저자들은 본과에서 학생들이 학습하며 가질 수 있는 부담을 최소화하려고 하였습니다. 예를 들어, 어떤 명사가 전치사 в와 결합하고, 어떤 명사가 전치사 на와 결합하는지를 설명할 때, 본문에는 각각에 해당하는 대표 명사들을 1학년 학습에 필요한 정도로 최소화하여 나열했습니다. 하지만, 장기적으로 볼 때 분명 학생들은 기본적인 명사 외에 또 어떤 명사가 전치사 в 혹은 на와 결합하는지 궁금해할 것입니다. 따라서 본문에서는 가장 중요하고 기본적인 정보들을 다루고, 그 외의 필요한 정보들은 상세하게 구성된 부록에 실었습니다. 부록만으로도 학생들은 러시아어의 기본 문법을 잘 정리할 수 있을 것입니다.

10여년 만에 개정판을 출간하며 '정확한 문법에 기초한 말하기'라는 본 교재의 집필 방향이 여러분의 러시아어 학습에 많은 도움이 되기를 바라는 마음입니다.
끝으로, 꼼꼼하게 개정판 작업을 마무리해 주신 랭기지플러스 편집부 여러분께 감사의 인사를 전합니다.

안지영, G. A. 부드니고바

이 책의 구성

본과

ГОВОРИ́ТЕ ПРА́ВИЛЬНО!

기초 단계 학습자들의 수준에 맞게 해당 단원에서 배울 문법 사항을 상세하게 설명하였습니다. 각 문법 내용을 설명한 다음 연습문제를 제시하여 학습자들이 연습문제를 풀어 보면서 해당 문법을 제대로 습득하였는지 바로 파악할 수 있습니다. 또 '복습하기'를 제시하여 해당 과 이전까지 배운 문법 전체를 복습하고 새로운 문법을 공부할 수 있게 하였습니다.

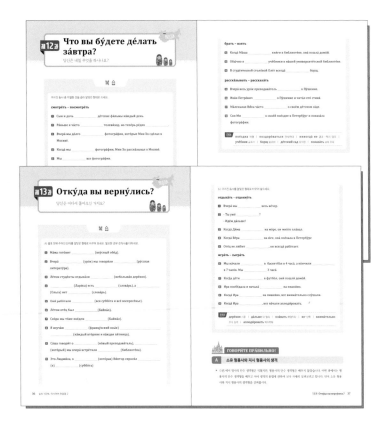

ДАВА́ЙТЕ ПОГОВОРИ́М!

앞에서 다룬 문법을 기반으로 다양한 회화 연습을 할 수 있도록 내용을 구성하였습니다. 다양하게 제시되는 연습문제를 통해 회화 능력을 기를 수 있습니다.

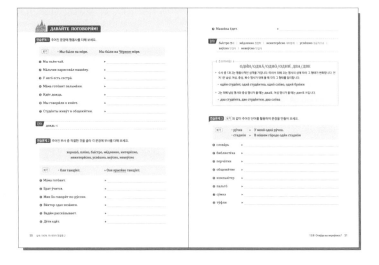

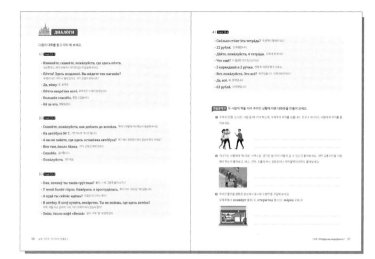

ДИАЛО́ГИ

회화문을 원어민의 음성으로 녹음된 mp3 파일로 들으면서 청취 실력을 기르고 유창하게 말하기 연습을 할 수 있습니다.

※ mp3 파일은 랭기지플러스 홈페이지에서 다운로드 받을 수 있습니다.
www.sisabooks.com

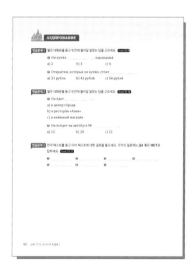

АУДИ́РОВАНИЕ

한 과를 마무리하면서 듣기 연습문제를 구성하였습니다. 듣기 연습문제를 풀어보면서 원어민의 발음과 억양에 집중해 봅시다.

문화

짤막하게 구성한 러시아 문화 이야기도 읽어 보면서 러시아에 한 발짝 더 다가가 보세요.

목 차

제12과   Что вы бу́дете де́лать за́втра? 12

당신은 내일 무엇을 하시나요?

제13과   Отку́да вы верну́лись? 36

당신은 어디서 돌아오신 거지요?

제14과   Ско́лько вам лет? 64

당신은 몇 살입니까?

제15과   Да́йте, пожа́луйста, слова́рь. 104

사전 좀 주세요.

제16과   брат ста́рше сестры́. 154

남동생이 여동생보다 나이가 많아요.

제17과   Ско́лько у вас бра́тьев и сестёр? 178

당신은 남동생과 여동생이 몇 명인가요?

제18과   Идти́ или ходи́ть? ··········   204

идти를 쓸까요, ходить를 쓸까요?

제19과   Гуля́я в па́рке, мы разгова́ривали. ·········   234

공원에서 산책하며 우리는 이야기를 나누었습니다.

제20과   Магази́и закры́т или откры́т? ·········   258

가게 문이 닫혔나요, 열렸나요?

— 부록 ···········   284

— 연습문제 정답 ··········   312

— 단어장 ··········   348

학습 구성표

단원	문법 포인트	회화 포인트
12과 Что вы бу́дете де́лать за́втра? 당신은 내일 무엇을 하시나요?	▸ 불완료상/완료상 원형 ▸ 미래형 ▸ 자음 변환 ▸ -OBATЬ, -EBATЬ형 동사 ▸ 진행 중에 일어난 일	▸ 과거형 문장으로 말하기 ▸ 미래형 문장으로 말하기 ▸ 동시동작, 순차동작을 묘사하는 말하기 ▸ 여가를 어떻게 보내는지에 대한 대화 연습하기
13과 Отку́да вы верну́лись? 당신은 어디서 돌아오신 거지요?	▸ 소유 형용사와 지시 형용사의 생격 ▸ 일반 형용사의 생격 ▸ 단수 생격의 용법 ▸ 날짜 표현 ▸ ÉСЛИ 구문	▸ 형용사, 부사를 더해 말하기 ▸ 수사를 사용하여 말하기 ▸ 길을 묻고 답할 때 사용하는 대화 연습하기 ▸ 다양한 물건 구매와 관련된 대화 연습하기
14과 Ско́лько вам лет? 당신은 몇 살입니까?	▸ 인칭대명사의 여격 ▸ 일반 명사의 여격 ▸ 소유 형용사/재귀 형용사/지시 형용사와 일반 형용사의 여격 ▸ 여격의 용법 ▸ 전치사 K를 취하는 동사 ▸ -BA-형 동사 변화	▸ 여격 구문 사용하여 선호 표현하기 ▸ 여격 구문 사용하여 당위 표현하기 ▸ 나이를 묻고 답하기 ▸ 의복과 신발 구매에 필요한 대화 연습하기
15과 Да́йте, пожа́луйста, слова́рь. 사전 좀 주세요.	▸ ДÓЛЖЕН/ДОЛЖНА́/ДОЛЖНЫ́ : ~해야 한다 ▸ ХОТÉТЬ : 원하다 ▸ 명령문 ▸ 명령문과 동사의 상 ▸ 청유문 ▸ 대명사의 조격 ▸ 명사의 조격 ▸ 조격의 용법	▸ 명령문 사용하여 말하기 ▸ 가능/불가능에 관하여 묻고 답하기 ▸ 질병과 관련된 다양한 표현을 사용하여 말하기 ▸ 질병에 관하여 의사와 나누는 대화 연습하기

	단원	문법 포인트	회화 포인트
16 과	Брат ста́рше сестры́. 남동생이 여동생보다 나이가 많아요.	▸ 직접 인용 명령문을 간접인용문 으로 만들기 ▸ 복수 여격 ▸ 복수 조격 ▸ 형용사/부사의 비교급 ▸ 접속사 И, А, НО	▸ 복수 여격과 조격 사용하여 말하기 ▸ 비교급 사용하여 말하기 ▸ 축하 인사 전하기 ▸ 생일 축하와 관련된 대화 연습하기
17 과	Ско́лько у вас бра́тьев и сестёр? 당신은 남동생과 여동생이 몇 명인가요?	▸ 복수 생격 ▸ 불규칙 복수 생격 ▸ 상시 단수 명사의 생격형 ▸ 일반 형용사의 복수 생격 ▸ 복수 대격 ▸ ЧЕ́РЕЗ와 НАЗА́Д ▸ 가정법	▸ 다양한 수사를 사용하여 말하기 ▸ 시계를 보고 시간 표현하기 ▸ 러시아어로 된 메뉴판 읽기 ▸ 식사 주문과 관련된 대화 연습하기
18 과	Идти́ или ходи́ть? идти를 쓸까요, ходить를 쓸까요?	▸ 복수 전치격 ▸ 운동 동사 ▸ 정태 동사와 동사의 상 ▸ 연도 표현	▸ 복수 전치격 사용하여 말하기 ▸ 운동 동사 사용하여 말하기 ▸ 시간을 어떻게 보냈는지에 대하여 묻고 답하기 ▸ 여가 시간 사용에 관한 대화 연습하기
19 과	Гуля́я в па́рке, мы разгова́ривали. 공원에서 산책하며 우리는 이야기를 나누었습니다.	▸ 불완료상 동사의 부동사 ▸ 완료상 부동사 ▸ 형동사	▸ 온도 표현하기 ▸ 날씨에 관하여 말하기 ▸ 일기예보 듣고 전하기 ▸ 날씨에 따라 여행 계획을 세우며 대화하기
20 과	Магази́и закры́т или откры́т? 가게 문이 닫혔나요, 열렸나요?	▸ 피동형동사 ▸ 운동 동사 ПРИХОДИ́ТЬ – ПРИЙТИ́, ПРИЕЗЖА́ТЬ – ПРИЕ́ХАТЬ	▸ 피동형동사 단어미형 사용하여 말하기 ▸ 주어진 정보에 대해 최대한의 질문 만들어 보기 ▸ 오래된 건축물의 건립연도에 대해 말하기 ▸ 모스크바국립대학에 대해 묻고 답하기

본과

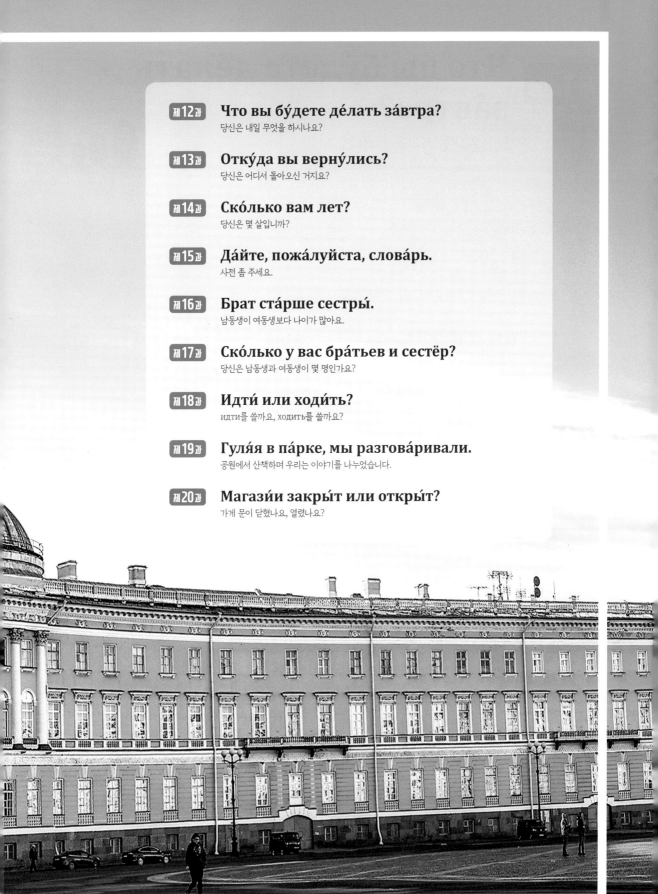

제12과 **Что вы бу́дете де́лать за́втра?**
당신은 내일 무엇을 하시나요?

제13과 **Отку́да вы верну́лись?**
당신은 어디서 돌아오신 거지요?

제14과 **Ско́лько вам лет?**
당신은 몇 살입니까?

제15과 **Да́йте, пожа́луйста, слова́рь.**
사전 좀 주세요.

제16과 **Брат ста́рше сестры́.**
남동생이 여동생보다 나이가 많아요.

제17과 **Ско́лько у вас бра́тьев и сестёр?**
당신은 남동생과 여동생이 몇 명인가요?

제18과 **Идти́ или ходи́ть?**
идти를 쓸까요, ходить를 쓸까요?

제19과 **Гуля́я в па́рке, мы разгова́ривали.**
공원에서 산책하며 우리는 이야기를 나누었습니다.

제20과 **Магази́и закры́т или откры́т?**
가게 문이 닫혔나요, 열렸나요?

Что вы бу́дете де́лать за́втра?

당신은 내일 무엇을 하시나요?

복 습

주어진 동사 중 적절한 것을 골라 알맞은 형태로 쓰세요.

смотре́ть – посмотре́ть

1 Сын и дочь _____ де́тские фи́льмы ка́ждый день.

2 Ра́ньше я ча́сто _____ телеви́зор, но тепе́рь ре́дко _____.

3 Вчера́ мы до́лго _____ фотогра́фии, кото́рые Мин Хо сде́лал в Москве́.

4 Когда́ мы _____ фотогра́фии, Мин Хо расска́зывал о Москве́.

5 Мы _____ все фотогра́фии.

6 Когда́ мы _____ фотогра́фии, мы поу́жинали.

7 Когда́ Мин Хо учи́лся в Москве́, он ка́ждую неде́лю _____ бале́т в Большо́м теа́тре.

спра́шивать – спроси́ть

8 Вчера́ студе́нты до́лго _____ Макси́ма о пое́здке в Москву́.

9 Снача́ла преподава́тель поздоро́вался, пото́м _____ : «Как дела́?»

10 Я никогда́ не _____ Ната́шу о её дру́ге.

11 Ты уже́ _____ преподава́теля об экза́мене?

брать – взять

⓬ Когда́ Ма́ша _____ кни́ги в библиоте́ке, она́ пошла́ домо́й.

⓭ Обы́чно я _____ уче́бники в на́шей университе́тской библиоте́ке.

⓮ В студе́нческой столо́вой Оле́г всегда́ _____ борщ.

расска́зывать – рассказа́ть

⓯ Вчера́ весь уро́к преподава́тель _____ о Пу́шкине.

⓰ Ива́н Петро́вич _____ о Пу́шкине и чита́л его́ стихи́.

⓱ Ма́ленькая Ви́ка ча́сто _____ о своём де́тском са́де.

⓲ Сон Ми _____ о свое́й пое́здке в Петербу́рг и показа́ла фотогра́фии.

단어 пое́здка 여행 | поздоро́ваться 인사하다 | никогда́ не 결코 ~하지 않다 | уче́бник 교서 | борщ 보르쉬 | де́тский сад 유치원 | показа́ть 보여 주다

ГОВОРИ́ТЕ ПРА́ВИЛЬНО!

A | **불완료상/완료상 원형**

▶ 〈1권〉에서 우리는 러시아어 동사 상의 기본적인 의미와 활용을 살펴보았습니다. 〈2권〉에서도 계속해서 러시아어 동사 상의 다양한 활용을 배우게 될 것입니다. 12과에서는 먼저 러시아어 동사원형의 쓰임에 대하여 익히고, 동사원형이 사용되는 경우에 어떻게 상을 결정하는지에 관해서 배웁니다.

▶ 한국어나 영어도 동사를 명사화하여 사용하는 경우가 종종 있습니다. 예를 들어, "나는 책 읽기를 좋아한다", "I like to read" 같은 문장은 '읽다(read)'라는 동사를 명사화(책 읽기/reading)하여 사용하고 있습니다. 영어에서는 to 부정사의 명사적 용법이나 동명사를 사용하여 동사를 명사화하는 데 반해 러시아어는 동사 뒤에 동사원형을 사용하여 동사를 명사화합니다. 다음의 예문을 볼까요?

- **Я люблю́ гуля́ть.** 나는 산책하는 것을 좋아해.
- **Он на́чал рабо́тать в э́том кафе́.** 그는 이 카페에서 일하기 시작했다.

위의 예문에서 볼 수 있는 것처럼 명사화된 동사는 명사이자 동사이기 때문에 단독으로만 쓰이지 않고 뒤에 격을 지배하기도 하고, 다양한 부사구를 동반하기도 합니다.

▶ 다음 예문을 해석해 봅시다.

- **Ольга лю́бит чита́ть.**
- **Оте́ц поза́втракал и на́чал чита́ть газе́ту.**
- **Ми́ша забы́л прочита́ть текст.**

첫 번째 예문을 한번 해석해 볼까요? 첫 문장의 올바른 해석은 "올가는 읽는 것을 좋아한다."입니다. 동사 **чита́ть**가 마치 'to 부정사'의 명사적 용법처럼 사용되어 **лю́бит**의 목적어로 쓰인 것이지요. 두 번째 문장은 "아버지는 아침을 드시고 신문 읽기를 시작하셨다.", 세 번째 문장은 "미샤는 텍스트 읽는 것을 잊어버렸다."로 해석할 수 있겠지요. 한 가지 기억해 둘 것은 모든 타동사가 동사원형을 목적어로 취할 수는 없다는 것입니다. 목적어로 동사원형을 취하는 동사가 나올 때마다 하나씩 개별적으로 익혀 두는 것이 좋습니다.

▶ 그렇다면 동사원형의 상은 어떻게 결정하는 것일까요? 〈동사 + 동사원형〉에서 동사원형의 자리에는 완료상 동사가 올 수도 있고 불완료상 동사가 올 수도 있습니다. 위의 세 예문에서도 마지막 문장에만 완료상 동사원형, **прочита́ть**가 사용되었습니다. 그래서 어떤 동사 뒤에 완료상 동사원형이 오고, 어떤 동사 뒤에 불완료상 동사원형이 오는지 알아 두는 것이 좋습니다. 물론 불완료상, 완료상 동사원형을 모두 목적어로 취하는 동사들도 있습니다. 먼저 아래 표의 상단의 동사들은 반드시 불완료상 동사원형을 취하는 동사이고, 하단의 동사는 반드시 완료상 동사원형을 취하는 동사이니 꼭 따로 익혀 두어야 합니다.

люби́ть 사랑하다 начина́ть – нача́ть 시작하다 стать 시작하다, ~하게 되다 конча́ть – ко́нчить 끝내다 учи́ться – научи́ться 배우다, 익히다	+ 불완료상 동사원형
забы́ть 잊다	+ 완료상 동사원형

ЗАБЫ́ТЬ

▶ забы́ть 동사에는 '~을 잊다'라는 뜻만이 아니라 '(정신이 없어서) ~을 어디에 놓고 오다, 두고 오다'라는 뜻도 있습니다. 이 경우 забы́ть 동사는 뒤에 동사원형이 아니라 명사를 취합니다.

· Сего́дня Анто́н забы́л слова́рь. 오늘 안톤은 사전을 두고 왔다.

· Сего́дня Анто́н забы́л слова́рь до́ма. 오늘 안톤은 사전을 집에다 두고 왔다.

· Вчера́ Анна забы́ла очки́ в библиоте́ке. 어제 안나는 안경을 도서관에 놓고 왔다.

연습문제 1 주어진 동사 중 적절한 것을 골라 알맞은 형태로 쓰세요.

говори́ть – сказа́ть

❶ Мы у́чимся хорошо́ _____ по-ру́сски.

❷ Студе́нты лю́бят _____ по-ру́сски.

❸ Извини́, я забы́л _____ об э́том.

❹ Ребёнок уже́ научи́лся хорошо́ _____.

❺ Когда́ преподава́тель ко́нчил _____, мы на́чали писа́ть.

писа́ть – написа́ть

❻ Ба́бушка лю́бит _____ пи́сьма, а де́душка не лю́бит _____.

❼ Оля сде́лала дома́шнее зада́ние, но забы́ла _____ упражне́ние № 3.

❽ Ви́ктор прочита́л текст и на́чал _____.

❾ Воло́дя посмотре́л фильм и стал _____ письмо́.

❿ В шко́ле де́ти у́чатся _____ и чита́ть.

покупа́ть – купи́ть

⓫ Ма́ма почти́ всё купи́ла, но забы́ла _____ я́блоки.

⓬ Ива́н Никола́евич лю́бит _____ кни́ги в большо́м кни́жном магази́не «Прогре́сс».

단어 почти́ 거의 | я́блоко 사과 | кни́жный магази́н 서점 | прогре́сс 진보

Б   미래형

▶ 이번에는 러시아어 동사의 미래 시제를 살펴봅시다. 불완료상 동사도, 완료상 동사도 모두 미래 시제로 사용될 수 있습니다. 불완료상 동사의 미래형은 〈быть 동사의 미래형(бу́ду, бу́дешь, бу́дет, бу́дем, бу́дете, бу́дут) + 불완료상 동사원형〉의 형식을 취합니다. 완료상 동사는 현재형이 없기 때문에 동사 변화 자체가 곧 미래형 변화가 됩니다.

	чита́ть	прочита́ть
я	бу́ду чита́ть	прочита́ю
ты	бу́дешь чита́ть	прочита́ешь
он(а)	бу́дет чита́ть	прочита́ет
мы	бу́дем чита́ть	прочита́ем
вы	бу́дете чита́ть	прочита́ете
они́	бу́дут чита́ть	прочита́ют

연습문제 2 다음 동사를 미래형으로 변화시켜 보세요.

	рабо́тать	посмотре́ть	сде́лать	изуча́ть	изучи́ть
я					
ты					
он(а)					
мы					
вы					
они́					

	говори́ть	поу́жинать	брать	петь	спеть
я					
ты					
он(а)					
мы					
вы					
они́					

다음의 완료상 동사는 불규칙하게 변화하기 때문에 동사 변화를 따로 암기해 두어야 합니다. 빈칸에 알맞은 동사 변화를 써 넣어 보세요.

	다ть (주다)	взять (잡다)	встать (일어나다)	нача́ть (시작하다)	пойти́ (가다)
я	дам	возьму́	вста́ну	начну́	пойду́
ты	дашь	возьмёшь	вста́нешь	начнёшь	пойдёшь
он(а)	даст				
мы	дади́м				
вы	дади́те				
они́	даду́т	возьму́т	вста́нут	начну́т	пойду́т

<table><tr><td>B</td><td>자음 변환</td></tr></table>

▶ 이번에는 동사가 변화할 때 자음 변환이 일어나는 동사를 살펴봅시다. 그간 여러분이 공부했던 동사 중 **ви́деть** 동사는 1인칭 단수형이 **ви́жу**였지요? 이렇듯 동사가 변화할 때 원형의 자음이 그대로 쓰이는 것이 아니라 변환된 자음이 사용될 때 이를 자음 변환이라고 합니다. 다음의 불완료상, 완료상 동사들은 동사가 변화될 때 자음 변환이 일어나는 대표적인 동사이니 꼭 암기해 두세요. 표의 좌측에는 어떤 자음이 어떤 모음을 만날 경우 어떤 자음 변환이 일어나는지가 적혀 있습니다. 다음과 같이 동사원형이 **-ить**나 **-еть**로 끝날 때 종종 자음 변환이 일어납니다. 또 자음 변환이 1인칭 단수(**я**)형에서만 일어나는 경우도 있고, 동사 변화 전체에서 걸쳐 일어나는 경우도 있으니 주의해서 살펴보세요.

д – ж	(д + ить)	приходи́ть	прихожу́, прихо́дишь, прихо́дят
	(д + еть)	ви́деть	ви́жу, ви́дишь, ви́дят
т – ч	(т + ить)	отве́тить	отве́чу, отве́тишь, отве́тят
п – пл	(п + ить)	купи́ть	куплю́, ку́пишь, ку́пят
	(п + еть)	терпе́ть	терплю́, те́рпишь, те́рпят
б – бл	(б + ить)	люби́ть	люблю́, лю́бишь, лю́бят
в – вл	(в + ить)	гото́вить	гото́влю, гото́вишь, гото́вят
м – мл	(м + ить)	знако́мить	знако́млю,знако́мишь, знако́мят
ст – щ	(ст + ить)	чи́стить	чи́щу, чи́стишь, чи́стят
с – ш	(с + ить)	спроси́ть	спрошу́, спро́сишь, спро́сят
	(с + ать)	писа́ть	пишу́, пи́шешь, пи́шут

| з – ж | (з + ить) | вози́ть | вожу́, во́зишь, во́зят |
| | (з + ать) | сказа́ть | скажу́, ска́жешь, ска́жут |

▶ 동사원형이 –чь로 끝나는 동사의 경우는 다음과 같은 자음 변환이 일어납니다.

мочь	могу́, мо́жешь, мо́жет, мо́жем, мо́жете, мо́гут
помо́чь	помогу́, помо́жешь, помо́жет, помо́жем, помо́жете, помо́гут
печь	пеку́, печёшь, печёт, печём, печёте, пеку́т

단어 приходи́ть 오다, 도착하다 | ви́деть 보다 | отве́тить 대답하다 | купи́ть 사다 | терпе́ть 참다 | люби́ть 사랑하다 | гото́вить 준비하다 | знако́мить 소개하다 | чи́стить 깨끗하게 하다 | спроси́ть 질문하다 | писа́ть 쓰다 | вози́ть 운반하다 | сказа́ть 말하다 | мочь ~을 할 수 있다 | помо́чь 도와주다 | печь 굽다

연습문제 3 다음의 동사를 미래형으로 변화시켜 보세요.

	рассказа́ть	встре́тить	попроси́ть	уви́деть	прости́ть
я					
ты					
они́					

	написа́ть	поста́вить	показа́ть	пригласи́ть	полюби́ть
я					
ты					
они́					

단어 проси́ть – попроси́ть 부탁하다 | проща́ть – прости́ть 용서하다 | ста́вить – поста́вить 세우다 | пока́зывать – показа́ть 보여 주다 | приглаша́ть – пригласи́ть 초대하다

연습문제 4 괄호 안에 주어진 동사를 적절한 미래형으로 바꾸어 넣으세요.

❶ Мы всё ле́то _____ на мо́ре. (отдыха́ть)

❷ За́втра я _____ Ната́шу в кино́. (пригласи́ть)

❸ На у́жин ма́ма _____ пельме́ни. (пригото́вить)

❹ Ско́ро экза́мены, в воскресе́нье Вади́м весь день _____ в библиоте́ке. (занима́ться)

❺ За́втра я обяза́тельно _____ сувени́ры. (купи́ть)

❻ - Что вы бу́дете де́лать за́втра?

   - Мы _____ в те́ннис. (игра́ть)

❼ - Ты уже́ написа́л письмо́?

   - Нет, за́втра обяза́тельно _____. (написа́ть)

❽ Когда́ ты _____ о свое́й пое́здке в Петербу́рг? (рассказа́ть)

❾ За́втра я _____ на твой вопро́с. (отве́тить)

❿ В суббо́ту на́ша семья́ _____ в теа́тр на но́вый бале́т. (пойти́)

⓫ - Когда́ вы _____ в Росси́ю?

   - Я _____ ле́том. (пое́хать)

단어 пельме́ни 펠메니(러시아식 만두) | обяза́тельно 반드시 | пое́здка в + 대격 ~로의 여행 | отве́тить на вопро́с 질문에 답하다

ИДТИ – ПОЙТИ, ÉХАТЬ – ПОÉХАТЬ의 미래형

▶ 〈1권〉에서 우리는 러시아어 운동 동사의 특별한 쓰임에 관하여 배웠습니다. 예를 들어, 어제 어디를 다녀왔다(왕복)고 말할 때는 정태 동사가 아니라 부정태 동사 ходи́ть나 éздить의 과거형을 사용해야 합니다.

- Вчера́ я ходи́л в теа́тр. 어제 나는 극장에 다녀왔다.
- Ле́том мы éздили в Москву́. 여름에 나는 모스크바에 다녀왔다.

이 경우 «Вчера́ я шёл в теа́тр.*», «Ле́том мы éхали в Москву́.*» 등의 문장을 사용하면 비문이 되는 것이지요.

▶ 러시아어 운동 동사의 미래형 용법에도 주의해야 할 용례가 있습니다. 분명 불완료상 미래형이 존재하지만(идти́: я бу́ду идти́, ты бу́дешь идти́, они́ бу́дут идти́, éхать: я бу́ду éхать, ты бу́дешь éхать, они́ бу́дут éхать), 정태 동사의 불완료상 미래형은 아주 드물게, 특별한 상황에서만 사용됩니다.

- За́втра я бу́ду 4 часа́ éхать в Пуса́н.
- Когда́ я бу́ду éхать в Пуса́н, я бу́ду чита́ть э́тот рома́н.

첫 번째 문장은 "나는 내일 네 시간 동안 부산으로 차를 타고 갈 거야."라는 뜻입니다. 이 경우 '네 시간 동안'이라는 시간 부사가 있기에 불완료상 미래형을 사용합니다. 두 번째 문장은 "내가 부산으로 가는 동안 나는 이 소설을 읽을 거야."라는 뜻입니다. 이 경우 미래에 있을 동시 동작이기에 정태 동사의 불완료상 미래형을 사용합니다. 정태 동사의 미래형은 이렇게 매우 제한적인 경우에 사용합니다.

▶ 반면 단순히 '~에 갈 것이다'라는 미래형 구문에서는 불완료상 미래형이 아니라 완료상 미래형을 사용해야 합니다.

- За́втра я пойду́ в теа́тр. 내일 나는 극장에 갈 거야.
- Ле́том мы пое́дем в Москву́. 여름에 우리는 모스크바로 갈 거야.

심지어 "무엇을 할 거니?"라는 불완료상 미래형 질문에도 종종 완료상으로 답합니다.

- Что ты бу́дешь де́лать в суббо́ту? 너는 토요일에 무엇을 할 거니?
- В суббо́ту я пое́ду на мо́ре. 토요일에 나는 바다에 갈 거야.

연습문제 5 주어진 불완료상/완료상 동사 중 적절한 것을 골라 알맞은 형태로 넣고, 완료상 혹은 불완료상 동사를 사용한 이유를 설명해 보세요.

расска́зывать – рассказа́ть

❶ За́втра Анто́н весь ве́чер _____ о Москве́.

❷ Когда́ мы пообе́даем, Ма́ша _____ о Коре́е.

❸ Когда́ она́ _____ о Коре́е, она́ бу́дет пока́зывать фотогра́фии.

❹ - Что Юля бу́дет де́лать ве́чером?

  - Ве́чером она́ _____ о свое́й пое́здке на Сахали́н.

❺ - Что он сде́лает, когда́ пообе́дает?

  - Он _____ о своём путеше́ствии.

чита́ть – прочита́ть

❻ - Что вы бу́дете де́лать за́втра?

  - За́втра я _____ но́вый рома́н.

❼ Снача́ла мы _____ рома́н «Война́ и мир», пото́м посмо́трим фильм.

❽ В пя́тницу я пое́ду в Пуса́н на по́езде. 4 часа́ я бу́ду спать и́ли _____ газе́ты.

гото́вить – пригото́вить

❾ За́втра я обяза́тельно _____ ру́сские пельме́ни.

❿ Ве́чером у нас бу́дут го́сти, поэ́тому ма́ма весь день _____ ра́зные вку́сные блю́да.

⓫ Снача́ла ба́бушка _____ обе́д, пото́м отдохнёт.

단어 путеше́ствие 여행 | рома́н 소설 | «Война́ и мир» 《전쟁과 평화》 | ра́зный 다양한 | вку́сный 맛있는 | блю́до 요리, 음식

Г **-ОВАТЬ, -ЕВАТЬ형 동사**

▶ 이번에는 특수한 동사 변화를 하는 동사군을 살펴봅시다. 동사원형이 -овать, -евать로 끝나는 동사들은 별도로 기억해 두어야 하는 특수한 동사 변화를 합니다. 대표적인 동사로 рисова́ть – нарисова́ть(그리다), танцева́ть – потанцева́ть(춤추다), сове́товать – посове́товать

(충고하다), чу́вствовать – почу́вствовать(느끼다), зави́довать – позави́довать(부러워하다) 등을 들 수 있습니다. 현재(불완료상)나 미래형 변화(완료상)를 할 때 이러한 동사는 -ова-, -ева-를 -у-로 바꾸어 준 후 **чита́ть** 동사와 같은 1식 변화형으로 변화시켜야 합니다.

	рисова́ть	нарисова́ть	танцева́ть	потанцева́ть
я	рису́ю	нарису́ю	танцу́ю	потанцу́ю
ты	рису́ешь	нарису́ешь	танцу́ешь	потанцу́ешь
они́	рису́ют	нарису́ют	танцу́ют	потанцу́ют

▶ 주의할 것은 이러한 동사의 경우 불완료상 동사나 완료상 동사 모두 과거형에서는 -ова-, -ева-가 사라지지 않는다는 점입니다.

- рисова́л, рисова́ла, рисова́ли
- сове́товал, сове́товала, сове́товали

연습문제 6 문맥에 따라 적절한 시제로 주어진 동사를 알맞은 형태로 넣으세요.

① волнова́ться

Мои́ роди́тели обы́чно _____ обо мне. Ра́ньше они́ никогда́

не _____.

② танцева́ть

Ири́на о́чень краси́во _____. Вчера́ она́ весь ве́чер

_____ в студе́нческом клу́бе.

③ потанцева́ть

Когда́ мы поу́жинаем, мы обяза́тельно _____.

④ сове́товать

Сейча́с оте́ц _____ изуча́ть ру́сский язы́к, а ра́ньше он

_____ изуча́ть англи́йский язы́к.

⑤ чу́вствовать

Вчера́ де́душка _____ себя́ пло́хо, но сего́дня

_____ себя́ хорошо́.

단어 волнова́ться 걱정하다, 염려하다

ЧУ́ВСТВОВАТЬ СЕБЯ́ ХОРОШО́ / ПЛО́ХО

▶ 'чу́вствовать себя́ хорошо́/пло́хо'를 직역하면 '자기 자신(себя́)을 좋게/나쁘게 느끼다'이
지만, 의미가 전이되어 '건강이 좋다/나쁘다' 등 건강 상태를 표현하는 말로 사용됩니다. '~을 느끼다'를 뜻
하는 чу́вствовать는 타동사로 반드시 목적어를 동반합니다.

- Как ты себя́ чу́вствуешь? 너는 건강이 어떠니?

- Я чу́вствую себя́ хорошо́/пло́хо. 좋아/나빠.

| Д | 진행 중에 일어난 일 |

▶ 불완료상 동사와 완료상 동사의 쓰임에 주목하면서 다음의 문장을 읽어 보세요.

- Когда́ Серге́й обе́дал, позвони́ла Ната́ша.
- Когда́ Мари́на шла в кино́, она́ встре́тила Ви́ктора.
- Когда́ Игорь е́хал в Москву́ на по́езде, он познако́мился с Юлей.

그간 배운 문장에서는 주절과 종속절에 모두 동일한 상의 동사가 사용되었습니다. 그런데 위의 세 문장은
모두 한 문장 안에 상이 서로 다른 동사들이 사용되었습니다. 그럼 이 세 문장은 모두 틀린 문장일까요?
그렇지 않습니다. 어떤 행위가 (길게) 진행되고 있는 상황에서 일회적인 다른 행위가 발생하는 특정한 경우
에는 주절과 종속절에서 서로 다른 상의 동사들이 사용될 수 있습니다. 첫 번째 문장에서는 세르게이가
점심을 먹고 있을 때(진행), 나타샤가 전화를 한 것입니다. 두 번째 문장에서는 마리나가 극장에 가던 중에
(진행), 빅토르를 만난 것이지요. 세 번째 문장에서도 이고르가 기차를 타고 모스크바에 가는 동안(진행),
율랴와 서로 인사를 한 것입니다. 이 세 문장은 모두 무엇이 진행 중인 상황(불완료상의 상황)의 한 시점에
서 한 번 완료된 일이 일어난 경우(완료상의 상황)를 묘사하고 있습니다. 이 같은 경우에는 한 문장 안에서
도 서로 다른 동사의 상이 사용될 수 있습니다.

다음은 지속적인 행위 중에 일어난 일회적인 행위를 묘사하는 문장입니다. 일회적으로 일어난 일을 지칭하는 완료상 동사를 사용한 문장의 뒷 부분을 읽고, 지속적으로 진행되는 동작을 지시하는 불완료상 동사를 사용하여 문장의 첫 부분을 완성해 보세요.

보기
- _____, позвони́л Макси́м.
  ▸ Когда́ Со́ня занима́лась в библиоте́ке, позвони́л Макси́м.
- _____, он встре́тил Анто́на.
  ▸ Когда́ Юрий шёл на стадио́н, он встре́тил Анто́на.

❶ _____,

он уви́дел о́чень симпати́чную де́вушку.

❷ _____,

мы встре́тили преподава́теля ру́сской литерату́ры.

❸ _____,

позвони́ла на́ша ба́бушка.

❹ _____,

я вдру́г услы́шал гро́мкие зву́ки.

❺ _____,

он упа́л.

❻ _____,

они́ поссо́рились.

단어 симпати́чный 호감이 가는 | вдруг 갑자기 | гро́мкий 큰 | звук 소리 | ссо́риться – поссо́риться 싸우다

ДАВА́ЙТЕ ПОГОВОРИ́М!

연습문제 1 주어진 단어로 현재형이나 과거형 문장을 만들어 보세요.

> • Ди́ма, ре́дко, игра́ть, футбо́л. ▸ Ди́ма ре́дко игра́ет в футбо́л.
> • ра́ньше, Ди́ма, ча́сто, игра́ть, футбо́л. ▸ Ра́ньше Ди́ма ча́сто игра́л в футбо́л.

❶ мы, ка́ждый день, говори́ть, по-ру́сски

▸ _____

❷ в де́тстве, Со́ня, ча́сто, игра́ть, пиани́но

▸ _____

❸ студе́нты, обы́чно, обе́дать, 12, час

▸ _____

❹ ра́ньше, он, ре́дко, смотре́ть, спорти́вный, програ́ммы

▸ _____

❺ де́ти, ка́ждая суббо́та, гуля́ть, парк

▸ _____

❻ иногда́, наш, семья́, обе́дать, э́тот рестора́н

▸ _____

❼ в про́шлом году́, Дени́с, всегда́, брать, кни́ги, на́ша, библиоте́ка

▸ _____

단어 спорти́вный 운동의 | програ́мма 프로그램

주어진 문장에 **«Как до́лго?»**라는 질문의 답이 될 수 있는 단어를 넣고 해석해 보세요. 이 때 과거 시제 문장은 과거에 일정 기간 동안 지속되었던 일을 묘사하는 데 반해, 현재 시제 문장은 지금까지도 그 행위가 지속되고 있을 경우에 사용한다는 사실을 기억하세요. 예를 들어, **«Он чита́ет кни́гу два часа́.»**는 그가 2시간 전부터 책을 읽기 시작하여 지금까지도 읽고 있다는 뜻이라면, **«Он чита́л кни́гу два часа́.»**는 이전에 두 시간 동안 책을 읽었지만 지금은 읽지 않을 경우에 사용됩니다.

> • Вчера́ мы игра́ли в футбо́л.
> ▶ Вчера́ мы игра́ли в футбо́л весь день (весь ве́чер, 2 часа́).

❶ На́ша семья́ живёт в Сеу́ле.

▶ _____

❷ Со́фья жила́ в Петербу́рге.

▶ _____

❸ Ви́ктор учи́л но́вые слова́.

▶ _____

❹ Ири́на гуля́ет в па́рке.

▶ _____

❺ Студе́нты отдыха́ли на ю́ге.

▶ _____

❻ На́стя де́лает дома́шнее зада́ние.

▶ _____

연습문제 3 문장의 시작을 읽고 주어진 보기와 같이 문장을 완성하세요. 책을 보지 말고, 완성된 문장을 암기하여 이야기해 보세요.

> 보기   • Ра́ньше я ча́сто игра́л в футбо́л, а тепе́рь _____.
> ▶ Ра́ньше я ча́сто игра́л в футбо́л, а тепе́рь ре́дко игра́ю.

❶ В де́тстве мы ка́ждый день игра́ли в бадминто́н, а тепе́рь _____.

❷ Когда́ Ната́ша учи́лась в шко́ле, она́ ча́сто говори́ла по-англи́йски, а тепе́рь

_____ .

❸ Ра́ньше Све́та ча́сто брала́ уче́бники в библиоте́ке, а тепе́рь _____ .

❹ Ра́ньше Вади́м звони́л домо́й ка́ждый ве́чер, а тепе́рь _____ .

연습문제 4 접속사 **когда́**를 사용하여 과거 시제 문장을 만들어 보세요. 이때 불완료상 동사가 사용된 경우에는 동시 동작이, 완료상 동사가 사용된 경우에는 순차적인 동작이 묘사된다는 사실을 기억하세요.

보기
- чита́ть, слу́шать
  ▸ Когда́ Ва́ня чита́л кни́гу, он слу́шал му́зыку.
- прочита́ть, послу́шать
  ▸ Когда́ Ва́ня прочита́л кни́гу, он послу́шал му́зыку.
- чита́ть, позвони́ть
  ▸ Когда́ Ва́ня чита́л кни́гу, позвони́ла Ната́ша.

❶ смотре́ть, ду́мать

▸ _____

❷ поза́втракать, пойти́

▸ _____

❸ идти́, ду́мать

▸ _____

❹ е́хать, уви́деть

▸ _____

❺ пригото́вить, позвони́ть

▸ _____

❻ купи́ть, пое́хать

▸ _____

❼ гото́вить, рассказа́ть

▶ _____

연습문제 5 책을 보지 말고 다음의 텍스트를 들어 보세요. 듣고 난 후 텍스트를 읽어 보세요. **Track 12-1**

> Что де́лал вчера́ Анто́н? Писа́л пи́сьма в Росси́ю. Он о́чень лю́бит писа́ть пи́сьма. Он на́чал писа́ть их в 5 часо́в, а ко́нчил писа́ть в 7 часо́в. Анто́н писа́л пи́сьма два часа́, написа́л 3 письма́. Когда́ он писа́л пи́сьма, ма́ма гото́вила у́жин. Когда́ Анто́н написа́л все пи́сьма, он поу́жинал.

А) писа́ть 동사가 쓰인 경우와 **написа́ть** 동사가 쓰인 경우를 찾아보고 그 이유를 설명해 보세요.

_____

_____

_____

_____

Б) 질문에 답해 보세요.

❶ - Что вчера́ де́лал Анто́н?

  - _____

❷ - Куда́ он писа́л пи́сьма?

  - _____

❸ - Он лю́бит писа́ть пи́сьма?

  - _____

❹ Он до́лго писа́л пи́сьма?

  - _____

❺ - Когда́ он на́чал писа́ть пи́сьма?

  - _____

❻ - А когда́ ко́нчил писа́ть?

- _____

❼ - Он написа́л два и́ли три письма́?

- _____

❽ - Что де́лала ма́ма, когда́ Анто́н писа́л пи́сьма?

- _____

❾ - Что сде́лал Анто́н, когда́ написа́л все пи́сьма?

- _____

연습문제 6 [보기] 와 같이 문장을 바꾸어 보세요.

[보기]
- Вчера́ ма́ма купи́ла мя́со.
  ▸ А за́втра она́ ку́пит ры́бу.

❶ Вчера́ де́ти сыгра́ли в футбо́л.

▸ _____

❷ Вчера́ Воло́дя позвони́л в 8 часо́в.

▸ _____

❸ Вчера́ я пригото́вила борщ.

▸ _____

❹ Вчера́ Вади́м рассказа́л о Сахали́не.

▸ _____

❺ Вчера́ преподава́тель на́чал ле́кцию в 9 часо́в.

▸ _____

❻ Вчера́ оте́ц ко́нчил рабо́ту в 6 часо́в.

▸ _____

연습문제 7 보기 와 같이 질문에 답해 보세요.

> 보기
>
> • - Что ты бу́дешь де́лать за́втра? - Я пойду́ в библиоте́ку.
>   - Я пое́ду в Сеу́л.
> • - Что ты де́лал вчера́ ве́чером? - Я ходи́л в библиоте́ку.
>   - Я е́здил в Сеу́л.

❶ - Что ты бу́дешь де́лать в суббо́ту?

   - _____

❷ - Что ты де́лал в воскресе́нье?

   - _____

❸ - Что ты де́лал у́тром?

   - _____

❹ - Что ты бу́дешь де́лать за́втра ве́чером?

   - _____

다음의 대화를 듣고 따라 해 보세요.

1) **Track 12-2**

- Жéня, что ты лю́бишь дéлать в свобóдное врéмя?
  제냐, 너는 여가 시간에 무엇을 하는 걸 좋아해?

- В свобóдное врéмя я игрáю в тéннис. 여가 시간에 나는 테니스를 쳐.

- Ты хорошó игрáешь в тéннис? 너는 테니스 잘 치니?

- Неплóхо. Я нáчал игрáть в тéннис, когдá учи́лся в шкóле.
  제법 쳐. 나는 초등학교에 다닐 때 테니스를 치기 시작했어.

- А я в дéтстве чáсто игрáла в бадминтóн, но сейчáс рéдко игрáю.
  나는 어렸을 때는 종종 배드민턴을 쳤는데, 지금은 드물게 쳐.

- А что ты обы́чно дéлаешь в свобóдное врéмя? 너는 여가 시간에 보통 무엇을 해?

- Я люблю́ отдыхáть на прирóде: в лесу́, на мóре.
  나는 숲이나 바다 같은 자연 속에서 쉬는 것을 좋아해.

2) **Track 12-3**

- Что ты бу́дешь дéлать в суббóту и в воскресéнье? 토요일과 일요일에 너는 뭘 할 거야?

- Покá не знáю, мóжет быть, я поéду на мóре. А ты? 아직 모르는데. 아마 바다에 갈 것 같아. 너는?

- Все выходны́е я бу́ду учи́ть англи́йский язы́к, скóро экзáмен.
  쉬는 날 내내 나는 영어를 공부할 거야. 곧 시험이거든.

- Когдá? 언제?

- В срéду. Я ужáсно волну́юсь. 수요일에. 나는 너무너무 떨려.

- Не волну́йся! Ты хорошó знáешь англи́йский. Я ду́маю, ты полу́чишь «5».
  걱정하지 마. 너는 영어를 잘 알잖아. 나는 네가 5점을 받을 거라고 생각해.

- Что ты! Я дáже не мечтáю об э́том! 무슨 소리야. 꿈도 못 꿀 일이야!

러시아의 학점 체계

▶ 영미권이나 유럽의 학점 체계가 A⁺~F로 통일되어 있는 것과 달리 러시아의 학점 체계는 5~2점으로 구성되어 있습니다. 5점은 A학점, 4점은 B학점, 3점은 C학점, 2점은 F학점에 해당합니다. 시험에서 2점을 받은 학생은 반드시 재시험을 치러야 합니다. 이럴 경우 한국의 대학과 달리 다음 학기에 재수강을 하는 것이 아니라, 3점 이상의 점수를 받을 때까지 계속해서 재시험을 치르게 됩니다. 만일 학생이 몇 과목에서 2점을 받았고 재시험을 치러도 점수를 올리지 못하면, 제적을 당하게 됩니다.

연습문제 8 다음 문장을 듣고, 암기하여 따라 해 보세요.

❶ Track 12-4

Вчера́ Серге́й и Оле́г бы́ли на стадио́не. Там они́ до́лго игра́ли в те́ннис. Серге́й не о́чень хорошо́ игра́ет, а Оле́г хорошо́. Он научи́лся игра́ть в те́ннис в де́тстве.

❷ Track 12-5

Я не о́чень хорошо́ танцу́ю, но люблю́ танцева́ть. В на́шем университе́те есть танцева́льный клуб. Я занима́юсь в э́том клу́бе ка́ждую сре́ду. Я учу́сь краси́во танцева́ть.

❸ Track 12-6

У меня́ есть подру́га Ми́ла. За́втра у неё бу́дет день рожде́ния. Сего́дня я пойду́ в магази́н и куплю́ пода́рок. Ми́ла лю́бит слу́шать му́зыку, поэ́тому я подарю́ диск.

연습문제 9 주어진 답을 유도할 수 있는 질문을 만들어 보세요. 밑줄 친 부분이 있는 경우는 그 부분이 답이 될 수 있는 질문을 만들어 보세요.

❶ - _____ ?

- Нет, я люблю́ игра́ть в те́ннис.

❷ - _____ ?

- Я всё ле́то бу́ду отдыха́ть в дере́вне.

❸ - _____ ?

- Я бу́ду отдыха́ть в дере́вне всё ле́то.

❹ - Ты ужé _____?

   - Нет, зáвтра обязáтельно _____.

❺ - _____?

   - Потомý что я ужé всё приготóвила.

❻ - _____?

   - Он нáчал игрáть на скрúпке в <u>дéтстве</u>.

❼ - _____?

   - Покá не знáю, мóжет быть, пойдý в кинó.

단어   покá 아직까지는

연습문제 10   문장의 시작을 보고, 문장을 완성해 보세요.

❶ Дéти не лю́бят _____.

❷ Сергéй нáчал _____.

❸ Вы не забы́ли _____.

❹ Млáдший брат научúлся _____.

❺ Зáвтра мы бýдем _____.

❻ В суббóту я пойдý _____.

❼ Олéг чáсто спрáшивает _____.

❽ Я куплю́ _____.

❾ Мы всегдá берём _____.

❿ В прóшлом годý _____.

⓫ Кто весь день _____?

⓬ У негó _____.

АУДИ́РОВАНИЕ

연습문제 1 짧은 대화문을 듣고 문제에 답하세요. `Track 12-7`

❶ 다음 중 맞는 답을 고르세요.

• На́дя не купи́ла _____.

a) лук   b) морко́вь   c) капу́сту   d) карто́фель

❷ 대화의 내용에 상응하는 문장을 고르세요.

a) На́дя и Игорь пойду́т на ры́нок.

b) На́дя ходи́ла на ры́нок.

c) Игорь был на ры́нке.

d) На́дя пригото́вила борщ.

e) Игорь ку́пит о́вощи и фру́кты.

연습문제 2 대화의 내용에 상응하는 문장을 고르세요. `Track 12-8`

a) Она́ е́дет на авто́бусе 20 мину́т.

b) Он е́дет в университе́т час со́рок мину́т.

c) Он е́дет в университе́т снача́ла на авто́бусе, пото́м на метро́.

d) Когда́ они́ е́дут в университе́т, они́ слу́шают му́зыку и́ли чита́ют.

연습문제 3 먼저 텍스트를 듣고 이어 텍스트에 대한 질문을 들으세요. 각각의 질문에는 **ДА** 혹은 **НЕТ**로 답하세요. `Track 12-9`

❶ _____   ❷ _____   ❸ _____   ❹ _____

❺ _____   ❻ _____   ❼ _____   ❽ _____

 # 러시아 민담의 주인공들 1. 바바야가와 불사신 카셰이

구전되어 내려오는 민담 속에는 한 민족의 지혜, 선과 악에 대한 이해, 행복한 삶에 대한 꿈이 표현되어 있습니다. 이 책에서 우리는 러시아 민족의 세계관, 자연관, 우주관 등을 보여 주는 러시아 민담과 동화의 주인공을 만나 보려고 합니다. 민담이 옛날 옛적부터 민간에 전해 내려오는 작자 미상의 이야기라면, 동화는 구체적인 작가의 작품입니다.

우리나라 사람이라면 누구든 콩쥐와 팥쥐, 장화와 홍련, 심청이를 알고 있는 것처럼 러시아 문화권에 살고 있는 모든 사람들은 어려서부터 우리가 만나게 될 주인공들의 이야기를 들으면서 자랍니다.

이 과에서는 전형적인 악당 캐릭터라 할 두 명의 주인공, '바바야가(Бáба-Ягá)'와 '불사신 카셰이(Кащéй Бессмéртный)'를 만나 보도록 합시다. 먼저 '바바야가'는 슬라브 신화에 나오는 마법사 노파입니다. '바바야가'는 사람을 잡아먹고 남은 해골과 뼈로 자기의 '닭다리 집'을 장식합니다. 또 절구를 타고 하늘을 날아 먼 거리도 쉽게 움직여 갈 수 있습니다.

'바바야가'는 무시무시한 악당이라기보다는 단순하고 어리석은 인물이기도 합니다. 민담의 주인공들은 종종 '바바야가'를 속이고, '바바야가'의 계략에 의해 아무런 해도 입지 않습니다. 게다가 '바바야가'는 주인공을 도와주거나 마법적인 물건을 내주는 긍정적인 역할을 하기도 합니다.

또 '바바야가'는 추함의 상징이기도 해서 종종 못생긴 여자를 보고 '바바야가처럼 못생긴 여자(стрáшная, как Бáба-Ягá)'라고 말하기도 합니다.

'바바야가'만큼 유명한 러시아 민담의 악인은 '불사신 카셰이'입니다. «кáщей»는 고대 슬라브어인 «корочýн»에서 온 것으로, '죽음, 악한 영'이라는 뜻입니다. '불사신 카셰이'는 사악한 마법사이자 미녀를 납치해 가는 악한입니다. 바싹 마른 무서운 노인의 형상을 한 그를 '불사신'이라고 부르기는 하지만, 실제 그는 민담의 끝에서 죽고 맙니다.

'불사신 카셰이'가 등장하는 동화에는 반드시 다음의 구절이 나옵니다: "광활한 바다에 섬이 하나 있는데, 그 섬에는 참나무 한 그루가 서 있지. 그 참나무 밑에는 상자가 하나 있고, 그 상자 속에는 토끼가 들어 있지. 토끼 속에는 오리가, 오리 속에는 달걀이, 달걀 속에는 바늘이 들어있는데, 바로 그 바늘 끝에 카셰이의 죽음이 달려 있다네(На мóре на океáне есть óстров, на том óстрове дуб стоúт, под дýбом сундýк зарúт, в сундукé– зáяц, в зáйце – ýтка, в ýтке – яйцó, в яйцé – иглá, на концé иглы́ – смерть Кащéя)". 보통은 미녀를 구하러 온 기사나 왕자가 카셰이의 죽음을 찾아내어 카셰이는 죽음을 맞이 하게 됩니다.

Отку́да вы верну́лись?

당신은 어디서 돌아오신 거지요?

복 습

A) 괄호 안에 주어진 단어를 알맞은 형태로 바꾸어 보세요. 필요한 경우 전치사를 더하세요.

1 Ма́ма гото́вит _____ (вку́сный обе́д).

2 Вчера́ _____ (уро́к) мы говори́ли _____ (ру́сская литерату́ра).

3 Ле́том студе́нты отдыха́ли _____ (небольша́я дере́вня).

4 _____ (Лари́са) есть _____ (словáрь), а _____ (Ольга) нет _____ (слова́рь).

5 Они́ рабо́тали _____ (вся суббо́та и всё воскресе́нье).

6 Ле́том оте́ц был _____ (Байка́л).

7 Ско́ро мы то́же пое́дем _____ (Байка́л).

8 Я изуча́ю _____ (францу́зский язы́к) _____ _____ (ка́ждый вто́рник и ка́ждая пя́тница).

9 Са́ша говори́т о _____ (но́вый преподава́тель), _____ (кото́рый) мы вчера́ встре́тили _____ (библиоте́ка).

10 Это Людми́ла, о _____ (кото́рая) Ви́ктор спроси́л _____ (я) _____ (суббо́та)

Б) 주어진 동사를 알맞은 형태로 바꾸어 넣으세요.

отдыха́ть – отдохну́ть

1. Вчера́ мы _____ весь ве́чер.

2. - Ты уже́ _____?

   - Идём да́льше!

3. Когда́ Ди́ма _____ на мо́ре, он мно́го пла́вал.

4. Когда́ Ве́ра _____ на ю́ге, она́ пое́хала в Петербу́рг.

5. Оте́ц не лю́бит _____, он всегда́ рабо́тает.

игра́ть – сыгра́ть

6. Мы на́чали _____ в баскетбо́л в 4 часа́, а ко́нчили _____

   в 7 часо́в. Мы _____ 3 часа́.

7. Когда́ де́ти _____ в футбо́л, они́ пошли́ домо́й.

8. Ира пообе́дала и начала́ _____ на пиани́но.

9. Когда́ Ира _____ на пиани́но, все внима́тельно слу́шали.

10. Когда́ Ира _____, все на́чали аплоди́ровать.

단어 дере́вня 시골 | да́льше 더 멀리 | пла́вать 헤엄치다 | юг 남쪽 | внима́тельно
주의 깊게 | аплоди́ровать 박수치다

ГОВОРИ́ТЕ ПРА́ВИЛЬНО!

A   소유 형용사와 지시 형용사의 생격

▶ 〈1권〉에서 명사의 단수 생격형은 익혔지만, 형용사의 단수 생격형은 배우지 않았습니다. 이번 과에서는 형
용사의 단수 생격형을 배우고 이어 생격의 용법에 관하여 보다 자세히 살펴보려고 합니다. 먼저 소유 형용
사와 지시 형용사의 생격형을 살펴봅시다.

남성/중성		여성	
мой, моё	моего́	моя́	мое́й
твой, твоё	твоего́	твоя́	твое́й
его́	его́	его́	его́
её	её	её	её
наш, на́ше	на́шего	на́ша	на́шей
ваш, ва́ше	ва́шего	ва́ша	ва́шей
их	их	их	их
свой, своё	своего́	своя́	свое́й
э́тот, э́то	э́того	э́та	э́той

연습문제 1 | 보기 와 같이 괄호 안에 주어진 단어를 이용하여 질문에 답해 보세요.

> 보기
> - У кого́ есть хоро́ший слова́рь? (ваш учи́тель)
> - У ва́шего учи́теля.

❶ - У кого́ есть ли́шняя ру́чка? (э́тот студе́нт)

  - _____

❷ - У кого́ нет свобо́дного вре́мени? (наш оте́ц)

  - _____

❸ - У кого́ за́втра бу́дет день рожде́ния? (моя́ ба́бушка)

  - _____

❹ - У кого́ есть текст о Моско́вском университе́те? (твоя́ подру́га)

  - _____

❺ - У кого́ нет уче́бника? (его́ друг)

  - _____

단어 ли́шний 남는, 잉여의 | день рожде́ния 생일

일반 형용사의 생격

▶ 일반 형용사의 생격형을 살펴봅시다. 남성 명사와 중성 명사의 생격을 수식하는 형용사 어미는 -ого, -его형을, 여성 명사 생격을 수식하는 형용사 어미는 -ой, -ей형을 취합니다. 이 중 기본형은 남성과 중성의 경우는 -ого이고 여성의 경우는 -ой입니다. -его와 -ей는 1) 연변화형용사의 경우와 2) 어간이 ж, ч, ш, щ로 끝나고 어미에 강세가 없는 о가 와야 할 경우에 사용합니다.

- У меня́ нет кра́сного карандаша́. 나는 빨간 연필이 없다.
- У меня́ нет кра́сной ру́чки. 나는 빨간 펜이 없다.

- У нас нет ли́шнего стака́на. 우리는 남는 잔이 없다.
- У меня́ нет хоро́шей ру́чки. 나는 좋은 펜이 없다.

연습문제 2 보기 와 같이 문장을 만들어 보세요.

보기
- Мой мла́дший брат – бе́лая руба́шка
  ▶ У моего́ мла́дшего бра́та нет бе́лой руба́шки.

❶ На́ша ста́ршая сестра́ – краси́вое пла́тье

▶ _____

❷ Этот но́вый студе́нт – хоро́ший уче́бник

▶ _____

❸ Наш оте́ц – свобо́дное вре́мя

▶ _____

❹ Твой друг – интере́сная кни́га

▶ _____

❺ Эта симпати́чная де́вушка – бли́зкая подру́га

▶ _____

보기	· Этот го́род – большо́й парк
	В э́том го́роде нет большо́го па́рка.

❻ На́ша у́лица – совреме́нный кинотеа́тр

▶ _____

❼ Но́вая библиоте́ка – хоро́ший коре́йско-ру́сский слова́рь

▶ _____

❽ Эта аудито́рия – но́вая ме́бель

▶ _____

❾ Этот ма́ленький магази́н – све́жая ры́ба

▶ _____

단어 бе́лый 흰, 하얀 | руба́шка 셔츠 | пла́тье 원피스 | бли́зкий 가까운, 친한 | у́лица 거리 |
совреме́нный 현대의, 동시대의 | аудито́рия 강의실 | ме́бель 가구 | све́жий 신선한

B   단수 생격의 용법

▶ 명사와 형용사의 단수 생격형을 모두 익혔으니 단수 생격의 용법을 좀 더 자세하게 살펴봅시다. 단수 생격
형은 다음과 같은 경우에 사용됩니다.

1. 수사 2, 3, 4 혹은 20 이상의 수로 끝자리가 2, 3, 4로 끝나는 수와 결합할 때

- У меня́ 2 бра́та и 3 сестры́.
- Сейча́с 4 часа́.
- В аудито́рии 23 стола́.
- На на́шем факульте́те 152 студе́нта.

▶ 〈1권〉에서 배웠던 대로 러시아어의 수사는 독특한 격 지배를 합니다. 1과 1로 끝나는 20 이상의 숫자는 단
수 주격과 결합하고, 2~4, 그리고 20 이상의 수 중 2~4로 끝나는 숫자(24, 103, …)는 단수 생격과 결합하
며, 5~20까지의 숫자와 20 이상의 수 중 끝자리가 5~0인 숫자(27, 10000, …)는 복수 생격과 결합합니다.

2. '명사 + 명사(생격)'가 결합할 때

A) чей? чья? чьё? чьи?의 답이 되는 경우 : 소유 관계를 표현

- Чей это га́лстук?   - Это га́лстук отца́.

- Чья это тетра́дь?   - Это тетра́дь студе́нта.

- Чьё это пла́тье?   - Это пла́тье мла́дшей сестры́.

- Чьи это де́ти?   - Это де́ти Ве́ры Петро́вны.

Б) како́й? кака́я? како́е? каки́е? 혹은 чего́?의 답이 되는 경우 : 앞에 오는 명사를 규정

- Кака́я это остано́вка?   - Это остано́вка авто́буса.

- Како́й это бе́рег?   - Это бе́рег мо́ря.

▶ 〈1권〉에서 우리는 주로 생격의 기본 의미, 즉 소유 표현을 살펴보았습니다. «Это дом Ива́на.(이것은 이반의 집입니다.)»와 같은 A)의 쓰임만을 익힌 것이지요. 그런데 이 외에 Б)의 쓰임 역시 러시아어 생격에 있어 매우 중요한 의미입니다. A)가 "누구의?"에 대한 답으로 소유 관계를 표현한다면, Б)는 "어떤?"에 대한 답으로 앞에 오는 명사를 규정합니다. 한국어로 '러시아어 선생님', '버스 정류장'처럼 두 단어를 나열하여 결합하는 표현이 러시아어로는 대부분 생격으로 표현됩니다. 또 영어의 단위 명사, 즉 a cup of coffee처럼 물질 명사의 단위 표현 역시 생격으로 표현하게 됩니다[килогра́мм мя́са(고기 1킬로), стака́н воды́(물 한 컵)]. 아래의 **연습문제 3** 에는 Б)의 뜻으로 활용하는 다양한 표현이 있습니다. 해석해 보고 반드시 익혀 보세요.

연습문제 3 다음 문장을 읽고 해석해 보세요.

❶ уро́к литерату́ры   ❷ учи́тель ру́сского языка́

▶ _____   ▶ _____

❸ день неде́ли   ❹ день рожде́ния

▶ _____   ▶ _____

❺ килогра́мм ри́са   ❻ буты́лка пи́ва

▶ _____   ▶ _____

❼ ба́нка джéма

▶ _____

❽ пакéт молокá

▶ _____

❾ стака́н со́ка

▶ _____

❿ ча́шка ча́я

▶ _____

단어   килогра́мм 킬로그램 | буты́лка 병 | ба́нка 캔 | стака́н 컵 | ча́шка 잔

3. '–가 아프다'라고 표현할 때

У кого?	боли́т боля́т	что?

- **У меня́ боли́т голова́. У ба́бушки боля́т но́ги.**
  나는 머리가 아프다.   할머니는 다리가 아프시다.

▶ 이 구문은 «У неё боли́т лéвый глаз(그녀는 왼쪽 눈이 아프다).»처럼 신체 부위가 아프다고 이야 기할 때 사용합니다. 이 문장의 문법적 주어는 아픈 신체 부위이기 때문에 신체 부위가 단수일 때는 3인칭 단수 동사 боли́т이, 복수일 때는 3인칭 복수 동사 боля́т이 옵니다. 신체 부위를 지칭하는 다음의 명 사들을 잘 익혀 두고 적재적소에 사용해 보세요.

신체 부위를 지칭하는 명사

골로바́ 머리 голова́

이 зуб – зу́бы
후두 го́рло
목 шéя

등 спина́

팔 рука́ – ру́ки

배 живо́т

다리 нога́ – но́ги

4. о́коло(~ 주위에), напро́тив(~ 반대편에), без(~ 없이), до(~까지) 등 생격 지배 전치사와 결합할 때

- Библиоте́ка нахо́дится о́коло на́шей шко́лы.
  도서관은 우리 학교 근처에 자리하고 있다.

- Стадио́н нахо́дится напро́тив шко́лы. 경기장은 학교 반대편에 자리하고 있다.

- Мы пи́ли чай без са́хара. 우리는 설탕을 넣지 않고(설탕 없이) 차를 마셨다.

- Скажи́те, пожа́луйста, как дое́хать до Большо́го теа́тра?
  볼쇼이 극장까지 어떻게 가야 하는지 이야기해 주세요.

▶ у, о́коло, напро́тив, без, до 외의 생격 지배 전치사에 관하여는 **별표 10** 을 참조하세요.

연습문제 4 괄호 안에 주어진 명사를 알맞은 형태로 쓰되, 필요한 경우는 전치사를 더하세요.

❶ Здесь 2 _____ (стол) и 4 _____ (стул).

❷ Ба́бушка купи́ла килогра́мм _____ (карто́фель), паке́т
   _____ (молоко́), буты́лку _____ (сок).

❸ _____ (Анна Ви́кторовна) боли́т спина́.

❹ Это кни́га _____ (Серге́й), а э́то слова́рь _____ (Ма́ша).

❺ Ива́н Петро́вич – наш но́вый преподава́тель _____ (ру́сский язы́к).

❻ _____ (наш де́душка) боля́т зу́бы.

❼ Вы пьёте ко́фе без _____ (молоко́)?

❽ - Где нахо́дится общежи́тие?

   - Около _____ (большо́й стадио́н).

❾ Извини́те, как дое́хать до _____ (междунаро́дный аэропо́рт)?

❿ Рестора́н нахо́дится напро́тив _____ (но́вая гости́ница).

⓫ Оте́ц вы́пил ча́шку _____ (чай) без _____ (са́хар) и без
   _____ (лимо́н).

단어 междунаро́дный 국제의 | гости́ница 호텔 | лимо́н 레몬

5. 생격 지배 전치사 из, с, от 등과 결합하여 '–로부터'의 의미로 쓰일 때

вернýться	из с от	+ 생격

- - Откýда вернýлся отéц?
  아버지는 어디서 돌아오셨어(어디 갔다 오셨어)?

- - От когó он вернýлся?
  그는 누구에게서 돌아왔어(누구를 만나고 오셨어)?

- - Из поликлúники.
  병원에서.

- - От врачá.
  의사에게서.

▶ 어딘가로 갈 때 전치사 в/на를 사용하여 '~로'라는 목적지/방향을 표시했던 것처럼 '~로부터' 돌아올 때도 이에 해당하는 전치사가 필요합니다. из, с, от는 '~로 부터'를 뜻하는 생격 지배 전치사입니다. '~로'라는 방향 표현에서 전치사 в를 사용하는 명사의 경우 '~로부터'라는 표현을 할 때는 전치사 из를 사용하고, 방향 표현에서 на를 사용한 경우는 '~로부터'라는 표현을 할 때는 전치사 с를 사용하며, 어떤 사람의 집(혹은 그가 상주하는 일터)에서 돌아오는 경우에는 전치사 от를 사용합니다. 어떤 사람의 집으로 간다고 할 때에는 원래 전치사 к를 사용하지만, 이는 여격 지배 전치사이므로 이어지는 과에서 여격을 익힌 후에 보다 자세하게 배우도록 하겠습니다.

~로	예시	~로부터	예시
в	в Москвý	из	из Москвы́
на	на Байкáл	с	с Байкáла
к	к Антóну	от	от Антóна

┤ 주의하세요! ├

ОН ВЕРНУ́ЛСЯ ИЗ МОСКВЫ́ ОТ ДРУ́ГА.

▶ 한국 학생들은 종종 «Он вернýлся из пáрка от дрýга*»라는 문장을 씁니다. 아마도 '공원에서 친구를 만나고 돌아왔다'를 번역한 것인 듯합니다. 이 문장은 맞는 문장일까요? 문법적으로는 맞는 문장일지 몰라도 의미적으로 보면 의아하게 들릴 수 있는 문장입니다. 장소와 사람을 함께 사용하여 그곳으로부터 돌아왔다는 것을 표현하는 것은 그 사람이 그 장소에 살거나 일하고 있다는 것을 강조하기 위해서입니다. 러시아어로는 절대 '~의 집으로 간다'고 할 때 «в дом дрýга*», «из дóма дрýга*» 등의 표현을 쓰지 않기 때문에 이런 표현을 사용하는 것입니다.

- Мы вернýлись из Пусáна от бáбушки.

위의 문장은 "할머니가 부산에 사시고 그래서 우리는 할머니 댁에 머물렀었다.(Нáша бáбушка живёт в Пусáне, и мы гостúли у бáбушки, в её дóме.)"라는 뜻입니다.

▶ 더 드물게 사용되기는 하지만 사람의 일터에 대해서도 유사한 표현을 할 수 있습니다.

- Я ве́рнулся из библиоте́ки от сестры́.
- Я верну́лся из университе́та от профессо́ра.

첫 번째 문장은 어떤 사람이 일하는 일터에 갔다 왔다는 것을 표현할 때 사용합니다. 이때 전달되는 중요한 뉘앙스는 도서관에 책을 보러 간 것이 아니라 여동생을 만나러 갔다 왔다는 것입니다. 두 번째 문장도 마찬가지입니다. 대학에 공부하러 갔다기보다는 교수님을 뵈러 갔다 온 것입니다. 유사한 맥락에서 아래의 문장도 사용될 수는 있지만 매우 드물게 사용됩니다.

- Он верну́лся из поликли́ники от врача́.

병원에는 의사를 만나러 갔다 오는 것이 가장 일반적인 일이기 때문에 러시아 사람이 위의 문장을 쓸 이유는 거의 없습니다. «Он верну́лся из поликли́ники.»라고 말하거나 «Он верну́лся от врача́.»라고 말하는 것이 일반적입니다.

연습문제 5 **보기** 와 같이 주어진 문장을 바꾸어 보세요.

보기
- Ве́ра была́ в Москве́. ▶ Ве́ра верну́лась из Москвы́.
- Брат был на Байка́ле. ▶ Брат верну́лся с Байка́ла.
- Са́ша был у ба́бушки. ▶ Са́ша верну́лся от ба́бушки.

❶ Де́душка был в больни́це.

▶ _____

❷ Михаи́л Никола́евич был в Коре́е, в Сеу́ле.

▶ _____

❸ Роди́тели бы́ли в теа́тре на конце́рте.

▶ _____

❹ Студе́нты бы́ли в университе́те на ле́кции.

▶ _____

❺ Па́вел был в Аме́рике у дру́га.

▶ _____

❻ Лари́са была́ в Пари́же у свое́й подру́ги.

▶ _____

❼ Мы бы́ли на о́строве Чéджу у дéдушки и ба́бушки.

▶ _____

❽ Лéтом я был у дя́ди и тёти в Пуса́не.

▶ _____

<table>
<tr><td>Г</td><td>날짜 표현</td></tr>
</table>

▶ 〈1권〉에서 요일과 시간을 묻고 답하는 법을 익혔습니다. 이제 날짜를 묻고 답하는 표현을 익혀 봅시다. 날짜 표현을 익히기에 앞서 먼저 1월부터 12월까지 각 달의 명칭을 암기합시다.

1월	2월	3월	4월
янва́рь	февра́ль	март	апре́ль
5월	6월	7월	8월
май	ию́нь	ию́ль	а́вгуст
9월	10월	11월	12월
сентя́брь	октя́брь	ноя́брь	дека́брь

러시아어 달의 명칭은 영어의 달의 명칭과 유사하기 때문에 참조하여 암기하면 도움이 됩니다. 또 연음 부호로 끝나는 달의 명칭은 모두 남성 명사입니다.

▶ 자, 이제 날짜를 묻고 답하는 법을 익혀 봅시다.

- - Како́е сего́дня число́?   오늘은 며칠입니까?
  - Сего́дня пéрвое января́.   오늘은 1월 1일입니다.
    пятна́дцатое ма́рта.   오늘은 3월 15일입니다.
    два́дцать второ́е сентября́.   오늘은 9월 22일입니다.
    тридца́тое декабря́.   오늘은 12월 30일입니다.

여러분이 보는 것처럼 '월'보다 '일'을 앞에 쓰고, '일'은 서수사의 중성형으로[이는 뒤에 **число́**(일)이 생략되어 있기 때문입니다], '월'은 생격형으로 씁니다. 직역을 하자면, '~월의 ~번째 날'이 되겠지요. 날짜를 표현하기 위해서는 적어도 31까지의 서수사를 알아두어야 합니다. 서수사에 관하여는 **별표7** 을 참조하세요.

пе́рвое	января́, февраля́
второ́е	ма́рта, апре́ля, ма́я, ию́ня, ию́ля, а́вгуста
тре́тье	сентября́, октября́, ноября́, декабря́

연습문제 6 [보기] 를 보고 **«Скажи́те, како́е сего́дня число́?»**라는 질문에 대한 답을 만들어 보세요.

[보기] · 4, янва́рь ▶ четвёртое января́

❶ 2, март ▶ _____

❷ 12, сентя́брь ▶ _____

❸ 6, апре́ль ▶ _____

❹ 19, а́вгуст ▶ _____

❺ 7, май ▶ _____

❻ 20, февра́ль ▶ _____

❼ 3 ию́ль ▶ _____

❽ 27, ноя́брь ▶ _____

❾ 15, ию́нь ▶ _____

❿ 31 октя́брь ▶ _____

⓫ 8 дека́брь ▶ _____

⓬ 10, янва́рь ▶ _____

연습문제 7 [보기] 와 같이 문장을 만들어 보세요.

[보기] · 1 января́

▶ Сего́дня пе́рвое января́. 오늘은 1월 1일이다.

▶ Вчера́ бы́ло три́дцать пе́рвое декабря́. 어제는 12월 31일이었다.

▶ За́втра бу́дет второ́е января́. 내일은 1월 2일일 것이다.

❶ 10 апре́ля

▶ _____

▶ _____

▶ _____

❷ 8 февраля́

▶ _____

▶ _____

▶ _____

❸ 20 ию́ля

▶ _____

▶ _____

▶ _____

❹ 23 октября́

▶ _____

▶ _____

▶ _____

▶ 기타 생격 용법에 관하여는 **별표 11** 를 참조하세요.

Д　　**Е́СЛИ 구문**

▶ е́сли는 러시아어로 '만일 ~라면'을 뜻합니다. 다음 예문을 읽고 해석해 보세요.

- Если за́втра бу́дет хоро́шая пого́да, мы пое́дем на мо́ре.
  내일 날씨가 좋으면 우리는 바닷가에 갈 거야.
- Если ты хорошо́ сдашь экза́мены, ты посту́пишь в университе́т.
  네가 시험을 잘 치르면 너는 대학에 입학할 거야.

연습문제 8　**보기** 와 같이 **«е́сли~»**가 들어가는 문장을 만들어 보세요.

> **보기**　　- Ты пойдёшь в парк?
> 　　　　　- Да, е́сли бу́дет хоро́шая пого́да.
> 　　　　　▶ Если бу́дет хоро́шая пого́да, я пойду́ в парк.

❶ - Ты позвони́шь ве́чером?

- Да, е́сли не забу́ду.

▶ _____

❷ - За́втра мы пойдём в теа́тр?

- Да, е́сли ку́пим биле́ты.

▶ _____

❸ - Ты напи́шешь письмо́?

- Да, е́сли у меня́ бу́дет вре́мя.

▶ _____

❹ - Вы ку́пите маши́ну ле́том?

- Да, е́сли у нас бу́дут де́ньги.

▶ _____

❺ - Ба́бушка пое́дет в дере́вню.

- Да, е́сли она́ бу́дет хорошо́ себя́ чу́вствовать.

▶ _____

❻ - Макси́м расска́жет о свое́й пое́здке на Ура́л?

- Да, е́сли ты попро́сишь его́.

▶ _____

❼ - Мы пойдём в рестора́н?

- Да, е́сли ты хо́чешь.

▶ _____

ДАВА́ЙТЕ ПОГОВОРИ́М!

연습문제 1 주어진 문장에 형용사를 더해 보세요.

> 보기   • Мы бы́ли на мо́ре.   Мы бы́ли на Чёрном мо́ре.

❶ Мы пьём чай.   ▶ _____

❷ Ма́льчик нарисова́л маши́ну.   ▶ _____

❸ У него́ есть сестра́.   ▶ _____

❹ Ма́ма гото́вит пельме́ни.   ▶ _____

❺ Идёт дождь.   ▶ _____

❻ Мы говори́ли о кни́ге.   ▶ _____

❼ Студе́нты живу́т в общежи́тии.   ▶ _____

> **단어**
> дождь 비

연습문제 2 주어진 부사 중 적절한 것을 골라 각 문장에 부사를 더해 보세요.

> хорошо́, пло́хо, бы́стро, ме́дленно, интере́сно,
> неинтере́сно, успе́шно, вку́сно, невку́сно

> 보기   • Оля танцу́ет.   ▶ Оля краси́во танцу́ет.

❶ Ма́ма гото́вит.   ▶ _____

❷ Брат у́чится.   ▶ _____

❸ Мин Хо говори́т по-ру́сски.   ▶ _____

❹ Ви́ктор сдал экза́мен.   ▶ _____

❺ Вади́м расска́зывает.   ▶ _____

❻ Де́ти едя́т.   ▶ _____

❼ Маши́на е́дет.　　　　　　　　　▶ _____

┤ 주의하세요! ├

ОДИ́Н/ОДНА́/ОДНО́/ОДНИ́, ДВА/ДВЕ

▶ 수사 중 1과 2는 형용사적인 성격을 가집니다. 따라서 뒤에 오는 명사의 성에 따라 그 형태가 변화합니다. 먼저 1은 남성, 여성, 중성, 복수 명사가 뒤에 올 때 각각 그 형태를 달리합니다.

　• оди́н студе́нт, одна́ студе́нтка, одно́ сло́во, одни́ брю́ки

▶ 2는 뒤에 남성 명사와 중성 명사가 올 때는 два로, 여성 명사가 올 때는 две로 쓰입니다.

　• два студе́нта, две студе́нтки, два сло́ва

연습문제 3　보기와 같이 주어진 단어를 활용하여 문장을 만들어 보세요.

보기　　• ру́чка　▶　У меня́ одна́ ру́чка.
　　　　• стадио́н　▶　В на́шем го́роде оди́н стадио́н

❶ слова́рь　　　　▶ _____

❷ библиоте́ка　　▶ _____

❸ перча́тки　　　▶ _____

❹ общежи́тие　　▶ _____

❺ компью́тер　　▶ _____

❻ пальто́　　　　▶ _____

❼ су́мка　　　　 ▶ _____

❽ ту́фли　　　　 ▶ _____

연습문제 4 보기와 같이 질문에 답해 보세요. 남성/중성 명사 앞에는 **два**가, 여성 명사 앞에는 **две**가 온다는 것을 기억하세요.

> 보기
> - У тебя́ одна́ ру́чка? (2)
> - Нет, у меня́ две ру́чки.
> - В аудито́рии оди́н стол? (2)
> - Нет, в аудито́рии два стола́.

❶ - У Оле́га оди́н слова́рь? (2)   - _____

❷ - У вас оди́н журна́л? (3)   - _____

❸ - В ко́мнате одно́ окно́? (2)   - _____

❹ - У тебя́ одна́ руба́шка? (4)   - _____

❺ - У них одна́ маши́на? (2)   - _____

❻ - В го́роде оди́н теа́тр? (2)   - _____

❼ - На столе́ одно́ я́блоко? (3)   - _____

❽ - Здесь оди́н рубль? (4)   - _____

❾ - В ко́мнате одна́ карти́на? (2)   - _____

❿ - У тебя́ оди́н брат? (2)   - _____

⓫ - У него́ одна́ сестра́? (2)   - _____

연습문제 5 주어진 단어를 사용하여 보기와 같이 질문에 답해 보세요.

A)

> 보기
> - Чей э́то га́лстук? (оте́ц)
> - Это га́лстук отца́.

❶ - Чья э́то тетра́дь? (Ни́на)

    - _____

❷ - Чьё э́то пальто́? (Серге́й)

    - _____

❸ - Чьи э́то уче́бники? (но́вый студе́нт)

- _____

❹ - Чей э́то дом? (наш де́душка)

- _____

Б)

| 보기 | - Что купи́ла ма́ма? (буты́лка, ма́сло) |
| | - Ма́ма купи́ла буты́лку ма́сла. |

❶ - Что купи́ла ба́бушка? (килогра́мм, рис)

- _____

❷ - Что вы́пил па́па? (ча́шка, чай)

- _____

❸ - Что вы ку́пите на ры́нке? (килогра́мм, лук) и (килогра́мм клубни́ка)

- _____

❹ - Что в холоди́льнике? (паке́т, молоко́) и (ба́нка, майоне́з)

- _____

❺ - Что вы бу́дете пить? (стака́н, апельси́новый сок)

- _____

В)

| 보기 | - Како́й сейча́с уро́к? (ру́сский язы́к) |
| | - Сейча́с уро́к ру́сского языка́. |

❶ - Како́й уро́к бу́дет за́втра? (ру́сская литерату́ра)

- _____

❷ - Како́й уро́к был вчера́? (англи́йский язы́к)

- _____

❸ - Кака́я э́то остано́вка? (тролле́йбус)

- _____

❹ - Како́е э́то зда́ние? (университе́т)

- _____

❺ - Како́й сего́дня пра́здник? (побе́да)

- _____

❻ - Како́й э́то кабине́т? (фи́зика)

- _____

단어 | га́лстук 넥타이 | ма́сло 기름, 식용유 | ры́нок 시장 | холоди́льник 냉장고 | клубни́ка 딸기 | майоне́з 마요네즈 | апельси́новый сок 오렌지주스 | пра́здник 휴일 | побе́да 승리 | кабине́т 사무실

연습문제 6 [보기]와 같이 가격을 묻는 질문을 만들어 보세요.

> **보기** журна́л : Ско́лько сто́ит журна́л?
> ту́фли : Ско́лько сто́ят ту́фли?

❶ кни́га _____ **❷** сви́тер _____

❸ очки́ _____ **❹** пальто́ _____

❺ рис _____ **❻** э́та руба́шка _____

❼ э́ти часы́ _____ **❽** э́тот слова́рь _____

❾ э́то пла́тье _____ **❿** брю́ки _____

⓫ ба́нка ко́фе _____ **⓬** паке́т молока́ _____

연습문제 7 완료상과 불완료상 동사를 적절히 사용하여 주어진 질문에 미래형으로 답하세요.

❶ - Что вы бу́дете де́лать за́втра?

  - _____

❷ - Что вы обяза́тельно сде́лаете за́втра?

  - _____

❸ - Что вы бу́дете де́лать в суббо́ту и в воскресе́нье?

  - _____

❹ - Куда́ вы пое́дете ле́том?

  - _____

❺ - Куда́ вы пойдёте сего́дня ве́чером?

  - _____

연습문제 8 주어진 문장의 시작을 읽고 문장을 마무리해 보세요.

- Если за́втра бу́дет хоро́шая пого́да, ~
  ▸ Если за́втра бу́дет хоро́шая пого́да, <u>мы пое́дем в лес.</u>
- Мы пое́дем в лес, е́сли ~
  ▸ Мы пое́дем в лес, е́сли <u>бу́дет хоро́шая пого́да.</u>

❶ Если бу́дет тепло́, _____ .

❷ Если ты бы́стро сде́лаешь дома́шнее зада́ние, _____ .

❸ Если бу́дешь хорошо́ знать ру́сский язы́к, _____ .

❹ Мы пое́дем на мо́ре, е́сли _____ .

❺ Он хорошо́ сдаст экза́мен, е́сли _____ .

❻ Ма́ма пригото́вит пельме́ни, е́сли _____ .

❼ Мы посмо́трим бале́т, е́сли _____ .

ДИАЛО́ГИ

다음의 대화를 듣고 따라 해 보세요.

1) Track 13-1

- Извини́те, скажи́те, пожа́луйста, где здесь по́чта.
  죄송한데요, 여기 우체국이 어디에 있는지 말씀해 주세요.

- По́чта? Здесь недалеко́. Вы ви́дите там магази́н?
  우체국이요? 여기서 멀지 않아요. 저기 상점이 보이시죠?

- Да, ви́жу. 네, 보여요.

- По́чта напро́тив него́. 우체국은 그 맞은편에 있어요.

- Большо́е спаси́бо. 정말 고맙습니다.

- Не́ за что. 별말씀을요.

2) Track 13-2

- Скажи́те, пожа́луйста, как дое́хать до вокза́ла. 역까지 어떻게 가야 하는지 말씀해 주세요.

- На авто́бусе № 7. 7번 버스로 가시면 됩니다.

- А вы не зна́ете, где здесь остано́вка авто́буса? 여기 버스 정류장이 어디 있는지 혹시 아세요?

- Вон там, о́коло ба́нка. 저기, 은행 근처에 있어요.

- Спаси́бо. 감사합니다.

- Пожа́луйста. 천만에요.

3) Track 13-3

- Оля, почему́ ты така́я гру́стная? 올랴, 너 왜 그렇게 슬퍼(보여)?

- У меня́ боли́т го́рло. Наве́рное, я простуди́лась. 목이 아파. 아마 감기에 걸렸나 봐.

- А куда́ ты сейча́с идёшь? 지금은 어디 가는 거야?

- В апте́ку. Я хочу́ купи́ть лека́рство. Ты не зна́ешь, где здесь апте́ка?
  약국. 약을 사고 싶어서. 디마, 여기 약국이 어디 있는지 알아?

- Зна́ю, о́коло кафе́ «Весна́». 알아. 카페 '봄' 주변에 있어.

4) [Track 13-4]

- Ско́лько сто́ит э́та тетра́дь? 이 공책이 얼마인가요?

- 22 рубля́. 22루블입니다.

- Да́йте, пожа́луйста, 4 тетра́ди. 공책 네 권 주세요.

- Что ещё? 더 필요한 것이 있으신가요?

- 2 карандаша́ и 2 ру́чки. 연필 두 자루와 펜 두 자루요.

- Вот, пожа́луйста. Э́то всё? 여기 있습니다. 이게 전부인가요?

- Да, всё. 네, 전부입니다.

- 63 рубля́. 63루블입니다.

연습문제 9 두 사람씩 짝을 지어 주어진 상황에 따른 대화문을 만들어 보세요.

❶ 우체국(은행, 도서관, 서점 등)에 가야 하는데, 우체국의 위치를 모릅니다. 친구나 지나가는 사람에게 위치를 물어보세요.

_____

_____

❷ 지나가는 사람에게 역(극장, 서커스장, 경기장 등)까지 어떻게 갈 수 있는지 물어보세요. 어떤 교통수단을 이용해야 하는지 물어보고, 버스, 전차, 트롤리 버스 정류장이나 지하철역의 위치도 물어보세요.

_____

_____

❸ 주어진 물건을 정해진 장소에서 표시된 수량만큼 구입해 보세요.
우체국에서: конве́рт 봉투(3), откры́тка 엽서(2), ма́рка 우표(4)

_____

_____

상점에서: мя́со 고기(килогра́мм), рис 쌀(килогра́мм), сок 주스(буты́лка), джем 잼 (ба́нка)

시장에서: виногра́д 포도(килогра́мм), морко́вь 당근(килогра́мм), карто́фель 감자(2, килогра́мм)

❹ 친구에게 휴일 계획에 관하여 묻고, 당신의 계획을 이야기해 주세요.

연습문제 10 대화 3번을 다시 한 번 읽고 이를 간접인용문으로 바꾸어 보세요.

다음 문장을 듣고, 암기하여 따라 해 보세요.

❶ Track 13-5

Если в воскресе́нье бу́дет хоро́шая пого́да, мы обяза́тельно пое́дем в лес. Сейча́с о́сень, поэ́тому в лесу́ о́чень краси́во. Мы бу́дем до́лго гуля́ть.

❷ Track 13-6

За́втра у нас экза́мен. Мы бу́дем писа́ть тест. Я о́чень волну́юсь, потому́ что пло́хо зна́ю грамма́тику. Сего́дня весь день я бу́ду занима́ться в библиоте́ке.

❸ Track 13-7

Сего́дня Та́ня была́ в магази́не. Она́ купи́ла 2 килогра́мма карто́феля, килогра́мм мя́са, килогра́мм ри́са. Когда́ Та́ня верну́лась из магази́на, она́ пригото́вила обе́д.

❹ Track 13-8

У моего́ мла́дшего бра́та есть цветны́е карандаши́. Сейча́с он рису́ет мо́ре, со́лнце, не́бо. В де́тстве я то́же хорошо́ рисова́л.

단어 о́сень 가을 | цветно́й 색이 있는 | цветно́й каранда́ш 색연필 | со́лнце 태양 | не́бо 하늘

연습문제 12 주어진 답을 유도할 수 있는 질문을 만들어 보세요.

❶ - _____ ?

- Здесь недалеко́, о́коло по́чты.

❷ - _____ ?

- 23 рубля́.

❸ - _____ ?

- На трамва́е № 5.

❹ - _____ ?

- Нет, у меня́ две сестры́.

❺ - _____ ?

- Я бу́ду игра́ть в те́ннис.

❻ - _____ ?

- Да, я бу́ду пить чай без са́хара.

❼ - _____ ?

- Да, е́сли у меня́ бу́дет вре́мя.

❽ - _____ ?

- Уро́к ру́сского языка́.

연습문제 13 대화의 빈칸을 적절한 말로 채워 보세요.

❶ - Извини́те, где здесь банк?

- _____

- Спаси́бо.

- _____

❷ - Скажи́те, пожа́луйста, как дое́хать до па́рка?

- _____

- А где остано́вка тролле́йбуса?

- _____

❸ - _____ э́та _____ ?

- 21 рубль.

- Да́йте, пожа́луйста 2 _____ .

- 42 _____ .

❹ - _____

- Пожа́луйста, что ещё?

- _____

- 143 рубля́.

> • За́втра мы пойдём ~ ▶ За́втра мы пойдём <u>в парк</u>.

❶ Ма́ма ча́сто гото́вит _____ .

❷ Оля ду́мает _____ .

❸ Куда́ ты _____ ?

❹ Отку́да вы _____ ?

❺ Са́ша у́чится _____ , он изуча́ет _____ .

❻ - Чьи э́то де́ти?

   - Это де́ти _____ .

❼ Ра́ньше Ива́н Серге́евич люби́л _____ .

❽ Он ви́дит _____ .

❾ Брат смо́трит _____ .

❿ В магази́не ма́ма купи́ла _____ .

⓫ У Ната́ши нет _____ .

⓬ За́втра мы _____ .

⓭ Вчера́ роди́тели _____ .

⓮ Кого́ вы _____ ?

⓯ О ком ты _____ ?

⓰ Я был в _____ у _____ .

⓱ Мы верну́лись из _____ от _____ .

⓲ Друг верну́лся с _____ от _____ .

АУДИ́РОВАНИЕ

연습문제 1 짧은 대화문을 듣고 빈칸에 들어갈 알맞는 답을 고르세요. `Track 13-9`

❶ Он купи́л _____ карандаша́.

a) 2 b) 3 c) 4

❷ Откры́тки, кото́рые он купи́л, сто́ят _____

a) 21 рубль b) 42 рубля́ c) 54 рубля́

연습문제 2 짧은 대화문을 듣고 빈칸에 들어갈 알맞는 답을 고르세요. `Track 13-10`

❶ Он е́дет _____.

a) в центр го́рода

b) в рестора́н «Азия»

c) в кни́жный магази́н

❷ Он пое́дет на авто́бусе № _____.

a) 12 b) 20 c) 22

연습문제 3 먼저 텍스트를 듣고 이어 텍스트에 대한 질문을 들으세요. 각각의 질문에는 **ДА** 혹은 **НЕТ**로 답하세요. `Track 13-11`

❶ _____ **❷** _____ **❸** _____ **❹** _____

❺ _____ **❻** _____ **❼** _____

러시아 민담의 주인공들 2. 아름다운 바실리사

아름다운 바실리사(Васили́са Прекра́сная), 혹은 지혜로운 바실리사(Васили́са Прему́драя)는 러시아 마법 동화의 여주인공입니다. 종종 용왕의 딸(Царь морско́й)로 등장하는 바실리사는 러시아 민족이 가지고 있는 이상적인 여성상을 구현합니다. 그녀는 겸손하고, 인내심이 많고, 선량하며, 위엄 있는 인물입니다. 또 누구도 따라올 수 없을 만큼 아름다운 양탄자를 짜고, 아무도 먹어 본 적 없을 만큼 맛있는 빵을 구워 내는 야무진 주부이기도 합니다. 마술적인 힘도 가지고 있어, 호수를 만들기도 하고 길을 내기도 합니다: "바실리사가 춤을 추며 오른손을 흔드니 갑자기 호수가 생기고, 왼손을 흔드니 호수 위에 백조가 노니네". 이렇듯 러시아 문화 속에서 바실리사라는 이름은 여성의 아름다움과 우아함, 능력을 상징합니다.

민담이기 때문에 여러 가지 버전의 <아름다운 바실리아> 이야기가 전해지는데 그 중 어떤 이야기에서는 바실리사가 엄마가 돌아가시기 전에 물려주신 인형을 잘 돌보고 힘든 때에 먹을 것을 나누어 먹기도 하며 잘 지켜내어 어려움이 닥칠 때에 인형의 도움을 받기도 합니다.

예전에는 이 이름이 아주 인기가 있어 딸을 낳으면 '바실리사'라고 부르는 경우가 많았는데, 이미 시대가 변하여 요즘 부모들에게 인기 있는 이름은 아닙니다.

Ско́лько вам лет?

당신은 몇 살입니까?

복 습

A) 괄호 안에 주어진 단어를 알맞은 형태로 쓰세요. 필요한 경우 전치사를 더하세요.

1 Вчера́ я купи́л _____ (буты́лка) _____ (виногра́дный сок)

и _____ (ба́нка) _____ (чёрный ко́фе).

2 Библиоте́ка нахо́дится напро́тив _____ (э́то зда́ние).

3 Это ко́мната _____ (мла́дшая сестра́).

4 Я люблю́ ко́фе без _____ (молоко́) и без _____ (са́хар).

5 Скажи́те, пожа́луйста, где здесь остано́вка _____ (авто́бус и́ли

трамва́й)?

6 Здесь нет _____ (остано́вка) _____ (авто́бус и́ли

трамва́й).

7 Влади́мир Па́влович – преподава́тель _____ (исто́рия), он

рабо́тает _____ (Моско́вский университе́т).

8 _____ (э́тот го́род) нет _____ (теа́тр).

9 У меня́ _____ (2, брат) и _____ (2, сестра́), я ча́сто ду́маю

_____ (они́).

10 _____ (э́та немолода́я же́нщина) ча́сто боли́т _____

(се́рдце), поэ́тому она́ идёт _____ (поликли́ника).

Б) 주어진 동사를 알맞은 형태로 쓰세요.

говори́ть – сказа́ть

1 Ми Хи о́чень хорошо́ _____ по-ру́сски.

2 Обы́чно Дон Ик _____ : «Здра́вствуйте!», а сего́дня он

_____ : «До́брый день!»

3 За́втра весь уро́к мы _____ по-ру́сски.

4 За́втра на собра́нии я обяза́тельно _____ об э́той пробле́ме.

5 Ма́ша о́чень лю́бит _____ по-англи́йски.

6 Я забы́ла _____ об э́том.

7 Ма́ленький сын научи́лся _____.

8 Ма́ма _____ : «Прия́тного аппети́та!», и де́ти на́чали обе́дать.

брать – взять

9 За́втра я _____ кни́ги в библиоте́ке.

10 Я всегда́ _____ там ну́жные кни́ги.

11 Я _____ кни́ги и пошёл домо́й.

12 Сего́дня идёт дождь, я забы́л _____ зонт.

е́хать – пое́хать

13 Когда́ ма́ма пригото́вила обе́д, она́ _____ в парк.

14 Когда́ я куплю́ все проду́кты, я _____ домо́й.

15 Когда́ Ви́ктор _____ на авто́бусе, он чита́л кни́гу.

16 Утром на доро́ге была́ про́бка, поэ́тому Вади́м _____ на рабо́ту 2

часа́.

17 - Оте́ц до́ма?

- Нет, он уже́ _____ на рабо́ту.

ГОВОРИ́ТЕ ПРА́ВИЛЬНО!

A   **인칭대명사의 여격**

▶ 지금까지 총 6격인 러시아어 명사와 형용사의 격 중 주격, 대격, 전치격, 생격을 공부했습니다. 이 과에서는 남은 두 격 중 하나인 여격을 공부하려 합니다. 여격의 기본 의미는 '~에게'입니다. 먼저 여격의 형태를 익힌 후 다양한 여격의 쓰임에 대해 배워 봅시다. 인칭대명사의 여격은 다음과 같습니다. 표를 보고 암기하세요.

я	мне (ко мне)	мы	нам (к нам)
ты	тебе́ (к тебе́)	вы	вам (к вам)
он	ему́ (к нему́)	они́	им (к ним)
она́	ей (к ней)		

- Ма́ма чита́ет ей ру́сскую ска́зку. 엄마는 그녀에게 러시아 동화를 읽어 주신다.
- Па́па ча́сто звони́т мне. 아빠는 내게 자주 전화를 거신다.

연습문제 1   **보기** 와 같이 알맞은 인칭대명사의 여격형을 써 넣으세요.

보기   • Это ма́ма. Я помога́ю ~ . ▶ Я помога́ю ей.

❶ Это де́ти. Лари́са чита́ет _____ кни́гу.

❷ Это Никола́й Васи́льевич. Ве́чером я позвоню́ _____ .

❸ Это я. Ни́на улыба́ется _____ .

❹ Это вы. Я говорю́ _____ : «До́брый ве́чер!».

❺ Это ты. За́втра я напишу́ _____ письмо́.

❻ Это мы. Вы расска́жете _____ о Москве́?

❼ Это вы. Я жела́ю _____ здоро́вья и сча́стья.

❽ Это де́душка и ба́бушка. Вчера́ я посла́л _____ откры́тку.

단어 помога́ть 도와주다 | улыба́ться 미소 짓다 | написа́ть 쓰다 | рассказа́ть 이야기하다 |
жела́ть 기원해 주다 | здоро́вье 건강 | сча́стье 행복 | посла́ть 보내다 | откры́тка 엽서

Б   일반 명사의 여격

▶ 여성 명사의 여격 어미는 -e 혹은 -и, 남성 명사와 중성 명사의 여격 어미는 -y 혹은 -ю입니다. 아래의 표를 보고 언제 기본 여격 어미 -e(여성)나 -y(남성/중성)를 쓰고, 언제 -и(여성)나 -ю(남성/중성)를 쓰는지 잘 익혀 봅시다.

남성 명사	여성 명사	중성 명사
студе́нт ▶ студе́нту	кни́га ▶ кни́ге	письмо́ ▶ письму́
дом ▶ до́му	неде́ля ▶ неде́ле	зда́ние ▶ зда́нию
музе́й ▶ музе́ю	Мари́я ▶ Мари́и	вре́мя ▶ вре́мени
Юрий ▶ Юрию	ночь ▶ но́чи	и́мя ▶ и́мени
учи́тель ▶ учи́телю	дочь ▶ до́чери	
па́па ▶ па́пе	мать ▶ ма́тери	

기타 일반 명사의 여격형에 관하여 별표 12 를 참조하세요.

▶ 여격의 기본 의미는 '~에게'이고 다음과 같이 사용할 수 있습니다.

• **Ма́ма позвони́ла сы́ну.** 엄마는 아들에게 전화를 걸었다.
• **Учи́тель дал студе́нту большу́ю кни́гу.** 선생님은 학생에게 큰 책을 주었다.

주어진 명사를 여격으로 바꾸어 빈칸에 쓰세요.

❶ Весь ве́чер Ната́ша писа́ла письмо́ _____ (подру́га Лари́са).

❷ За́втра я обяза́тельно позвоню́ _____ (де́душка и ба́бушка).

❸ Оля всегда́ помога́ет _____ (Мари́я Ива́новна) гото́вить у́жин.

❹ Студе́нты да́ли тетра́ди _____ (преподава́тель).

❺ Ма́ма купи́ла футбо́лки _____ (сын и дочь).

❻ Ка́тя улыбну́лась _____ (Васи́лий Алекса́ндрович) и спроси́ла: «Как дела́?»

❼ Оле́г чита́ет интере́сную кни́гу _____ (брат и сестра́).

❽ Преподава́тель сове́тует _____ (Макси́м и Та́ня) прочита́ть рома́н Толсто́го «Война́ и мир».

단어   футбо́лка 티셔츠 | улыбну́ться 미소 짓다 | рома́н 소설 | Толсто́й 톨스토이 | «Война́ и мир» ≪전쟁과 평화≫

B   소유 형용사/재귀 형용사/지시 형용사와 일반 형용사의 여격

▶ 이제는 형용사의 여격형을 살펴보도록 합시다. 남성과 중성 형용사의 여격 기본형은 -ому(ему)이고 여성 형용사의 여격 기본형은 -ой(ей)입니다.

▶ 이 기본형을 염두에 두고 먼저 소유 형용사, 재귀 형용사, 지시 형용사의 여격형을 살펴봅시다.

남성/중성	여성
мой, моё ▶ моему́	моя́ ▶ мое́й
твой, твоё ▶ твоему́	твоя́ ▶ твое́й
его́ ▶ его́	его́ ▶ его́
её ▶ её	её ▶ её
наш, на́ше ▶ на́шему	на́ша ▶ на́шей
ваш, ва́ше ▶ ва́шему	ва́ша ▶ ва́шей

их ▸ их	их ▸ их
свой, своё ▸ своему́	своя́ ▸ свое́й
э́тот, э́то ▸ э́тому	э́та ▸ э́той

▶ 앞서도 언급했듯이 여성 명사 여격을 수식하는 일반 형용사는 어미 **-ой** 혹은 **-ей**를 취합니다.

- Вади́м улыбну́лся <u>но́вой</u> студе́нтке. 바딤은 새 여학생에게 미소를 지었다.
- Я позвони́л <u>ста́ршей</u> сестре́. 나는 언니에게 전화를 걸었다.

▶ 남성이나 중성 명사 여격을 수식하는 형용사는 어미 **-ому** 혹은 **-ему**를 취합니다.

- Мы помога́ем <u>но́вому</u> студе́нту. 우리는 새 학생을 돕는다.
- Я позвони́л <u>ста́ршему</u> бра́ту. 나는 형에게 전화를 걸었다.

▶ 러시아어에는 여격을 지배하는 동사가 많이 있습니다. 여격 지배 동사가 궁금하면 별표12 를 참조하면 됩니다. 여격을 지배하는 모든 동사를 한꺼번에 암기할 수는 없지만, 아래의 대표적인 여격 지배 동사들은 우선적으로 익히도록 합시다.

кому́? ~ 에게	
улыба́ться – улыбну́ться 미소 짓다	Де́вушка улыба́ется <u>нам</u>.
расска́зывать – рассказа́ть 이야기하다	Ру́сские студе́нты ча́сто расска́зывают <u>нам</u> о Росси́и.
дава́ть – дать 주다	Я дал <u>дру́гу</u> кни́гу.
говори́ть – сказа́ть 말하다	Профе́ссор сказа́л <u>студе́нту</u> об экза́мене.
звони́ть – позвони́ть 전화하다	Я позвони́л <u>дру́гу</u>.
отвеча́ть – отве́тить 대답하다	Мы отве́тили <u>профе́ссору</u> на вопро́с.
помога́ть – помо́чь 도와주다	Са́ша всегда́ помога́ет <u>бра́ту</u>.
кому́? + что? ~에게 ~을	
писа́ть – написа́ть 쓰다	Я написа́ла <u>подру́ге</u> письмо́.
чита́ть – прочита́ть 읽어 주다	Я чита́ю <u>бра́ту</u> ска́зку.
покупа́ть – купи́ть 사 주다	Ма́ма купи́ла <u>сы́ну</u> и <u>до́чери</u> но́вую оде́жду.
дари́ть – подари́ть 선물하다	Де́ти подари́ли <u>ма́ме</u> цветы́.
посыла́ть – посла́ть 보내다	Мы посла́ли <u>ба́бушке</u> откры́тку.

кому? + чего? ~에게 ~을(생격)	
жела́ть – пожела́ть 기원해 주다	Я жела́ю па́пе и ма́ме здоро́вья.
кому? + 동사원형	
сове́товать – посове́товать 충고하다	Я сове́тую тебе́ посмотре́ть э́тот фильм.

┃ 주의하세요! ┃

ПОМОГА́ТЬ – ПОМО́ЧЬ~ / СПРА́ШИВАТЬ – СПРОСИ́ТЬ

▶ 모국어와 러시아어의 동사 활용이 다를 경우에는 아무래도 실수가 잦기 마련입니다. 그 대표적인 동사가 위의 두 동사이지요. 한국어 '돕다'는 '~을 도와주다'인데, 러시아어의 помога́ть 동사 활용은 '~에게 도와주다', 즉 여격을 취합니다. 반면 한국어 '묻다'는 '~에게 묻다'인데, 러시아어의 спра́шивать 동사는 '~을 묻다' 즉 대격을 취합니다. 잦은 실수가 생기는 동사이니 주의하여 활용하세요.

- Мы помога́ем но́вому студе́нту.
- Анна спра́шивает учи́тельницу о Москве́.

연습문제 3 **보기** 와 같이 괄호 안에 주어진 단어를 사용하여 질문에 답해 보세요.

보기
- Кому́ вы написа́ли письмо́? (хоро́ший друг)
- Я написа́л письмо́ хоро́шему дру́гу.

❶ - Кому́ Вади́м позвони́л вчера́? (моя́ ста́ршая сестра́)

  - _____

❷ - Кому́ помога́ет Ве́ра? (наш ста́рый де́душка)

  - _____

❸ - Кому́ вы подари́ли цветы́? (э́та краси́вая де́вушка)

  - _____

❹ - Кому́ Ди́ма показа́л фотогра́фии? (ваш но́вый преподава́тель Серге́й Ива́нович)

  - _____

❺ - Кому́ ты дала́ слова́рь? (но́вый студе́нт Макси́м)

  - _____

❻ - Кому́ оте́ц купи́л игру́шки? (ма́ленький сын)

- _____

❼ - Кому́ вы сове́туете изуча́ть ру́сский язы́к? (свой) (мла́дший брат)

- _____

❽ - Кому́ вы жела́ете здоро́вья? (своя́) (ба́бушка)

- _____

단어 ┃ цветы́ 꽃 ┃ показа́ть 보여 주다 ┃ игру́шка 장난감

▶ 이제 여격의 용법을 살펴보도록 합시다. 러시아어의 여격은 '~에게'라는 기본 의미 외에도 매우 다양한 구문에서 사용됩니다. 나이 표현, 무인칭문 등 여격을 사용해야 하는 여러 가지 구문을 익혀 봅시다.

Г 여격의 용법

1. 나이 표현

	1, 21, 31, 41, ⋯	год
кому́?	2, 3, 4, 22, 23, 24, 32, 33, 34, ⋯	го́да
	5~20, 25~30, ⋯	лет

▶ 러시아어로 나이를 표현할 때는 한국어와는 달리 주격 구문('나는 ~살이다')이 아니라 여격 구문을 사용합니다.

- Ско́лько <u>вам</u> (тебе́, ему́, ей, нам, вам, им, Ива́ну, Та́не) лет?
- <u>Мне</u> (ему́, ей, нам, вам, им, Ива́ну, Та́не) 37 лет.

보기 와 같이 문장을 만들어 보세요.

> 보기 · Ива́н – 8 ▶ Ива́ну 8 лет.

❶ Оле́г – 21   ▶ _____

❷ Татья́на – 15   ▶ _____

❸ Са́ша – 12   ▶ _____

❹ Его́р Алексе́евич – 44   ▶ _____

❺ ба́бушка – 86   ▶ _____

❻ брат – 28   ▶ _____

❼ сестра́ – 33   ▶ _____

❽ оте́ц – 51   ▶ _____

❾ мать – 48   ▶ _____

❿ Мари́я Семёновна – 67   ▶ _____

2. НРА́ВИТЬСЯ 구문

▶ '나는 ~을 좋아한다'고 할 때 «Я люблю́ ~»라는 주격 구문 외에도 «Мне нра́вится ~»라는 여격 구문을 사용합니다. 여격 구문을 쓸 경우 좋아하는 대상이 주격으로, 좋아하는 주체가 여격으로 표현된다는 것을 기억하세요. 좋아하는 대상이 주어가 되기 때문에 동사도 대상이 단수이면 нра́вится로, 복수이면 нра́вятся로 쓰게 됩니다.

Кому́?	НРА́ВИТСЯ НРА́ВЯТСЯ	кто? что?

- Мне нра́вится совреме́нная му́зыка. 나는 현대 음악이 마음에 든다.
- Мне нра́вятся истори́ческие фи́льмы. 나는 역사 영화들이 마음에 든다.

НРА́ВИТЬСЯ / ЛЮБИ́ТЬ

▶ 불완료상 동사 нра́виться의 쓰임을 정리해 보면 다음과 같습니다.

1. 전반적인 선호를 표현할 때

- Мне нра́вится ко́фе. (= Я люблю́ ко́фе.) 나는 커피가 좋다.

- Сестре́ нра́вятся фантасти́ческие фи́льмы. 여동생은 판타지 영화를 좋아한다.

- Бра́ту не нра́вится класси́ческая му́зыка, он лю́бит совреме́нную му́зыку. 오빠는 클래식 음악을 좋아하지 않고 현대 음악을 좋아한다.

- Нам нра́вятся ру́сские пе́сни. 우리는 러시아 노래들이 좋다.

    이 경우 нра́виться 동사는 люби́ть 동사와 거의 유사한 의미로 사용됩니다.

2. 어떤 구체적인 대상(내가 지금 보거나, 듣거나, 먹는)에 대한 의견을 표현할 때

- Мне нра́вится э́то пальто́. (내가 지금 보고 있는) 이 코트가 마음에 든다.

- Мне нра́вится э́та му́зыка. (내가 지금 듣고 있는) 이 음악이 마음에 든다.

- Мне не нра́вится э́та ры́ба. (내가 지금 먹고 있는) 이 생선이 마음에 든다.

    이런 의미로는 люби́ть 동사를 사용할 수 없습니다.

연습문제 5 **보기** 와 같이 문장을 바꾸어 보세요.

> **보기** · Мне нра́вится э́та кни́га. ▶ Мне нра́вятся э́ти кни́ги.

❶ Ему́ нра́вится э́та пе́сня. ▶ _____

❷ Нам нра́вится э́тот сала́т. ▶ _____

❸ Ей нра́вится э́то пла́тье. ▶ _____

❹ Преподава́телю нра́вится э́тот уче́бник. ▶ _____

❺ Серге́ю нра́вится э́та руба́шка. ▶ _____

❻ Ба́бушке нра́вится э́то пальто́. ▶ _____

▶ люби́ть 동사를 사용하는 경우와 마찬가지로(Я люблю́ слу́шать му́зыку), нра́виться 동사를 사용하여 선호를 표현할 때도 동사원형을 목적어로 취할 수 있습니다.

Кому?	НРА́ВИТСЯ НРА́ВИЛОСЬ	что де́лать?

- Мне нра́вится чита́ть. 나는 읽는 것이 좋다.
- Ми́ше нра́вится слу́шать му́зыку. 미샤는 음악 듣는 것을 좋아한다.
- Ра́ньше мне нра́вилось игра́ть в те́ннис, а тепе́рь не нра́вится.
  전에 나는 테니스 치는 것을 좋아했지만, 지금은 좋아하지 않는다.

예문을 보면 알 수 있는 것처럼 нра́виться 동사 뒤에 온 동사원형이 올 경우는 반드시 불완료상 동사를 사용해야 합니다. 또 동사원형을 중성 단수 취급하기 때문에 동사도 현재와 과거 시제에서 각각 нра́вится와 нра́вилось가 사용됩니다.

연습문제 6 다음 질문에 답해 보세요.

❶ - Что вам нра́вится де́лать?

   - _____

❷ - Что вам не нра́вится де́лать?

   - _____

❸ - Что вам нра́вилось де́лать в де́тстве?

   - _____

❹ - Что нра́вится де́лать ва́шему дру́гу (ва́шей подру́ге)?

   - _____

❺ - Что не нра́вится де́лать ва́шему бра́ту (ва́шей сестре́)?

   - _____

❻ - Вам нра́вится гуля́ть в лесу́?

   - _____

❼ - Вам нра́вится изуча́ть ру́сский язы́к?

   - _____

▶ нра́виться 동사도 понра́виться라는 완료상 짝을 가집니다. понра́виться 동사는 미래형으로 쓰이기도 하지만(예를 들어 «Тебе́ понра́вится Москва́! 너는 모스크바가 마음에 들 거야!»), 과거형으로 더 자주 사용됩니다.

Кому́?	ПОНРА́ВИЛСЯ ПОНРА́ВИЛАСЬ ПОНРА́ВИЛОСЬ ПОНРА́ВИЛИСЬ	кто? что?

- Неда́вно Ле́на была́ в Сеу́ле.
  최근에 레나는 서울에 갔다 왔다.
- Ле́том Мин Хо был в Москве́.
  여름에 민호는 모스크바에 갔었다.
- Вчера́ мы бы́ли в но́вом кафе́.
  어제 우리는 새 카페에 갔었다.
- Я уже́ прочита́л э́ти стихи́.
  나는 이미 이 시를 읽었다.

- Ей понра́вился Сеу́л.
  그녀는 서울이 마음에 들었다.
- Ему́ понра́вилась Москва́.
  그는 모스크바가 마음에 들었다.
- Нам понра́вилось но́вое кафе́.
  우리는 새 카페가 마음에 들었다.
- Мне понра́вились э́ти стихи́.
  나는 이 시가 마음에 들었다.

▶ 완료상 동사 понра́виться는 앞서 살핀 нра́виться 동사의 두 번째 쓰임과 같은 의미로 사용됩니다. 단 понра́виться 동사는 과거에 보았거나 들었거나 먹었던 것에 대한 의견을 표현할 때 사용됩니다.

1. Мне нра́вится э́то пальто́. 나는 이 코트가 맘에 들어.

   Вчера́ в магази́не я уви́дела пальто́, мне понра́вилось оно́, и я купи́ла его́. 어제 가게에서 코트를 보았는데, 그 코트가 맘에 들어서, (그것을) 샀다.

2. Сейча́с мы в Москве́. Нам о́чень нра́вится Москва́.
   지금 우리는 모스크바에 있다. 우리는 모스크바가 정말 마음에 든다.

   Ле́том мы бы́ли в Москве́. Нам о́чень понра́вилась Москва́.
   여름에 우리는 모스크바에 갔었다. 우리는 모스크바가 정말 마음에 들었다.

연습문제 7 понра́виться 동사의 과거형을 적절한 형태로 넣으세요.

❶ Вчера́ на́ша семья́ была́ в кита́йском рестора́не. Нам о́чень _____ рестора́н и _____ кита́йские блю́да. Ма́ме о́чень _____ суп, а сестре́ _____ ры́ба. Па́пе _____ мя́со.

❷ Неда́вно студе́нты бы́ли в Москве́. Им о́чень _____ э́тот го́род.

Им _____ Кра́сная пло́щадь, _____ стари́нные це́ркви,

_____ моско́вское метро́.

❸ Вчера́ Оля, Ни́на и Людми́ла бы́ли в магази́не «Оде́жда». Оле _____

краси́вое си́нее пальто́. Ни́не _____ бе́лые брю́ки. Людми́ле

_____ ро́зовая блу́зка.

단어 Кра́сная пло́щадь 붉은 광장 | стари́нный 오래된 | це́рковь 교회 | оде́жда 의복 |
брю́ки 바지 | блу́зка 블라우스

---

3. 당위 표현 : HÁДO/HÝЖHO 구문

▶ 〈여격(의미상의 주어) + на́до/ну́жно + 동사원형〉은 '~을 해야만 한다'는 뜻입니다. 이때 на́до/
ну́жно 구문의 구조는 다음과 같습니다.

Кому́?	HÁДO, HÝЖHO	+ 동사원형

- Ири́не на́до купи́ть фру́кты. 이리나는 과일을 사야 한다.
- Тебе́ ну́жно позвони́ть? Вот телефо́н. 너 전화해야 하니? 여기 전화기가 있다.

위의 예문을 잘 읽어 보면 알 수 있듯이, 이 문장에는 주어가 없습니다. 의미상의 주어가 있을 뿐 문법상의
주어가 없는 이와 같은 문장을 무인칭문이라고 부릅니다. 그렇다면 주어가 없는 문장은 어떤 것을 기준으
로 현재형이나 과거형으로 바꿀 수 있을까요? 러시아어 무인칭문에 동사를 사용하여야 할 경우는 언제나
중성 단수형 동사를 사용합니다. 따라서 위의 문장을 과거로 만들기 위해서는 бы́ло를, 미래로 만들기 위
해서는 бу́дет를 사용하면 됩니다.

- Мне ну́жно (на́до) позвони́ть сестре́. 나는 여동생에게 전화를 해야 한다.
- Вчера́ мне ну́жно (на́до) бы́ло позвони́ть сестре́.
  어제 나는 여동생에게 전화를 해야만 했다.
- За́втра мне ну́жно (на́до) бу́дет позвони́ть сестре́.
  내일 나는 여동생에게 전화를 해야만 할 것이다.

연습문제 8 보기 와 같이 주어진 단어로 문장을 만들어 보세요.

> 보기
> • Вчера́, Оле́г, прочита́ть текст
> ▶ Вчера́ Оле́гу на́до бы́ло прочита́ть текст.

❶ Сего́дня, Лари́са, ну́жно, пригото́вить обе́д

▶ _____

❷ За́втра, Анато́лий Алексе́евич, на́до, пое́хать в Сеу́л

▶ _____

❸ Вчера́, ста́ршая сестра́, ну́жно, встре́тить подру́гу

▶ _____

❹ Сего́дня, я, ну́жно, написа́ть тест

▶ _____

❺ За́втра, Мари́я Петро́вна, на́до, купи́ть проду́кты

▶ _____

❻ Вчера́, э́тот студе́нт, ну́жно, перевести́ текст

▶ _____

на́до ну́жно сове́товать 충고하다	+ 완료상, 불완료상 동사원형

▶ на́до나 ну́жно, 그리고 сове́товать 동사의 뒤에는 완료상 동사원형도, 불완료상 동사원형도 올 수 있습니다. 만일 문장 속에 «как ча́сто?»나 «как до́лго?»에 대한 답이 될 수 있는 단어가 들어 있으면 불완료상 동사원형을, 아닌 경우에는 완료상 동사원형을 사용하면 됩니다.

- **Мне на́до ка́ждое у́тро покупа́ть фру́кты.** 나는 매일 아침 과일을 사야 한다.
- **Мне на́до купи́ть фру́кты.** 나는 과일을 사야 한다.
- **Я сове́тую тебе́ отдыха́ть на мо́ре 2 неде́ли.**
  나는 너에게 바닷가에서 2주 간 쉬라고 권한다.
- **Я сове́тую тебе́ хорошо́ отдохну́ть.** 나는 너에게 잘 쉬라고 권한다.

▶ 그런데 만일 на́до, ну́жно, сове́товать를 부정하는 구문이라면, 뒤에는 불완료상 동사원형만 올 수 있습니다.

не на́до не ну́жно не сове́товать	+ 불완료상 동사원형

- **Тебе́ не ну́жно писа́ть э́то упражне́ние.** 너는 이 연습문제를 풀 필요가 없다.
- **Вам не на́до волнова́ться.** 당신은 걱정하실 필요 없습니다.
- **Я не сове́тую тебе́ смотре́ть э́тот фильм.** 나는 너에게 이 영화를 보라고 권하지 않아.

연습문제 9 주어진 완료상 동사와 불완료상 동사 중 적절한 것을 골라 빈칸에 넣으세요.

покупа́ть – купи́ть

❶ Тебе́ ну́жно _____ ру́сско-коре́йский слова́рь.

❷ Вам не на́до _____ хлеб, у нас есть хлеб.

❸ Я сове́тую тебе́ _____ но́вый компью́тер.

❹ Я не сове́тую вам _____ э́ту маши́ну.

❺ Нам на́до _____ молоко́ ка́ждое у́тро.

отдыха́ть – отдохну́ть

❻ Мы сове́туем ма́ме _____ бо́льше.

❼ Ты уста́л, тебе́ ну́жно _____.

❽ Мне не на́до _____, я не уста́л.

❾ Оте́ц сове́тует нам _____ на о́строве Чёджу две и́ли три неде́ли.

❿ Я не сове́тую вам _____ на мо́ре, там сейча́с хо́лодно.

단어 бо́льше 더 | хо́лодно 춥다

НУ́ЖЕН, НУЖНА́, НУ́ЖНО, НУЖНЫ́

▶ 한 가지 주의할 점은 일종의 조동사처럼 사용되어 뒤에 동사원형을 취하는 무인칭문을 만들어 주는 ну́жно와 형용사 ну́жный의 단어미형인 ну́жно는 서로 다르다는 것입니다. ну́жный라는 형용사의 단어미인 ну́жен, нужна́, ну́жно, нужны́는 주격 구문으로 쓰이며 그 활용은 한국어의 '~이 ~에게 필요하다'와 같다고 생각하면 됩니다.

кому́?	ну́жен нужна́ ну́жно нужны́	+ 주격

▶ 기억할 것은 이 구문은 문장에 주어가 없는 무인칭문이 아니라 주격 구문이라는 사실입니다. 한국어의 '나는 ~이 필요하다'와 유사한 구문이라고 생각하면 되는데, 여기서 주어인 '나는'은 한국어 문장과 달리 여격이고 오히려 필요한 대상이 주어로 오게 되고, 주어의 성에 따라 형용사 단어미 형태가 달라지게 됩니다.

- Мне ну́жен но́вый костю́м. 나에게 새 옷이/가 필요하다.

  нужна́ но́вая ю́бка   새 치마

  ну́жно но́вое пальто́   새 코트

  нужны́ но́вые брю́ки   새 바지

연습문제 10 다음 빈칸에 **ну́жен, нужна́, ну́жно, нужны́** 중 적절한 것을 골라 넣으세요.

❶ Светла́не _____ а́нгло-ру́сский слова́рь.

❷ Оле́гу _____ перча́тки.

❸ Ребёнку _____ молоко́.

❹ Вади́му _____ маши́на.

❺ Отцу́ _____ шарф.

❻ Преподава́телю _____ э́та кни́га.

❼ Им _____ но́вые пальто́.

단어   перча́тки 장갑 | шарф 스카프, 목도리

4. 감정/감각 표현

▶ 러시아어로 추위, 더위 같은 체감이나 힘들다, 지루하다, 재미있다 등의 감정을 표현할 때도 여격이 의미상
의 주어 역할을 하는 무인칭문을 사용합니다. 물론 이 경우도 무인칭문은 3인칭 단수 취급합니다.

- Мне (кому́?) хо́лодно. 춥다.
  나는   жа́рко. 덥다.

               тепло́. 따뜻하다.

               интере́сно. 재미있다.

               интере́сно изуча́ть ру́сский язы́к. 러시아어 공부하는 것이 재미있다.

               ску́чно. 지루하다.

               ску́чно слу́шать класси́ческую му́зыку.
               클래식 음악 듣는 것이 지루하다.

               ве́село. 신난다.

               тру́дно изуча́ть ру́сский язы́к. 러시아어 공부하는 것이 힘들다.

               тяжело́ рабо́тать. 일하기가 어렵다.

               легко́ изуча́ть ру́сский язы́к. 러시아어 공부하는 것이 쉽다.

               легко́ рабо́тать. 일하기가 쉽다.

               прия́тно. 기분 좋다.

               прия́тно познако́миться. 알게 되어 기쁘다.

               о́чень прия́тно! 정말 기쁘다!, 정말 반갑습니다!

▶ 이렇듯 감정, 감각을 나타내는 무인칭문은 아래의 예문처럼 다양한 맥락에서 사용될 수 있습니다.

- Де́ти смо́трят мультфи́льмы, им интере́сно.
  아이들이 만화를 본다. 그들은 재미있어 한다.
- Де́тям интере́сно игра́ть вме́сте. 아이들은 함께 노는 것이 재미있다.
- Мы танцу́ем, нам ве́село, а Со́ня не лю́бит танцева́ть, ей ску́чно.
  우리는 춤을 춘다. 우리는 재미있는데, 소냐는 춤추는 것을 좋아하지 않아서 그녀는 지루하다.
- Мне тяжело́ рабо́тать в э́той фи́рме. 나는 이 회사에서 일하기가 힘들다.

▶ 또 앞서 언급한 것처럼 무인칭문은 주어가 없기에 술어를 선택할 때 중성 단수 취급하여 다음과 같은 방식
으로 과거나 미래로 표현할 수 있습니다.

- Зимо́й я е́здила в Коре́ю. В Сеу́ле мне бы́ло о́чень хо́лодно без тёплого пальто́ и ша́пки.
  작년에 나는 한국에 다녀왔다. 따뜻한 코트와 모자가 없어 서울에서 나는 무척 추웠다.

- Я ду́маю, что в То́мске без тёплого пальто́ и ша́пки тебе́ бу́дет о́чень хо́лодно.
  내 생각에 톰스크에서 너는 따뜻한 코트와 모자가 없으면 정말 추울 거야.

- Вчера́ на фестива́ле нам бы́ло о́чень ве́село и интере́сно.
  어제 페스티벌에서 우리는 정말 즐겁고 재미있었어.

- За́втра де́ти пое́дут в цирк, я ду́маю, что им бу́дет интере́сно.
  내일 아이들은 서커스에 갈 거야, 내 생각에 그들은 재미있을 거야.

- Я ду́маю, что за́втра на фестива́ле нам не бу́дет ску́чно.
  내 생각에 내일 페스티벌에서 우리는 지루하지 않을 거야.

▶ 또 한 가지 주의할 것은 무인칭문의 의미상의 주어인 여격이 생략될 때 이를 일반적인 의미로 해석할 수 있다는 점입니다.

- Мне тру́дно изуча́ть ру́сский язы́к. 나는 러시아어를 공부하는 것이 어렵다.

위의 문장처럼 여격 의미상의 주어가 주어진 경우는 서술의 내용이 '나'에게만 해당되는 반면, 아래의 문장처럼 여격 의미상의 주어가 없는 경우는 일반적인 내용을 서술하는 것이 됩니다.

- Тру́дно изуча́ть ру́сский язы́к. 러시아어는 공부하기 어렵다.

▶ 또 감정, 감각을 표현하는 무인칭문은 종종 장소 표현과 함께 쓰이니 이 역시 익혀 두는 것이 좋습니다.

- В ко́мнате хо́лодно. 방이 춥다(직역: 방에서는 춥다).
- На у́лице жа́рко. 거리는 덥다(직역: 거리에서는 덥다).
- В студе́нческом клу́бе всегда́ ве́село.
  학생 클럽은 항상 즐겁다(직역: 학생 클럽에서는 항상 즐겁다).
- Здесь ску́чно. 이곳은 지루하다(직역: 이곳에서는 지루하다).
- На экску́рсии бы́ло о́чень интере́сно.
  견학은 매우 재미있었다(직역: 견학에서는 매우 재미있었다).
- Я ду́маю, что за́втра в студе́нческом клу́бе бу́дет о́чень ве́село.
  나는 내일 학생 클럽에서 정말 재미있을 거라고 생각해.

5. 허용과 금지 표현 : MÓЖHO와 НЕЛЬЗЯ́

▶ '~할 수 있다, ~해도 된다'는 허용 표현(мóжно)과 '~해서는 안 된다'는 금지 표현(нельзя́)은 모두 무인칭 여격 구문을 사용하여 표현합니다.

(кому́?)/(где?)	мóжно + 완료상/불완료상 동사원형
	нельзя́ + 불완료상 동사원형

▶ мóжно의 경우, 반복적이거나 일상적인 일을 허용할 경우는 불완료상 동사원형과 결합하고, 그 외의 경우는 완료상 동사원형과 결합합니다.

- Врач сказа́л, что де́душке мóжно пить кóфе.
  의사는 할아버지가 커피를 마셔도 된다고 했다.
- Мне мóжно брать твои́ кни́ги? 내가 네 책들 좀 빌려 가도 될까?

이 경우, 일반적으로 커피를 마셔도 된다고 했고, 일반적으로 책을 빌려 가도 되는지를 물었기에 불완료상 동사를 씁니다. 반면 아래의 경우처럼 구체적인 대상에 대해 한 번 일어나는 일에 관한 허가를 구할 때는 완료상 동사를 사용합니다.

- Мне мóжно взять э́ту кни́гу? 이 책 가져가도 될까요?
- Мне мóжно вы́пить э́тот сок? 이 주스 마셔도 될까요?

▶ 허가를 구하는 мóжно 구문에서 묻는 사람이 자기 자신에 대하여 구체적인 무언가를 해도 되는지 허락을 구할 때는 종종 여격 의미상의 주어를 생략해도 됩니다.

- Мóжно взять твой слова́рь? 네 사전 가져가도 되니?
- Мóжно вы́пить э́тот сок? 이 주스 마셔도 되니?
- Мóжно войти́? 들어가도 되니?

▶ 반면 НЕЛЬЗЯ́는 금지의 뜻을 나타내고 반드시 **불완료상 동사와만** 결합합니다.

- Тебе́ нельзя́ пить кóфе. 너는 커피 마시면 안 돼.
- Де́душке нельзя́ кури́ть. 할아버지는 담배를 피우셔서는 안 된다.

▶ мо́жно/нельзя́ 구문 역시 의미상의 주어인 여격이 없이 사용될 경우에는 일반적인 의미를 갖게 됩니다.

- Врач сказа́л, что мне нельзя́ кури́ть. 의사는 내가 담배를 피워서는 안 된다고 했다.

  В э́том рестора́не нельзя́ кури́ть. 이 레스토랑에서는 담배를 피워서는 안 된다.
- Ба́бушке мо́жно пить ко́фе. 할머니는 커피를 마셔도 된다.

  Мо́жно пить 2~3 ча́шки ко́фе в день. 하루 커피 두세 잔은 마셔도 된다.

두 쌍의 예문 중 두 번째 문장은 각각 특정한 사람이 아니라 모두에게 해당되는 일반적인 의미를 전달하고 있습니다.

연습문제 11 보기 와 같이 주어진 문장과 뜻이 반대되는 문장으로 바꾸세요.

> 보기
> - Мне тру́дно изуча́ть ру́сский язы́к.
>   ▶ Мне легко́ изуча́ть ру́сский язы́к.

❶ Ви́ктору интере́сно чита́ть э́ту кни́гу.

▶ _____

❷ Светла́не тяжело́ рабо́тать.

▶ _____

❸ Нам прия́тно говори́ть об э́том.

▶ _____

❹ Ребёнку жа́рко.

▶ _____

❺ Мне гру́стно.

▶ _____

❻ У тебя́ боля́т но́ги, поэ́тому тебе́ нельзя́ игра́ть в футбо́л.

▶ _____

단어 гру́стно 슬프다

전치사 K를 취하는 동사

▶ 지금껏 우리는 전치사 없이 여격을 사용하는 구문을 살펴보았습니다. 이번에는 여격 지배 전치사 **K**를 취하는 동사를 살펴보도록 합시다. 전치사 **K**는 일차적으로는 '~에게'라는 뜻을 나타내지만 동사와 결합하며 다른 뜻을 전하기도 합니다. 이번에 살펴볼 동사 **готóвиться – приготóвиться, подготóвиться**는 '~을 준비하다'라는 뜻의 동사이고 ⟨**K** + 여격 명사⟩를 취합니다.

- готóвиться – приготóвиться к чемý?
- подготóвиться к экзáмену (к тéсту)

┤ 주의하세요! ├

ПРИГОТÓВИТЬСЯ / ПОДГОТÓВИТЬСЯ

▶ приготóвиться와 подготóвиться 동사 간에 특별한 의미 차이는 없습니다.

- Я приготóвился к урóку.
나는 수업을 준비했다.
- Я подготóвился к урóку.

▶ готóвить – приготóвить 동사는 타동사를 목적어로 취합니다.

- готóвить – приготóвить что? обéд, домáшнее задáние

▶ 앞서 언급했던 대로 '~에게/~의 집으로 간다'는 표현을 할 때 전치사 **K**를 사용합니다.

- идти́ – пойти́ к комý?
- éхать – поéхать к дрýгу

러시아인들은 친구 집에 간다고 할 때 «Я идý в дом дрýга.*»와 같은 문장을 사용하지 않고, «Я идý к дрýгу.»라고 표현합니다.

연습문제 12 괄호 안에 주어진 단어를 문맥에 맞는 형태로 바꾸어 쓰되, 필요한 경우 전치사를 더하세요.

❶ Зáвтра мы éдем ＿＿＿＿＿＿＿＿＿＿ (Москвá, бáбушка).

❷ Зáвтра Вéра идёт ＿＿＿＿＿＿＿＿＿＿ (врач).

❸ Я поéду ＿＿＿＿＿＿＿＿＿＿ (Англия, друг).

❹ Мы идём ＿＿＿＿＿＿＿＿＿＿ (больнѝца, дéдушка).

❺ Сестрá éдет ＿＿＿＿＿＿＿＿＿＿ (Сеýл, подрýга).

❻ - Кудá вы идёте?

    - Мы идём ＿＿＿＿＿＿＿＿＿＿ (инститýт).

❼ - К комý вы идёте?

    - Мы идём ＿＿＿＿＿＿＿＿＿＿ (профéссор).

E   -ВА-형 동사 변화

▶ 이제 동사 변화 한 가지를 더 익혀 봅시다. 지금 살펴볼 동사는 -ва-형 동사입니다. -авать로 끝나는 동사 중 여러분이 반드시 알아야 할 동사는 давáть(주다), вставáть(일어나다), уставáть(피로해지다) 등의 동사입니다. 이 동사들은 현재형으로 변할 때는 어간에서 -ва-가 삭제된 채로 변하지만, 과거형에서는 다시 -ва-가 복원됩니다. 모두가 불완료상 동사인 이 동사들의 현재형 변화는 다음과 같습니다.

주의할 것은 문법적으로 이를 -ва-형 동사라고 부르지만, 실제로는 -авать로 끝나는 동사들이라는 점입니다. 앞서 배웠던 -овать, -евать 동사는 이에 해당하지 않으니 기억해 두세요.

	давáть	вставáть	уставáть
я	даю́	встаю́	устаю́
ты	даёшь	встаёшь	устаёшь
онѝ	даю́т	встаю́т	устаю́т

▶ 과거형에서는 어간의 -ва-가 그대로 남아 있습니다.

   • давáл, давáла, давáли

    вставáл, вставáла, вставáли

    уставáл, уставáла, уставáли

СДАВА́ТЬ, ПРОДАВА́ТЬ, ПРЕПОДАВА́ТЬ, ПЕРЕДАВА́ТЬ

- сдава́ть (экза́мен) (시험을) 치르다
- продава́ть (о́вощи) (야채를) 팔다
- преподава́ть (фи́зику) (물리를) 가르치다
- передава́ть (приве́т) (인사를) 전하다

▶ 위의 동사 모두 현재형에서 앞에 각각의 접두사가 붙고 어간은 дава́ть 동사와 똑같은 변화를 합니다. 예를 들어 сдава́ть 동사는 дава́ть 동사 변화에 с-라는 접두사가 붙는 형태로 즉, сдаю, сдаёшь, ···, сдают 이렇게 동사 변화합니다. 예문을 볼까요?

- Мы сдаём экза́мен. 우리는 시험을 치른다.
- Она́ продаёт о́вощи на ры́нке. 그녀는 시장에서 야채를 판다.
- Этот профе́ссор преподаёт матема́тику. 이 교수님은 수학을 가르치신다.
- Я передаю́ приве́т дру́гу, кото́рый живёт в Москве́.
  나는 모스크바에 사는 친구에게 안부를 전한다.

▶ 각 동사의 완료상인 сдать, прода́ть, препода́ть, переда́ть는 дать형과 동일하게 변화합니다. 예를 들면 сдам, сдашь, сдаст, сдади́м, сдади́те, сдаду́т형으로 변화합니다.

연습문제 13 주어진 동사를 문맥에 따라 현재형이나 과거형으로 변화시켜 쓰세요.

❶ сдава́ть

Сейча́с студе́нты _____ экза́мен в аудито́рии № 305, а вчера́ они́ _____ экза́мен в аудито́рии 308.

❷ встава́ть

Обы́чно Ма́ша _____ в 7 часо́в. А ра́ньше она́ всегда́ _____ в 8 часо́в.

❸ устава́ть

Ра́ньше Лари́са не о́чень _____, а тепе́рь о́чень _____.

❹ преподава́ть

Сейча́с И́горь Петро́вич _____ исто́рию в Моско́вском университе́те. А ра́ньше он _____ в Институ́те и́мени Пу́шкина.

ДАВÁЙТЕ ПОГОВОРИ́М!

연습문제 1 다음 문장에 형용사를 더하여 읽어 보세요.

- У Ви́ктора есть слова́рь.
  ▸ У Ви́ктора есть а́нгло-ру́сский слова́рь.

❶ У Анны нет бра́та.

❷ Сего́дня у нас бу́дет уро́к литерату́ры.

❸ Я бу́ду учи́ться в университе́те.

❹ За́втра мы пое́дем в дере́вню.

❺ Это пла́тье сестры́.

❻ Да́йте, пожа́луйста, ча́шку ча́я.

❼ Вчера́ мы ви́дели арти́ста.

단어
арти́ст 배우

연습문제 2 주어진 문장에 **«когда́?»**라는 질문의 답이 될 만한 부사나 부사구를 더해 보세요.

- Оте́ц пое́дет в Москву́.
  ▸ В суббо́ту (за́втра, ле́том, сего́дня в 7 часо́в) оте́ц пое́дет в Москву́.

❶ Де́ти пойду́т в кино́.

❷ На́ша семья́ у́жинала в рестора́не.

❸ Студе́нты бу́дут писа́ть тест.

❹ Игорь Алекса́ндрович верну́лся с Сахали́на.

❺ Мы бы́ли на конце́рте.

❻ Они́ пойду́т в теа́тр на бале́т.

❼ У меня́ не бу́дет вре́мени.

연습문제 3 보기 와 같이 **нра́вятся** 동사를 사용한 문장을 만들어 보세요.

А)

> 보기
> - Анто́н пьёт чай.
> - Анна чита́ет стихи́.
>
> ▸ Ему́ нра́вится чай.
> ▸ Ей нра́вятся стихи́.

❶ Андре́й пьёт ко́фе.　　　　　　　　　　▸ _____

❷ Де́ти едя́т бана́ны.　　　　　　　　　　▸ _____

❸ Ни́на и Ве́ра пою́т ру́сскую пе́сню.　　　▸ _____

❹ Я слу́шаю класси́ческую му́зыку.　　　　▸ _____

❺ Мы изуча́ем ру́сский язы́к.　　　　　　　▸ _____

❻ Ты покупа́ешь э́ти ту́фли?　　　　　　　▸ _____

Б)

> 보기
> - Анто́н лю́бит класси́ческую му́зыку.
> ▸ Анто́ну нра́вится класси́ческая му́зыка.

❶ Ми́ша и Ма́ша лю́бят цирк.

▸ _____

❷ Наш но́вый преподава́тель лю́бит ру́сскую литерату́ру.

▸ _____

❸ Этот ребёнок не лю́бит я́блоки.

▸ _____

❹ Де́душка и ба́бушка лю́бят гуля́ть в лесу́.

▸ _____

❺ Ра́ньше ста́ршая сестра́ люби́ла гото́вить.

▸ _____

❻ Ра́ньше э́та ма́ленькая де́вочка люби́ла танцева́ть.

▶ _____

연습문제 4 보기 와 같이 대화를 이어 보세요.

> 보기
>
> - Вчера́ мы бы́ли в но́вой библиоте́ке.
> - Вам понра́вилась но́вая библиоте́ка?
> - Да, о́чень понра́вилась.
>   (Нет, не понра́вилась.)

❶ - Неда́вно мы верну́лись из Пеки́на.

- _____

❷ - Вчера́ мы бы́ли в теа́тре, смотре́ли бале́т.

- _____

❸ - В суббо́ту Анто́н и Ве́ра слу́шали о́перу в Большо́м теа́тре.

- _____

❹ - В воскресе́нье Ми́ша был на но́вом стадио́не.

- _____

❺ - Вчера́ мы посмотре́ли но́вый америка́нский фильм.

- _____

❻ - Сего́дня ле́кцию нам чита́ла но́вая преподава́тельница.

- _____

❼ - В пя́тницу Людми́ла была́ в но́вом кафе́.

- _____

연습문제 5 보기 와 같이 주어진 문장을 과거 시제와 미래 시제로 바꾸어 보세요.

> 보기
> · Сего́дня Ольге на́до вы́учить слова́.
>   ▸ Вчера́ ей то́же на́до бы́ло вы́учить слова́.
>   ▸ За́втра ей то́же на́до бу́дет вы́учить слова́.

❶ Сего́дня Ма́ше на́до купи́ть хлеб.

▸ _____

▸ _____

❷ Сего́дня Анто́ну ну́жно перевести́ текст.

▸ _____

▸ _____

❸ Сего́дня Мари́не на́до пригото́вить у́жин.

▸ _____

▸ _____

❹ Сего́дня Евге́нию ну́жно весь день гото́виться к экза́мену.

▸ _____

▸ _____

❺ Сего́дня Валенти́не Оле́говне ну́жно верну́ться с рабо́ты в 5 часо́в.

▸ _____

▸ _____

❻ Сего́дня Татья́не на́до позвони́ть ма́тери и отцу́.

▸ _____

▸ _____

▸ 여러분 스스로 새로운 예문을 생각하여 옆 사람과 이야기를 나누어 보세요.

다음 질문에 답해 보세요.

❶ - Ско́лько вам лет?

 -

❷ - Ско́лько лет ва́шему отцу́ и ва́шей ма́тери?

 -

❸ - У вас есть брат (сестра́)? Ско́лько ему́ (ей) лет?

 -

❹ - Вам нра́вится изуча́ть ру́сский язы́к?

 -

❺ - Вам нра́вится ру́сская литерату́ра?

 -

❻ - Что вам на́до сде́лать сего́дня?

 -

❼ - Что вам на́до де́лать ка́ждый день?

 -

❽ - Что вам на́до бу́дет сде́лать за́втра?

 -

❾ - Что вам нра́вится де́лать в свобо́дное вре́мя?

 -

❿ - Кому́ вы обы́чно пи́шете пи́сьма?

 -

⓫ - Кому́ вы ча́сто звони́те?

 -

연습문제 7 주어진 글을 읽고 이 글에 관한 10가지의 질문을 만들어 함께 수업을 듣는 친구들에게 질문해 보세요.

> Я расскажу́ вам о свое́й семье́. Моего́ отца́ зову́т Алекса́ндр Никола́евич. Ему́ 52 го́да. Он инжене́р, рабо́тает на большо́м заво́де. Мое́й ма́ме 50 лет. Её зову́т Наде́жда Ива́новна. Она́ экономи́ст, рабо́тает в ба́нке.
>
> Моему́ ста́ршему бра́ту 21 год. Его́ зову́т Алексе́й. Неда́вно он око́нчил университе́т и тепе́рь рабо́тает в фи́рме «Восто́к». Алёша – программи́ст. Мою́ сестру́ зову́т Со́фья. Ей 18 лет. Она́ студе́нтка, у́чится в институ́те на экономи́ческом факульте́те.
>
> Меня́ зову́т Макси́м. Мне 14 лет. Я учу́сь в шко́ле. Мне о́чень нра́вится исто́рия, литерату́ра, геогра́фия. Я не люблю́ фи́зику и матема́тику. Когда́ я око́нчу шко́лу, бу́ду учи́ться в университе́те на истори́ческом факульте́те.

단어 неда́вно 최근에 | око́нчить ~ шко́лу/университе́т 고등학교/대학교를 졸업하다 | программи́ст 프로그래머

연습문제 8 여러분의 가족에 관하여 이야기해 보세요.

_____

_____

_____

_____

_____

_____

_____

_____

_____

МАЛ / ВЕЛИ́К / КАК РАЗ

▶ 보통 옷이나 신발을 살 때 사이즈가 맞는지 알아보기 위해 입거나 신어 봅니다. 이때 옷이나 신발이 작다, 혹은 크다는 것을 어떻게 표현할까요? 러시아어에서는 다음과 같은 단어미 형용사 구문을 사용합니다(ма́лый ▸ мал, мала́, мало́, малы́; вели́кий ▸ вели́к, велика́, велико́, велики́).

Кому́?	мал, мала́, мало́, малы́ (작다) вели́к, велика́, велико́, велики́ (크다) как раз (딱 맞다)	의복이나 신발(주격)

- Мне мал костю́м(мала́ ю́бка, мало́ пальто́, малы́ ту́фли). 나에게 정장이 작다.
- Тебе́ вели́к сви́тер(велика́ ю́бка, велико́ пальто́, велики́ ту́фли).
  너에게 스웨터가 크다.
- Вам как раз костю́м(как раз ю́бка, как раз пальто́, как раз брю́ки).
  당신께 정장이 딱 맞네요.

▶ 이때 어순은 다양하게 변할 수 있습니다.

- Эта ю́бка мне велика́. Тебе́ э́ти брю́ки малы́. Этот костю́м тебе́ как раз.

▶ 이 외에도, 옷(신발)이 어울린다는 표현을 할 때 다음과 같은 구문을 사용합니다.

Кому́?	идёт	주격

- Тебе́ идёт ро́зовый цвет. 너에게는 장밋빛이 어울린다.
- Этот костю́м тебе́ идёт. 이 옷이 네게 어울린다.

연습문제 9 의복이나 신발을 뜻하는 아래의 단어들을 보고 보기 와 같은 문장을 말해 보세요. 본인만이 아니라 친구들, 가족들에게 어떤 옷이나 신발이 필요한지 이야기해 보세요.

보기
- Мне нужна́ бе́лая руба́шка.
- Мне на́до купи́ть бе́лую руба́шку.

ОДЕ́ЖДА 의복

блу́зка 블라우스 | брю́ки 바지 | га́лстук 넥타이 | пальто́ 코트 | пла́тье 원피스 |
руба́шка 셔츠 | костю́м (же́нский костю́м/ мужско́й костю́м) 정장(여성용 정장/남성용 정장)
| спорти́вный костю́м 운동복 | ю́бка 치마 | футбо́лка 티셔츠 | плащ 비옷, 망토 |
ку́ртка 점퍼 | сви́тер 스웨터 | ша́пка 모자 | шарф 목도리 | перча́тки 장갑

ÓБУВЬ 신발

тýфли (жéнские тýфли, мужскúе тýфли) 구두(여성화, 남성화) | сапогú 부츠 |
резúновые сапогú 고무 장화 | ботúнки 끈 달린 구두 | кроссóвки 운동화 | сандáлии 단화
샌들 | босонóжки (굽이 달린 여성용) 샌들

연습문제 10 괄호 안에 주어진 단어를 사용하여 그림의 상황을 설명해 보세요.

보기

· (онá, блýзка)
▸ Ей малá эта блýзка.

❶ (мáма, пальтó)

▸ _____

❷ (этот мáльчик, брюки)

▸ _____

❸ (дéдушка, ботúнки)

▸ _____

ДИАЛО́ГИ

다음의 대화를 듣고 따라 해 보세요.

1) Track 14-1

- Приве́т, Све́та. 안녕, 스베타.

- Здра́вствуй, Та́ня. Куда́ ты идёшь? 안녕, 타냐. 너 어디 가?

- В магази́н. 가게.

- Я то́же. А что тебе́ ну́жно купи́ть? 나도. 넌 뭘 사야 하는데?

- Мне ну́жно купи́ть пальто́. А тебе́? 나는 코트를 사야 해. 너는?

- Мне нужны́ ту́фли. 나는 구두가 필요해.

- Тогда́ пойдём вме́сте! 그럼 같이 가자!

- Пойдём! 가자!

2) Track 14-2

- Смотри́, како́е краси́вое пальто́! 봐봐, 코트 참 예쁘다!

- Да, неплохо́е. Но я не люблю́ чёрный цвет, мне нра́вится си́ний.
  그래, 괜찮네. 하지만 나는 검은색이 싫어. 나는 남색이 좋아.

- Вот хоро́шее си́нее пальто́. Сто́ит 2000 (две ты́сячи) рубле́й.
  여기 괜찮은 남색 코트가 있어. 2000루블이야.

- На́до приме́рить. … Ну как? 입어 봐야겠다… 자, 어때?

- Это пальто́ тебе́ велико́. Дава́й посмо́трим друго́й разме́р.
  그 코트는 너한테 크다. 다른 사이즈를 보자.

- А э́то как? Ничего́? 그럼 이건 어때? 괜찮아?

- Это (пальто́ тебе́) как раз. Тебе́ о́чень идёт си́ний цвет.
  그건 딱 맞는다. 너한테 남색이 아주 잘 어울리네.

- Да, мне то́же оно́ нра́вится. Я возьму́ его́. 그래, 나도 이게 맘에 든다. 이걸 살게.

3) Track 14-3

- Покажи́те, пожа́луйста, э́ти чёрные ту́фли. 이 검은 구두를 보여 주세요.

- Како́й разме́р вам ну́жен? 어떤 사이즈가 필요하시죠?

- 23,5(двáдцать три с половúной). 23.5요.

- Пожáлуйста. 여기 있습니다.

- Нет, э́ти тýфли мне малы́. Дáйте, пожáлуйста 24 (двáдцать четвёртый) размéр. 아니요, 이 구두는 제게 작네요. 24 사이즈로 주세요.

- Извинúте, э́того размéра нет. 죄송해요. 그 사이즈는 없습니다.

- Очень жаль! 안타깝네요.

4) **Track 14-4**

- Покажúте, пожáлуйста рубáшку. 셔츠 좀 보여 주세요.

- Какýю? Э́ту бéлую? 어떤 셔츠요? 이 흰 셔츠 말씀이신가요?

- Нет, голубýю. Скóлько онá стóит? 아니요, 푸른 셔츠요. 얼마죠?

- 600 рублéй. 600루블입니다.

- Так дóрого! 그렇게 비싸요!

- Посмотрúте э́ту рубáшку, онá стóит 400 рублéй. 이 셔츠를 보세요. 이건 400루블입니다.

- Нет, онá мне не нрáвится. 아니요, 그 셔츠는 마음에 들지 않네요.

- А э́та? Тóже стóит 400 рублéй. 그럼 이 셔츠는요? 이것도 400루블입니다.

- Э́то неплохáя рубáшка и стóит недóрого. Я берý её.
  그건 괜찮은 셔츠네요. 가격도 비싸지 않고요. 이걸 사겠습니다.

- 400 рублéй. 400루블입니다.

- Вот, пожáлуйста. 여기 있습니다.

- Спасúбо за покýпку! 구매해 주셔서 감사합니다.

5) **Track 14-5**

- Зáвтра у Максúма бýдет день рождéния. 내일 막심 생일이야.

- А ты купúла емý подáрок? 너는 막심에게 줄 선물 샀어?

- Нет ещё. Не знáю, что подарúть емý. Как ты дýмаешь?
  아니, 아직. 막심에게 뭘 선물해야 할지 모르겠어. 네 생각은 어때?

- Максúм лю́бит фотографúровать. Мóжет быть, подарúть емý большóй альбóм? Дýмаю, что э́то бýдет хорóший подáрок.
  막심은 사진 찍는 것을 좋아해. 그에게 큰 앨범을 선물하는 것은 어떨까? 그건 좋은 선물이 될 것 같은데.

- Да, ты прав. Я подарю́ ему́ большо́й альбо́м. Спаси́бо за сове́т!
그래, 네 말이 맞다. 막심에게 큰 앨범을 선물하겠어. 조언해 줘서 고마워!

┃ 주의하세요! ┃

Я ВОЗЬМУ́ ЕГО́.

▶ 앞서 살핀 대화문에 나오는 «Я возьму́ его́.»는 실제로 «Я куплю́ его́.»와 동일한 의미입니다. 하지만 유사한 상황에서 러시아인들은 «Я куплю́ его́.»라는 말보다는 «Я возьму́ его́.», «Я беру́ его́.»라는 표현을 더 많이 사용합니다.

┃ 알아볼까요? ┃

러시아의 신발 사이즈

▶ 러시아의 신발 사이즈는 한국의 신발 사이즈와 유사합니다. 한국에서 240, 245 등으로 신발 사이즈를 표기한다면 러시아에서는 24, 24.5로 표기합니다. 소수점을 포함한 신발 사이즈는 다음과 같이 읽습니다.

- 24.5   ① разме́р два́дцать четы́ре и пять

                         ② разме́р два́дцать четы́ре с полови́ной

▶ 만일 신발 사이즈가 정수로 표기된다면 다음과 같이 읽을 수 있습니다.

- 24   ① разме́р два́дцать четы́ре

                         ② два́дцать четвёртый разме́р

┃ 주의하세요! ┃

НЕ ЗНА́Ю, ЧТО ПОДАРИ́ТЬ ЕМУ́.

▶ [대화문 5]에 있는 «Не зна́ю, что подари́ть ему́»는 사실 «Не зна́ю, что мне на́до (ну́жно) подари́ть ему́»를 줄여 쓴 말입니다. 구어에서는 이런 축약형이 자주 사용됩니다.

- Не зна́ю, что купи́ть.

  Не зна́ю, что посове́товать.

  Не зна́ю, что сказа́ть.

▶ 역시 [대화문 5]에 있는 «Мо́жет быть, подари́ть ему́ большо́й альбо́м?»도 «Мо́жет быть, тебе́ на́до (ну́жно) подари́ть ему́ большо́й альбо́м?»에서 밑줄 친 부분을 생략한 문장입니다.

연습문제 11 다음 텍스트를 듣고 암기하여 따라 해 보세요.

❶ Track 14-6

Неда́вно Юля была́ в Петербу́рге. Ей о́чень понра́вился э́тот го́род. В Петербу́рге она́ ви́дела краси́вые дома́, це́ркви, па́мятники. Юля была́ в Эрмита́же и в Ру́сском музе́е.

❷ Track 14-7

Брат посове́товал мне пое́хать на Байка́л. Это о́чень глубо́кое и чи́стое о́зеро. Брат отдыха́л на Байка́ле в про́шлом году́. Ему́ о́чень понра́вился Байка́л.

❸ Track 14-8

Ско́ро ле́то. Са́ша пое́дет отдыха́ть на мо́ре. Ему́ на́до купи́ть ле́тнюю оде́жду. Ему́ нужны́ шо́рты и футбо́лки. В магази́не он купи́л одни́ шо́рты и две футбо́лки.

단어 па́мятник 기념비 | Эрмита́ж 에르미타쥐 박물관 | Ру́сский музе́й 러시아 박물관 |
глубо́кий 깊은 | чи́стый 깨끗한 | о́зеро 호수 | ле́тняя оде́жда 여름 옷 | шо́рты 반바지
| футбо́лка 티셔츠

연습문제 12 보기 를 보고 주어진 문장에 이어질 문장을 말해 보세요.

보기   · На́ша ба́бушка живёт в Москве́.
            Я е́ду в Москву́ к ба́бушке.

❶ Друг живёт в Пуса́не. _____

❷ Юрий живёт на Сахали́не. _____

❸ Мари́я Серге́евна живёт в Санкт – Петербу́рге. _____

❹ Брат живёт в Аме́рике. _____

❺ Подру́га живёт в Япо́нии. _____

❻ Серге́й живёт во Фра́нции. _____

연습문제 13 주어진 답변을 유도할 수 있는 질문을 해 보세요. 밑줄이 있는 경우는 밑줄 친 부분이 답이 될 수 있는 질문을 만들어 보세요.

❶ - _____ ?

- Лари́са нра́вится Ви́ктору.

❷ - _____ ?

- Ви́ктору нра́вится Лари́са.

❸ _____ ?

- Мне нра́вится игра́ть в баскетбо́л.

❹ - _____ ?

- Нам ну́жно перевести́ текст.

❺ - _____ ?

- Нам ну́жно перевести́ текст.

❻ - _____ ?

- Нет, мне ску́чно.

❼ - _____ ?

- Ребёнку жа́рко.

❽ - _____ ?

- Я позвони́л ма́ме и па́пе.

❾ - _____ ?

- Алексе́ю Влади́мировичу 43 го́да.

연습문제 14 아래 대화문의 빈칸을 채워 보세요.

- Здра́вствуйте, _____ ?

- Сон Ми, _____ ?

- Дми́трий.

- Очень прия́тно.

- Мне то́же. Ско́лько _____ ?

- _____ . А _____ ?

- Мне 25 лет. _____ ?

- Я учу́сь.

- _____ ?

- В университе́те, на филологи́ческом факульте́те.

- _____ ?

- Ру́сский язы́к.

- _____ ?

- Да, о́чень нра́вится.

단어   филологи́ческий 인문학의 | филологи́ческий факульте́т 인문학부

연습문제 15   여러분은 러시아어를 공부하기 위해 모스크바에 왔습니다. 러시아 학생을 만나 그(녀)와 인사를 나누고 대화를 하려고 합니다. 대화를 만들어 친구와 실연해 보세요.

_____

_____

_____

_____

연습문제 16   문장의 시작을 읽고 그 문장을 마무리해 보세요.

А)

> **보기**   • Мне на́до ~ ▸ Мне на́до пригото́вить обе́д.

❶ Лари́се понра́вился _____ .

② Влади́миру Анто́новичу ну́жно _____.

③ Ви́ктор позвони́л _____.

④ Нам интере́сно _____.

⑤ Кафе́ нахо́дится _____.

⑥ Как добра́ться _____?

⑦ Мне нра́вится _____.

⑧ Я сове́тую _____.

⑨ Ма́ма купи́ла оде́жду _____.

⑩ Мне ну́жен _____.

⑪ Мне нужна́ _____.

⑫ Тебе́ нужны́ _____.

Б)

보기
・ Когда́ ма́ма гото́вила обе́д , ~
  ▶ Когда́ ма́ма гото́вила обе́д, па́па чита́л газе́ту.

① Когда́ студе́нты писа́ли тест, _____.

② Когда́ студе́нты написа́ли тест, _____.

③ Студе́нт пло́хо сдал экза́мен, потому́ что _____.

④ Студе́нт пло́хо сдал экза́мен, поэ́тому _____.

⑤ Я не зна́ю, где _____.

⑥ Мы не зна́ем, когда́ _____.

⑦ Преподава́тель спроси́л Иру, почему́ _____.

⑧ Если я пое́ду в Пуса́н, _____.

⑨ Игорь сказа́л, что _____.

АУДИ́РОВАНИЕ

연습문제 1 대화를 듣고 빈칸에 들어갈 적절한 답을 고르세요. `Track 14-9`

❶ Он купи́л _____ кроссо́вки.

a) си́ние   b) се́рые   c) чёрные

❷ Како́го разме́ра кроссо́вки _____ ему́ как раз?

a) 40   b) 42   c) 40,5   d) 42,5

연습문제 2 텍스트를 듣고 빈칸에 들어갈 적절한 답을 고르세요. `Track 14-10`

❶ Мари́на _____.

a) была́ в дере́вне у дя́ди и тёти.

b) вернётся из дере́вни от дя́ди и тёти.

c) е́дет в дере́вню к дя́де и тёте.

❷ Дя́дя и тётя живу́т в э́той дере́вне _____.

a) год   b) 2 го́да   c) 9 лет

❸ Дере́вня нахо́дится о́коло _____.

a) Москвы́   b) Влади́мира   c) Петербу́рга

연습문제 3 먼저 텍스트를 듣고 이어 텍스트에 대한 질문을 들으세요. 각각의 질문에는 **ДА** 혹은 **НЕТ**로 답하세요. `Track 14-11`

❶ _____   ❷ _____   ❸ _____   ❹ _____

❺ _____   ❻ _____   ❼ _____

러시아 민담의 주인공들 3. 바보 이반, 황제 이반

아마 여러분도 어린 시절 바보 이반(Ива́н-дура́к)에 관한 동화를 읽어 본 적이 있을 것입니다. 이 반은 가장 널리 알려진 러시아 민담의 주인공입니다. 우리나라에는 러시아의 대문호 톨스토이가 남긴 바보 이반 이야기가 가장 널리 알려져 있습니다. 흥미로운 것은 러시아 민담 속의 이반이 전혀 상반된 두 가지 모습으로 등장한다는 점입니다.

먼저 황제 이반(Ива́н-Царе́вич)은 고결한 가문 출신으로, 첫째나 둘째 왕자보다 더 잘생기고 선량하고 용감하며 사랑스러운 셋째 아들입니다. 그는 악당들에게 잡혀간 '지혜로운 바실리사'를 용감하게 구해 내기도 합니다.

한편, 러시아 민담에는 바보 이반도 등장합니다. 바보 이반은 평범한 농사꾼의 아들입니다. 황제 이반과 마찬가지로 막내아들로 등장하는 그는 못생기고 어리석지만, 착하고 사심이 없으며 생명을 소중히 여기고 약한 자들에게 연민을 느끼는 선량한 인물입니다. 이러한 자질이 그를 긍정적인 주인공으로 만들어 줍니다. 바보 이반도 불로초나 불새, 혹은 납치된 황후를 구해 오라는 황제의 명을 받아 머나먼 땅끝으로 여행을 떠납니다. 그리고 목숨을 건 모험 끝에 황제의 딸과 결혼하여 제국의 절반을 차지하고 부와 명예를 얻습니다. 게다가 종종 민담의 끝에서는 그 모습마저 아름답게 변하게 됩니다.

Да́йте, пожа́луйста, слова́рь.

사전 좀 주세요.

복 습

주어진 단어를 알맞은 형태로 바꾸어 넣으세요. 필요한 경우 전치사를 더하세요.

A)

наш но́вый студе́нт

1 Ви́ктор позвони́л _____.

2 Ната́ша ча́сто ду́мает _____.

3 В аудито́рии нет _____.

4 Вчера́ в библиоте́ке я встре́тил _____.

5 Этот слова́рь купи́л _____.

6 Мы сове́туем _____ посмотре́ть э́тот фильм.

7 _____ 21 год.

8 _____ боли́т го́рло.

э́тот большо́й го́род

9 Преподава́тель вчера́ до́лго расска́зывал _____.

10 _____ есть метро́.

11 Мы бы́ли на экску́рсии _____.

12 Ба́бушка и де́душка живу́т о́коло _____.

⑬ Завтра они поедут _____.

⑭ _____ находится на юге.

Б)

забыва́ть – забы́ть

❶ Ба́бушка ча́сто _____ до́ма смартфо́н.

❷ Па́вел _____ вы́учить стихи́.

❸ Лари́са никогда́ ничего́ не _____.

❹ Ната́ша написа́ла письмо́, но _____ отпра́вить его́.

❺ Ле́на вы́учила стихи́, но всё _____.

❻ Наве́рное, ты уже́ _____ мой а́дрес?

пока́зывать – показа́ть

❼ Когда́ Ма́ша расска́зывала о Москве́, она́ _____
фотогра́фии.

❽ Когда́ Ма́ша _____ все фотогра́фии, мы на́чали
спра́шивать её об экску́рсии в Кремль.

❾ Ма́ша забы́ла _____ одну́ о́чень интере́сную
фотогра́фию.

❿ - Что вы вчера́ де́лали на уро́ке?

- Преподава́тель расска́зывал нам о Росси́и, _____
фотогра́фии.

단어 никогда́ 절대, 결코 | ничего́ 아무것도 | отпра́вить 보내다 | наве́рное 아마도

ГОВОРИ́ТЕ ПРА́ВИЛЬНО!

A ДО́ЛЖЕН/ДОЛЖНА́/ДОЛЖНЫ́ : ~해야 한다

▶ 당위 표현(~해야 한다)은 на́до/ну́жно와 같이 여격 구문을 사용하여 표현하기도 하지만, 지금부터 배우게 될 до́лжен/должна́/должны́와 같은 주격 구문을 사용하여 표현하기도 합니다. до́лжен/должна́/должны́도 на́до/ну́жно처럼 조동사와 같이 뒤에 동사원형을 취하지만 주격 구문이기 때문에 주어에 따라 주어가 남성 명사이면 до́лжен, 여성 명사이면 должна́, 복수 명사이면 должны́를 사용해야 합니다.

주어 +	ДО́ЛЖЕН(남성) ДОЛЖНА́(여성) ДОЛЖНЫ́(복수)	+ 완료상/불완료상 동사원형

▶ 만일 문장에 «как ча́сто?»나 «как до́лго?»에 대한 답이 될 만한 단어가 있으면 불완료상 동사원형을, 그렇지 않은 경우라면 완료상 동사원형을 쓰는 것이 일반적입니다. 위의 예문을 보면 알 수 있듯이, 불완료상 동사원형은 어떤 동작을 규칙적으로, 혹은 지속적으로 수행해야 할 경우 사용됩니다.

- Де́ти должны́ пить э́то лека́рство ка́ждый день. 아이들은 이 약을 매일 먹어야 한다.
- Ба́бушка должна́ пить э́то лека́рство 2 неде́ли. 할머니는 이 약을 2주 간 드셔야 한다.
- Ты до́лжен вы́пить э́то лека́рство. 너는 이 약을 먹어야 한다.

▶ 하지만 до́лжен, должна́, должны́를 부정하는 문장이라면, 반드시 불완료상 동사원형을 사용해야 합니다.

- Вы не должны́ пить алкого́ль. 당신은 술을 마셔서는 안 됩니다.

연습문제 1 주어진 동사 중 적절한 것을 골라 알맞은 형태로 쓰세요.

говори́ть – сказа́ть

❶ Ты не до́лжен _____ об э́том.

❷ Ты до́лжен обяза́тельно _____ об э́том.

❸ Ты должна́ всегда́ _____ пра́вду.

❹ Вы должны́ _____ по-ру́сски весь уро́к.

звони́ть – позвони́ть

❺ Мы должны́ _____ ма́ме и па́пе.

❻ Оле́г до́лжен _____ мне ка́ждый ве́чер.

❼ Ты не до́лжен _____ так по́здно.

단어 обяза́тельно 반드시 | пра́вда 사실, 진실 | по́здно 늦게

Б ## ХОТЕ́ТЬ : 원하다

▶ 동사 хоте́ть(원하다)는 뒤에 동사원형이나 명사를 취하여 '원함'을 표현할 수 있는 동사입니다. хоте́ть 동사의 동사 변화는 다음과 같습니다.

я	хочу́	мы	хоти́м
ты	хо́чешь	вы	хоти́те
он(а́)	хо́чет	они́	хотя́т

▶ 먼저 хоте́ть 동사가 바로 명사를 목적어로 취하는 경우를 살펴봅시다.

- - Что ты хо́чешь: чай и́ли ко́фе? 너는 뭘 원해? 차 아니면 커피?
  - Я хочу́ ко́фе. 나는 커피를 원해.

- - Что ты хо́чешь купи́ть? 너는 무엇을 사고 싶니?
  - Я хочу́ купи́ть фру́кты. 나는 과일을 사고 싶어.

▶ 이번에는 хоте́ть 동사가 뒤에 동사원형을 취하는 경우를 살펴봅시다. хоте́ть 동사 뒤에는 완료상 동사 원형이 올 수도 있고, 불완료상 동사원형이 올 수도 있습니다. «как ча́сто?»나 «как до́лго?»에 대한 답이 들어 있으면 불완료상 동사를, 그렇지 않은 경우에는 완료상 동사를 사용합니다.

- **Я хочу́ чита́ть весь день.** 나는 하루 종일 책을 읽고 싶다.
- **Я хочу́ чита́ть све́жие газе́ты ка́ждое у́тро.**
  나는 매일 아침 막 나온 신문들을 읽고 싶다.
- **Я хочу́ прочита́ть э́ту кни́гу.** 나는 이 책을 읽고 싶다.

▶ 하지만 **хоте́ть** 동사를 부정하는 구문이라면 불완료상 동사원형만을 사용해야 합니다.

- **Я не хочу́ чита́ть э́ту кни́гу.** 나는 이 책을 읽고 싶지 않다.

연습문제 2 보기 와 같이 문장을 완성해 보세요.

> 보기
> - чита́ть – прочита́ть
>   Лари́са _____ э́ту кни́гу.
> ▶ Лари́са хо́чет прочита́ть э́ту кни́гу.

❶ гото́вить – пригото́вить

Я не _____ у́жин, дава́й поу́жинаем в кафе́.

❷ идти́ - пойти́

Сего́дня мы _____ в рестора́н.

❸ игра́ть – сыгра́ть

Де́ти ка́ждый день _____.

❹ писа́ть – написа́ть

Я _____ письмо́ своему́ ру́сскому дру́гу.

❺ рисова́ть – нарисова́ть

Ты _____ весь день? А они́ не _____.

B 명령문

▶ 이번에는 러시아어로 명령문을 만드는 법을 익혀 봅시다. 러시아어 명령문은 동사 1인칭 단수형 어미를 제외한 어간을 기준으로 만들어집니다. 사실상 러시아어 명령문은 3인칭 복수형을 기준으로 만들 수도 있고 1인칭 단수형을 기준으로 만들 수도 있는데, 두 경우 모두 예외적인 사례가 발생하게 됩니다. 본 교재에서는 1인칭 단수형을 기준으로 명령형을 만드는 방법을 택하고자 합니다.

- чита́ю – ю   = чита- (모음으로 끝남)
- говорю́ – ю   = говор- (자음으로 끝남)
- бу́ду – у   = буд- (자음으로 끝남)

▶ 어간이 모음으로 끝나면 여기에 **-й**를 더하여 명령문을 만듭니다.

- чита́ть   ▶ я чита́ – ю   ▶ чита + й   = чита́й!
- танцева́ть   ▶ я танцу́ – ю   ▶ танцу + й   = танцу́й!
- улыба́ться   ▶ я улыба́ю – сь   ▶ улыба + й + ся = улыба́йся!

▶ 어간이 자음으로 끝나는 경우에는 강세의 위치를 살펴야 합니다. 만일 강세가 어미에 오면 **-и**를 더하는데, 이때 강세는 어미에 오게 됩니다.

- говори́ть   ▶ я говор – ю́   ▶ говор + и   = говори́!
- пойти́   ▶ я пойд – у́   ▶ пойд + и   = пойди́!
- учи́ться   ▶ я уч – у́ – сь   ▶ уч + и + сь   = учи́сь!

▶ 만일 강세가 어미에 오지 않으면 **-ь**를 더하면 됩니다.

- быть   ▶ я бу́д – у   ▶ буд + ь   = будь
- встать   ▶ я вста́н – у   ▶ встан + ь   = встань

▶ 지금까지 살핀 명령문은 2인칭 단수 비칭(**ты**)에 대한 명령문이었고, 2인칭 복수나 존칭 2인칭(**вы**)에 대한 명령형은 위의 명령형에 **-те**를 더해 주면 됩니다.

- читáй   ▶ читáйте
- говорú   ▶ говорúте
- пойдú   ▶ пойдúте
- улыбáйся   ▶ улыбáйтесь (улыбай + те + сь)
- учúсь   ▶ учúтесь (учи + те + сь)
- будь   ▶ бýдьте

연습문제 3 주어진 동사로 **ты**와 **вы**에 대한 명령형을 만들어 보세요.

	дýмать	посмотрéть	взять	брать	умывáться	забы́ть	совéтовать
ты 형							
вы 형							

┤ 주의하세요! ┠

자음 변환과 명령문

▶ 한 가지 주의해야 할 것은 12과에서 배운 자음 변환이 1인칭 단수에서만 나타나는 것이 아니라(ви́деть - я ви́жу, ты ви́дишь, они́ ви́дят) 동사 변화 전반에 걸쳐 나타날 때는(сказáть - я скажý, ты скáжешь, они́ скáжут) 명령형도 변환된 자음을 기준으로 만들어진다는 점입니다.

- сказáть – я скажý – скаж + и = скажú (скажúте)
- писáть – я пишý – пиш + и = пишú (пишúте)

▶ 그러나 자음 변환이 1인칭 단수에서만 나타나는 경우에는 동사원형의 자음이 그대로 살아납니다.

- отвéтить – я отвéчу – отвеч ▶ ответ + ь = отвéть (отвéтьте)
- простúть – я проЩý – прош ▶ прост + и = простú (простúте)

연습문제 4 주어진 동사로 **ты**와 **вы**에 대한 명령형을 만들어 보세요.

	рассказáть	любúть	купúть	приготóвить	встрéтить	показáть
ты 형						
вы 형						

▶ 이 외에도 불규칙한 명령형은 따로 암기해 두어야 합니다. 먼저, 불완료상에 접미사 -ва-가 붙은 동사들, 즉 -авать로 끝나는 동사들은 1인칭 단수가 아니라 동사원형을 기준으로 명령형을 만듭니다.

- дава́ть ▶ дава – ть ▶ дава + й = дава́й (дава́йте)
- встава́ть ▶ встава – ть ▶ встава + й = встава́й (встава́йте)

▶ 몇몇 동사는 1인칭 단수형 어미에 강세가 없어도 -ь가 아닌, -и형의 명령형을 취합니다.

- почи́стить 깨끗하게 하다 ▶ почи́сти (почи́стите)
- ко́нчить 끝내다 ▶ ко́нчи (ко́нчите)
- запо́лнить 채우다 ▶ запо́лни (запо́лните)
- вы́полнить 수행하다 ▶ вы́полни (вы́полните)

▶ 아래 동사들의 명령형은 완전히 불규칙합니다. 따라서 꼭 신경 써서 따로 암기해야 합니다.

- е́хать – пое́хать 가다 ▶ поезжа́й (поезжа́йте)
- есть 먹다(불완료상) ▶ ешь (е́шьте)
- съесть 먹다(완료상) ▶ съешь (съе́шьте)
- пить 마시다(불완료상) ▶ пей (пе́йте)
- вы́пить 마시다(완료상) ▶ вы́пей (вы́пейте)
- лечь 눕다 ▶ ляг (ля́гте)

▶ 한편 명령문을 만들 수 없는 동사도 있습니다. ви́деть, слы́шать 동사는 보여지는 것을 보고, 들리는 것을 들을 때 쓰는 수동적인 의미를 지닌 동사입니다. 이런 동사로는 명령문을 만들지 않습니다. 또 '원하 다'라는 뜻의 хоте́ть 동사나 '~할 수 있다'는 능력 여부를 표현하는 мочь 동사는 그 내용상 명령이 불가 능하기 때문에(원해라! 할 수 있어라!는 명령할 수 없는 내용이기 때문에) 이 동사들로도 명령문을 만들 수 없습니다.

문맥에 따라 주어진 동사의 **ты**형, 혹은 **вы**형 명령문을 쓰세요.

❶ Ива́н Петро́вич, _____ (рассказа́ть), пожа́луйста, о Росси́и.

❷ Серге́й, _____ (купи́ть), пожа́луйста, хлеб.

❸ Ма́ша, _____ (забы́ть) об э́том.

❹ Де́ти, _____ (отве́тить) на вопро́с.

❺ Све́та, всегда́ _____ (помога́ть) ма́ме.

❻ Оле́г, сего́дня _____ (верну́ться) домо́й в 5 часо́в.

❼ Ли́дия Алекса́ндровна, _____ (приходи́ть) к нам в суббо́ту.

❽ Ма́ма, _____ (почи́стить), пожа́луйста, о́вощи.

❾ Та́ня, _____ (не гото́вить) сего́дня у́жин, ве́чером мы
пойдём в рестора́н.

❿ Пожа́луйста, _____ (запо́лнить) анке́ту.

⓫ _____ (сказа́ть), пожа́луйста, где здесь апте́ка?

⓬ Мари́на, _____ (позвони́ть), пожа́луйста, в поликли́нику.

단어 отве́тить на вопро́с 질문에 답하다 | почи́стить 깨끗하게 하다, 다듬다 | запо́лнить 채우다
| анке́та 서식 | поликли́ника 병원

연습문제 6 보기 와 같이 명령문을 만드세요.

> 보기   • Попроси́те Ви́ктора дать вам ру́чку.
>   ▶ Ви́ктор, дай, пожа́луйста, ру́чку.

❶ Попроси́те ма́му не ду́мать об э́том.

▶ _____

❷ Попроси́те Ната́шу показа́ть но́вые фотогра́фии.

▶ _____

❸ Попроси́те Алекса́ндра Миха́йловича помо́чь вам перевести́ текст.

▶ _____

❹ Попроси́те Ле́ну написа́ть письмо́ ба́бушке и де́душке.

▶ _____

❺ Попроси́те Алексе́я ко́нчить э́ту рабо́ту сего́дня.

▶ _____

❻ Попроси́те Олю и Са́шу не опа́здывать.

▶ _____

❼ Попроси́те Андре́я спеть ру́сскую наро́дную пе́сню.

▶ _____

❽ Попроси́те преподава́теля Анну Влади́мировну прове́рить упражне́ние.

▶ _____

❾ Попроси́те Ви́ктора встать за́втра пора́ньше.

▶ _____

❿ Попроси́те Людми́лу Вале́рьевну дать вам слова́рь.

▶ _____

⓫ Попроси́те Серге́я подожда́ть мину́ту.

▶ _____

⓬ Попроси́те Ви́ктора пить лека́рство 3 ра́за в день.

▶ _____

단어 перевести́ 번역하다 | наро́дная пе́сня 민요 | прове́рить 검토하다 | встать 일어나다 |
поран̀ьше 조금 더 일찍 | пить лека́рство 약을 복용하다

▶ 이제 명령문의 형태를 익혔으니 명령문과 동사의 상의 문제를 다루어 봅시다. 먼저, 일회적인 일을 명령하는 일반적인 명령은 완료상 동사를 사용합니다.

- Купи́, пожа́луйста, фру́кты. 과일 사라.
- Скажи́ ма́ме об э́том. 엄마에게 그것에 대해 말해.
- Обяза́тельно прочита́й э́ту кни́гу. 반드시 이 책을 읽어라.

▶ 불완료상 명령문은 다음과 같은 경우에 사용합니다.

1. **부정 명령문:** '~을 해라'가 아니라 '~을 하지 마라'라는 부정 명령을 할 때는 반드시 불완료상 명령문을 사용해야 합니다.

- Не покупа́й фру́кты, у нас есть. 과일 사지 마라. 우리 집에 있어.
- Не говори́ об э́том ма́ме, она́ бу́дет волнова́ться.
  그것에 관해 엄마에게 말하지 마라. 엄마가 걱정하실 거야.

2. **반복적인 일을 명령하는 명령문:** 무엇인가를 규칙적으로 하라고 하거나 반복해서 하라고 명령할 때는 '반복'을 주요 자질로 삼는 불완료상 명령문을 사용하여야 합니다.

- Ка́ждый день покупа́й хлеб и молоко́. 매일 빵과 우유를 사라.

3. **«Как до́лго?»에 대한 답이 될 만한 단어가 포함된 명령문:** 일정 시간 동안 지속적으로 무언가를 하라고 명령할 때는 '지속'을 주요 자질로 삼는 불완료상 명령문을 사용해야 합니다.

- Смотри́ телеви́зор то́лько 2 часа́. 두 시간 동안만 TV를 보아라.

4. **жить, рабо́тать, учи́ться, занима́ться, изуча́ть처럼 지속적인 행위를 묘사하는 동사의 명령문:** '살다', '일하다', '공부하다' 등은 동사의 의미 자체가 단발성으로 끝낼 수 없는 지속성을 지니는 동사입니다. 이런 동사를 명령형으로 만들 때는 불완료상 동사를 사용합니다.

- Учи́сь хорошо́. 공부 잘해라.
- Изуча́йте ру́сский язы́к! 러시아어 공부해라!

5. **공손함을 표현하는 명령문:** 특정 동사의 경우 불완료상 명령문을 사용해야 예의를 갖춘 공손한 표현이 됩니다. входи́ть – войти́, проходи́ть – пройти́, приходи́ть – прийти́, приезжа́ть – прие́хать, сади́ться – сесть 등의 동사의 경우는 완료상 명령문을 사용하면 군대에서나 사용할 수 있는 엄격한 명령조의 명령문이 되고, 불완료상 명령문을 사용해야 일상에서 쓸 수 있는 부드러운 명령문이 됩니다.

- Приходи́те в го́сти. 놀러 오세요(손님으로 우리 집에 오세요).
- Сади́тесь, пожа́луйста. 앉으세요.

연습문제 7 괄호 안에 주어진 동사 중 적절한 것을 골라 문맥에 따라 **ты**형, 혹은 **вы**형 명령문으로 바꾸어 빈칸에 넣으세요.

❶ (смотре́ть – посмотре́ть)

Серёжа, обяза́тельно _____ э́тот фильм, он о́чень интере́сный.

❷ (говори́ть – сказа́ть)

Пе́тя, не _____ об э́том отцу́.

❸ (говори́ть – сказа́ть)

_____, пожа́луйста, где нахо́дится библиоте́ка?

❹ (приходи́ть – прийти́)

Ната́ша, _____ к нам в суббо́ту ве́чером.

❺ (отдыха́ть – отдохну́ть)

Лари́са, ты о́чень уста́ла, сего́дня весь день _____.

❻ (брать – взять)

Ребя́та, не _____ э́тот суп, он о́чень о́стрый, _____ борщ.

❼ (входи́ть – войти́)

Да-да, _____, пожа́луйста.

❽ (звони́ть – позвони́ть)

Ви́тя, _____ мне, пожа́луйста, ве́чером.

❾ (чита́ть – прочита́ть) / (переводи́ть – перевести́) / (запомина́ть – запо́мнить)

Дома́шнее зада́ние: _____ и _____ текст,
_____ но́вые слова́.

❿ (пить – вы́пить)

Воло́дя, _____ э́ту табле́тку. Ка́тя, _____ э́то
лека́рство 2 ра́за в день.

단어   о́стрый 매운 | запомина́ть – запо́мнить 기억하다, 기억해 두다 | табле́тка 알약

Д   **청유문**

▶ 이번에는 일반 명령문에 이어 무엇을 함께 하자고 청하는 청유문을 만들어 봅시다. 청유문은 〈дава́й(те) + 동사〉 형태로 만들어집니다. 불완료상 동사가 올 경우는 〈дава́й(те) + 동사원형〉, 완료상 동사가 올 경우는 〈дава́й(те) + 1인칭 복수형〉을 쓰면 됩니다.

- Дава́й(те) игра́ть.
- Дава́й(те) сыгра́ем.

▶ 어쩌면 여러분에게 «Дава́й(те) игра́ть»라는 표현이 좀 낯설게 보일 수도 있습니다. 원래 청유형은 앞으로 무언가를 하자고 제안하는 문형이기 때문에 미래형과 결합하게 됩니다. 완료상 청유형의 경우에는 이것이 명백하게 보이지요. 불완료상 청유형도 원래는 «Дава́й бу́дем чита́ть весь день»이었지만 언어 습관상 бу́дем이 생략된 것입니다. 실제 회화에서 위의 문장처럼 бу́дем을 넣어 불완료상 청유형을 말하는 사람들도 있는데, 이는 문법적 오류가 아닙니다.

▶ 아래의 경우에는 청유형에서 반드시 불완료상을 사용해야 합니다.

1. **부정 청유문:** '~을 하지 말자'고 말할 때는 반드시 불완료상을 사용해야 합니다.

- **Дава́й не бу́дем чита́ть э́ти стихи́.** 이 시를 읽지 말자.

«Дава́й не прочита́ем э́ти стихи́*»는 비문입니다.

2. **«Как ча́сто ~?»에 대한 답이 될 만한 단어가 포함된 청유문:** 어떤 일을 반복적으로 하고 제안할 때는 '반복'을 중요한 자질로 가지는 불완료상 동사를 사용해야 합니다.

- **Дава́йте ка́ждый день говори́ть по-ру́сски.** 매일 러시아어로 말하자.

3. **«Как до́лго ~?»에 대한 답이 될 만한 단어가 포함된 청유문:** 어떤 일을 일정 시간 동안 지속해서 하자고 제안할 때는 '지속'을 중요한 자질로 가지는 불완료상 동사를 사용해야 합니다.

- **Дава́йте весь уро́к говори́ть то́лько по-ру́сски.** 수업 내내 러시아어로만 말하자.

4. **«Как до́лго ~?»에 대한 답이 포함된 경우가 아니더라도, 일정 정도 지속되는 행위를 하고 제안할 때:** 명확한 시간이 표시되지 않은 경우라도 동사 자체가 일정 정도의 지속성을 포함할 수 있으면 불완료상 청유형을 사용할 수 있습니다.

- **Дава́й танцева́ть.** 춤추자.
- **Дава́й игра́ть в ша́хматы.** 체스 두자.

이 경우는 제법 긴 시간 춤을 추고, 체스를 두자는 제안이 됩니다. 반면 다음과 같이 완료상 청유형을 쓸 수도 있습니다.

- **Дава́й потанцу́ем.** 춤추자.
- **Дава́й сыгра́ем в ша́хматы.** 체스 두자.

한국어로 번역하면 같은 말처럼 들리지만, 이는 춤을 한번 추자, 체스를 한판 두자에 더 가까운 표현입니다.

▶ 한편 완료상 청유형은 비교적 짧게 지속되는 행위를 한번 하자고 제안할 때 사용합니다.

- Дава́й ска́жем ма́ме об э́той пробле́ме. 엄마께 이 문제에 대해 말하자.
- Дава́й ку́пим фру́кты. 과일을 사자.
- Дава́й возьмём в библиоте́ке рома́н Толсто́го «Анна Каре́нина».
  도서관에서 톨스토이의 소설 〈안나 카레니나〉를 빌리자.

▶ 앞서 살핀 청유문 만드는 방법의 예외가 되는 것이 운동 동사의 청유형, 즉 идти – пойти́, е́хать – пое́хать의 청유형입니다. 이 경우 дава́й(те)는 불완료상인 идти́, е́хать와 결합할 수 없고, 완료 상인 пойти́, пое́хать와만 결합합니다.

- Дава́й пойдём в кино́. 영화관 가자.
- Дава́й не пойдём в кино́. 영화관 가지 말자.
- Дава́й пое́дем в Москву́. 모스크바 가자.
- Дава́й не пое́дем в Москву́. 모스크바 가지 말자.

▶ 한 가지 더 기억할 것은 운동 동사 중 부정태 동사(ходи́ть, е́здить)는 дава́й(те)와 결합하여 사용 될 수 있다는 점입니다.

- Дава́й (бу́дем) ходи́ть в бассе́йн ка́ждую неде́лю. 매주 수영장에 다니자.
- Дава́й (бу́дем) е́здить к ба́бушке в дере́вню ка́ждое ле́то.
  여름마다 시골 할머니 댁에 가자.

연습문제 8 다음의 동사로 청유문을 만들어 보세요.

❶ поговори́ть

▶ _____

❷ познако́миться

▶ _____

❸ смотре́ть

▶ _____

❹ танцева́ть

▶ _____

❺ занима́ться

▶ _____

연습문제 9 보기 에 따라 주어진 질문에 답해 보세요.

А)

> 보기
>
> • - Вы хоти́те игра́ть в те́ннис?   - Да, дава́йте игра́ть в те́ннис.
> • - Вы хоти́те пойти́ в теа́тр?   - Да, дава́йте пойдём в теа́тр.

❶ - Вы хоти́те танцева́ть?

\- _____

❷ - Ты хо́чешь говори́ть по-ру́сски?

\- _____

❸ - Вы хоти́те погуля́ть?

\- _____

❹ - Ты хо́чешь купи́ть фру́кты?

\- _____

❺ - Вы хоти́те пойти́ на вы́ставку?

\- _____

❻ - Вы хоти́те пое́хать в Петербу́рг?

\- _____

❼ - Ты хо́чешь позвони́ть в поликли́нику?

\- _____

Б)

> 보기
>
> - Вы хоти́те игра́ть в те́ннис?
> - Нет, дава́йте не бу́дем игра́ть в те́ннис.
> - Вы хоти́те поу́жинать здесь?
> - Нет, дава́йте не бу́дем у́жинать здесь.

❶ - Вы хоти́те изуча́ть францу́зский язы́к?

\- _____

❷ - Ты хо́чешь пообе́дать в э́том кафе́?

\- _____

❸ - Вы хоти́те слу́шать му́зыку?

\- _____

❹ - Ты хо́чешь пригото́вить борщ?

- _____

❺ - Вы хоти́те вы́звать врача́?

- _____

❻ - Ты хо́чешь взять пельме́ни?

- _____

B)

보기   - Вы хоти́те пойти́ (пое́хать)в теа́тр?
       - Нет, дава́йте не пойдём (не пое́дем) в теа́тр.

❶ - Вы хоти́те пое́хать на Чёджу?   ❷ - Ты хо́чешь пойти́ на стадио́н?

- _____   - _____

❸ - Вы хоти́те пое́хать в Сеу́л?   ❹ - Вы хоти́те пойти́ в музе́й?

- _____   - _____

단어   вы́звать 부르다

E   대명사의 조격

▶ 이제 러시아어 명사, 형용사의 단수 6격 변화 중 마지막 격인 조격을 공부해 봅시다. 먼저 대명사의 조격을 익혀 봅시다. 조격 지배 전치사 c는 영어의 with처럼 '~와 함께'라는 뜻이 있습니다.

주격	조격	주격	조격
я	мной (со мной)	мы	на́ми (с на́ми)
ты	тобо́й (с тобо́й)	вы	ва́ми (с ва́ми)
он	им (с ним)	они́	и́ми (с ни́ми)
она́	ей (с ней)		

대명사 조격을 사용하여 질문에 답해 보세요.

보기
- С кем Тáня идёт в кинó? (я)
- Тáня идёт в кинó со мной.

❶ - С кем Вадим игрáл в тéннис? (мы)

- _____

❷ - Это Ольга. С кем Сáша хóчет познакóмиться? (онá)

- _____

❸ - Это Пáвел. С кем дрýжит Олéг? (он)

- _____

❹ - С кем ты идёшь на концéрт? (вы)

- _____

❺ - Это Людмила и Николáй. С кем ты встрéтился вчерá? (они)

- _____

❻ - С кем поздорóвалась Лариса? (ты)

- _____

❼ - С кем Свéта былá на вы́ставке? (я)

- _____

단어 дружи́ть с ~와 친하게 지내다 | поздорóваться с ~와 인사하다

▶ 남성/중성 명사의 조격 어미는 -ом, -ем, 여성 명사의 조격 어미는 -ой, -ей, -ью입니다.

남성	여성	중성
студе́нт ▸ студе́нтом	страна́ ▸ страно́й	письмо́ ▸ письмо́м
дом ▸ до́мом	кни́га ▸ кни́гой	сло́во ▸ сло́вом
музе́й ▸ музе́ем	пе́сня ▸ пе́сней	мо́ре ▸ мо́рем
Васи́лий ▸ Васи́лием	Ма́ша ▸ Ма́шей	зда́ние ▸ зда́нием
учи́тель ▸ учи́телем	гости́ница ▸ гости́ницей	полоте́нце ▸ полоте́нцем
муж ▸ му́жем	тетра́дь ▸ тетра́дью	яйцо́ ▸ яйцо́м
оте́ц ▸ отцо́м	мать ▸ ма́терью	и́мя ▸ и́менем
	дочь ▸ до́черью	вре́мя ▸ вре́менем

▶ 여성 명사 조격 어미의 기본형은 -ой입니다. -ей는 -я로 끝나는 여성 명사(пе́сня → пе́сней)와 -жа, -ча, -ша, -ща, -ца로 끝나는 여성 명사(Ма́ша → Ма́шей, больни́ца → больни́цей)의 경우에 사용됩니다. 후자의 경우는 철자 규칙 2번(ж, ч, ш, щ, ц 뒤에는 강세가 없는 о가 올 수 없고, 이를 е로 바꾸어야 한다)에 따른 것입니다. -ью는 -ь으로 끝나는 여성 명사의 조격 어미입니다(вещь → ве́щью).

▶ 남성/중성 명사 조격 어미의 기본형은 -ом입니다. -й와 -ь으로 끝나는 남성 명사(музе́й → музе́ем, учи́тель → учи́телем)와 어간이 ж, ш, ч, щ, ц로 끝나며 어미에 강세가 오지 않는 남성 명사는 조격 어미 -ем을 취합니다(муж → му́жем, това́рищ → това́рищем, иностра́нец → иностра́нцем). 이 역시 철자 규칙 2번에 따른 것으로, 어미에 강세가 오는 경우는 -ом을 사용합니다(плащ → плащо́м, нож → ножо́м, отец → отцо́м, яйцо → яйцо́м).

┃ 주의하세요! ┃

НОЖО́М

▶ 철자 규칙을 알고 있다고 해도 모든 단어의 강세 위치를 알기는 어렵기 때문에 어간이 ж, ч, ш, щ, ц로 끝나며, 어미에 강세가 와서 -ом을 조격 어미로 취하는 명사들을 따로 익혀 두는 것이 좋습니다. 다음의 명사들은 조격에서 강세가 어미에 오기 때문에 조격 어미 -ом을 취합니다.

нож, каранда́ш, плащ, врач, оте́ц, певе́ц, огуре́ц, коне́ц, молоде́ц, яйцо́, лицо́

단어   плащ 망토, 비옷 | певе́ц 가수 | огуре́ц 오이 | коне́ц 끝 | молоде́ц 훌륭하다 | яйцо́ 계란 | лицо́ 얼굴

▶ 아래의 동사들은 조격을 지배하는 동사 중에서 여러분이 지금 단계에서 반드시 익혀 두어야 할 동사입니다.

с кем? с чем?	예문
встреча́ться – встре́титься ~와 만나다	Я встре́тился с Ни́ной и Оле́гом в па́рке.
ви́деться (= встреча́ться) ~와 만나다	Я ча́сто ви́жусь с Ната́шей.
дружи́ть ~와 친하게 지내다	Све́та дру́жит с Ма́шей и Анто́ном.
здоро́ваться – поздоро́ваться ~와 인사하다	Студе́нт поздоро́вался с профе́ссором.
знако́миться – познако́миться ~와 알게 되다/~을 알게 되다	Мы познако́мились с но́вым студе́нтом.(с кем?) Мы познако́мились с ру́сской культу́рой.(с чем?)
перепи́сываться ~와 서신 교환을 하다	Я перепи́сываюсь с ру́сским дру́гом.
проща́ться – попроща́ться ~와 작별하다	За́втра Серге́й пое́дет в Москву́, мы попроща́лись с ним и пожела́ли успе́ха.
разгова́ривать ~와 대화하다	Я разгова́риваю с дру́гом и подру́гой.
сове́товаться – посове́товаться ~와 의논하다	Сын всегда́ сове́туется с отцо́м.
ссо́риться – поссо́риться ~와 싸우다	Я поссо́рился с мла́дшим бра́том.

▶ 이 외에도 누군가와 함께 할 수 있는 동작을 묘사하는 많은 동사들도 〈c + 조격〉의 활용을 할 수 있습니다.

игра́ть (во что?) ~와 ~ 운동하다	Я игра́ю в те́ннис с Же́ней.
идти́ (куда́?) ~와 가다	Я иду́ в кино́ с дру́гом.
рабо́тать ~와 일하다	Па́па рабо́тает с Ива́ном Петро́вичем.

▶ 조격 지배 전치사 c는 ря́дом, вме́сте와 같은 부사와 종종 결합하여 ря́дом с~(~와 나란히),
вме́сте с~(~와 함께)로 사용됩니다.

- **Библиоте́ка нахо́дится ря́дом с университе́том.**
  도서관은 대학과 나란히 위치해 있다.
- **Я иду́ в парк вме́сте с Ната́шей.** 나는 나타샤와 함께 공원에 간다.

САЛА́Т С МАЙОНЕ́ЗОМ

▶ 요리나 식료품 표현에 종종 〈명사 + c + 명사 조격〉 형이 사용되곤 합니다. 이때 앞에 오는 명사가 주된 음식이고 c 뒤에 오는 조격 명사는 더 적은 양으로 더해지는 음식을 지칭합니다.

- сала́т с майоне́зом 마요네즈를 넣은 샐러드
- рис с мя́сом 고기를 넣은 밥
- карто́фель с ку́рицей 닭고기를 곁들인 감자 요리
- ко́фе с молоко́м 우유를 넣은 커피
- чай с са́харом 설탕을 넣은 차

▶ 이 외에 조격에 관한 사항은 별표 14 를 참조하세요.

연습문제 11 괄호 안에 주어진 단어를 적절한 형태로 바꾸어 넣으세요.

❶ Вы ча́сто ви́дитесь с _____ (Ната́лья Серге́евна и её дочь)?

❷ Мой оте́ц рабо́тает с _____ (Анато́лий Ива́нович) в одно́й компа́нии.

❸ Макси́м ча́сто игра́ет с _____ (Вади́м) в ша́хматы.

❹ Вчера́ я до́лго разгова́ривал с _____ (преподава́тель Влади́мир Алексе́евич).

❺ Я встре́тилась с _____ (подру́га) о́коло кинотеа́тра.

❻ Ди́ма поздоро́вался с _____ (Ма́ша) и спроси́л: «Как дела́?»

❼ Я ча́сто сове́туюсь с _____ (оте́ц и мать).

❽ Де́ти попроща́лись с _____ (учи́тельница) и пошли́ домо́й.

❾ Де́ти е́ли спаге́тти с _____ (ку́рица) и пи́ли чай с _____ (лимо́н).

❿ - Скажи́те, где здесь банк?

- Он ря́дом с _____ (остано́вка авто́буса).

ВСТРЕЧА́ТЬ – ВСТРЕ́ТИТЬ vs
ВСТРЕЧА́ТЬСЯ – ВСТРЕ́ТИТЬСЯ

▶ 이미 여러 차례 배운 적이 있는 위의 동사들은 동일하게 '만나다'라고 번역되지만, 그 활용과 의미가 다소 다릅니다.

▶ 먼저 ВСТРЕЧА́ТЬ – ВСТРЕ́ТИТЬ 동사는 다음과 같은 경우에 사용됩니다.

1. 계획되지 않은 만남에 대하여 이야기할 때 사용됩니다.

- В теа́тре мы встре́тили Лари́су. 극장에서 우리는 라리사를 만났다(약속 없이 우연히).
- Мы гуля́ли в па́рке и встре́тили Со́ню. 우리는 공원에서 산책하다 소냐를 만났다.

2. 공항이나 역에서 누군가를 마중할 때 사용됩니다.

- Мы е́дем на вокза́л, нам на́до встре́тить ба́бушку, кото́рая прие́дет из Пуса́на. 우리는 부산에서 오시는 할머니를 마중해야 해서 역으로 가고 있다.
- В аэропорту́ я встре́тил ру́сского дру́га, кото́рый прилете́л из Москвы́. 공항에서 나는 모스크바에서 온 러시아 친구를 마중했다.

▶ 반면 ВСТРЕЧА́ТЬСЯ – ВСТРЕ́ТИТЬСЯ 동사는 보통 미리 계획된 만남에 관해 이야기할 때 사용합니다.

- Мы встре́тились с Ма́шей в кафе́. 나와 마샤는 카페에서 만났어. (약속되었던 만남)
- За́втра дава́й встре́тимся на остано́вке авто́буса. 내일 버스정류장에서 만나자.
- - Где и во ско́лько мы встре́тимся? 우리 어디서 몇 시에 만날까?
  - Бале́т начина́ется в 6 часо́в. Дава́й встре́тимся в 5:45 о́коло теа́тра.
    발레는 6시에 시작해. 5시 45분에 극장 근처에서 만나자.
- Вади́м и Ната́ша поссо́рились, они́ 2 неде́ли не встреча́ются и не разгова́ривают. 바딤과 나타샤는 다투어서 2주 간 만나지도 않고 말도 섞지 않고 있어.

СОВÉТОВАТЬ – ПОСОВÉТОВАТЬ vs
СОВÉТОВАТЬСЯ – ПОСОВÉТОВАТЬСЯ

▶ 이 두 동사 역시 동사의 활용만이 아니라 의미의 차이도 있는 동사입니다.

▶ совéтовать – посовéтовать (комý?) + 동사원형: ~에게 ~을 하라고 충고하다

- Отéц совéтует мне поéхать в Россúю. 아버지는 나에게 러시아로 가라고 충고하신다.

- Врач совéтует дéдушке гуля́ть 2 часá в день.
  의사는 할아버지에게 하루에 2시간 산책을 하라고 권한다.

▶ совéтоваться – посовéтоваться (с кем?) : ~와 의논하다

1. (о чём?) ~에 관하여 ~와 의논하다

- Я всегдá совéтуюсь с отцóм. 나는 항상 아버지와 의논한다.

- Я советуюсь с отцóм о покýпке машúны. 나는 자동차 구매에 관하여 아버지와 의논한다.

- Студéнты совéтуются с профéссором о поéздке в Россúю.
  학생들은 러시아 여행에 관하여 교수님과 의논한다.

2. ~, что ~ / ~, кудá ~ / ~, когдá ~ / ~, где ~

- Мы совéтуемся с мáмой, что подарúть бáбушке на день рождéния.
  우리는 생신에 할머니께 무엇을 선물할지 엄마와 의논한다.

- Я совéтуюсь с отцóм, какýю машúну купúть.
  나는 아버지와 어떤 자동차를 살지 의논한다.

- Мы совéтуемся с профéссором, когдá лýчше поéхать в Россúю.
  우리는 교수님과 언제 러시아를 가는 것이 좋을지 의논한다.

▶ 특히 주의할 것은 СОВÉТОВАТЬ – ПОСОВÉТОВАТЬ 동사의 경우는 동사의 주어가 조언을 해 주는 사람인 반면, СОВÉТОВАТЬСЯ – ПОСОВÉТОВАТЬСЯ 동사의 경우는 주어에 해당하는 사람이 조언을 듣기 원한다는 점입니다.

3. 소유 형용사/재귀 형용사/지시 형용사/일반 형용사의 조격

▶ 이제 형용사의 조격형을 살펴봅시다. 남성/중성 일반 형용사의 조격형은 **-ым/им**이고, 여성 일반 형용사의 조격형은 **-ой/ей**입니다. 일반 형용사의 조격 어미 기본형을 기억하며 먼저 소유 형용사, 재귀 형용사, 지시 형용사의 조격형을 살펴봅시다.

남성/중성 주격	조격	여성 주격	조격
мой, моё	(с) мои́м	моя́	(с) мое́й
твой, твоё	(с) твои́м	твоя́	(с) твое́й
его́	(с) его́	его́	(с) его́
её	(с) её	её	(с) её
наш, на́ше	(с) на́шим	на́ша	(с) на́шей
ваш, ва́ше	(с) ва́шим	ва́ша	(с) ва́шей
их	(с) их	их	(с) их
свой, своё	(со) свои́м	своя́	(со) свое́й
э́тот, э́то	(с) э́тим	э́та	(с) э́той

▶ 앞서 언급한 바와 같이 남성/중성 명사의 조격을 수식하는 일반 형용사의 조격 어미는 **-ым**이나 **-им**이고, 여성 명사 조격을 수식하는 일반 형용사 조격 어미는 **-ой, -ей**입니다. 여성 형용사의 조격 어미는 생격, 여격, 전치격 형용사 어미와 동일합니다. 남성/중성 형용사 조격의 기본형은 **-ым**이며, 어간이 к, г, х, ж, ч, ш, щ로 끝나는 경우나(철자 규칙 1에 해당: с ма́леньким бра́том, с хоро́шим дру́гом) 연자음 형용사의 경우에만(**си́ним** карандашо́м) **-им**을 취합니다.

- Вчера́ мы до́лго разгова́ривали с но́вым ру́сским студе́нтом.
- Я познако́мился с симпати́чной ру́сской де́вушкой.

연습문제 12 괄호 안에 주어진 단어를 알맞은 형태로 바꾸어 쓰세요.

❶ Неда́вно мы познако́мились с _____ (э́тот иностра́нный студе́нт).

❷ Вади́м давно́ не ви́делся с _____ (моя́ мла́дшая сестра́).

❸ Ира всегда́ сове́туется с _____ (наш оте́ц и на́ша мать).

❹ Сын заболе́л, ма́ма разгова́ривает о сы́не с _____ (де́тский врач).

❺ Дон Ик игра́ет в ша́хматы с _____ (ру́сский студе́нт).

❻ Мы встре́тились с _____ (изве́стный коре́йский писа́тель).

❼ Они́ познако́мились со _____ (свой но́вый преподава́тель ру́сского языка́).

❽ Я говори́л по телефо́ну с_____ (твой мла́дший брат).

❾ Мой ста́рший брат рабо́тает вме́сте с _____ (ваш ста́рший брат).

❿ Оте́ц разгова́ривает со _____ (своя́ дочь).

⓫ - Ты бу́дешь ко́фе с _____ (молоко́)?

   - Нет, я пью ко́фе без молока́, но с _____ (са́хар).

⓬ - Ты е́здила на экску́рсию одна́?

   - Нет, вме́сте с _____ (подру́га).

단어 иностра́нный 외국의 | ви́деться 만나다, 보다 | заболе́ть 병이 나다 | де́тский врач 소아과 의사 | по телефо́ну 전화로

Ж   조격의 용법

▶ 조격은 기본적으로 한국어의 조사 '로서'와 '로써'로 표현되는 도구나 자격을 표현합니다. 조격의 기본적인 용법을 정리해 보면 다음과 같습니다.

1. 도구의 의미
'~으로', '~을 가지고'의 의미로 사용됩니다.

• **Он пи́шет не ру́чкой, а карандашо́м.** 그는 펜이 아니라 연필로 쓴다.

▶ 이처럼 '~으로', '~을 가지고'라는 '도구'의 의미로 쓰이는 조격을 취할 수 있는 동사는 다음과 같습니다.

писа́ть 쓰다	Я пишу́ си́ней ру́чкой. 나는 파란 펜으로 쓴다.
рисова́ть 그리다	Ма́льчик рису́ет кра́сным карандашо́м. 소년은 빨간 연필로 그린다.
есть 먹다	Де́вочка ест ма́ленькой ло́жкой. 소녀는 작은 숟가락으로 먹는다.
ре́зать 자르다	Ма́ма ре́жет о́вощи ножо́м. 엄마는 야채를 칼로 자른다.
откры́ть 열다	Я откры́л дверь ключо́м. 나는 문을 열쇠로 열었다.
вытира́ть 닦다	Мы вытира́ем ру́ки полоте́нцем. 우리는 손을 수건으로 닦는다.
чи́стить 깨끗이 하다, 닦다	Де́ти чи́стят зу́бы зубно́й щёткой и зубно́й па́стой. 아이들은 칫솔과 치약으로 이를 닦는다.
расчёсывать 빗다	Све́та расчёсывает во́лосы ма́ленькой расчёской. 스베타는 작은 빗으로 머리를 빗는다.

연습문제 13 괄호 안에 주어진 단어를 조격으로 바꾸어 넣고 문장을 해석해 보세요. 이때 도구의 의미로 사용되는 조격 명사와 이러한 명사들과 자주 결합하는 동사에 주목해 보세요.

❶ Сын пи́шет упражне́ние _____ (чёрная ру́чка).

❷ Де́вочка рису́ет со́лнце _____ (жёлтый каранда́ш).

❸ Мы откры́ли дверь _____ (ключ).

❹ Де́ти вытира́ют ру́ки _____ (чи́стое полоте́нце).

❺ Она́ ест моро́женое _____ (ма́ленькая ло́жка).

❻ Ма́ма ре́жет хлеб _____ (нож).

❼ Я чи́щу зу́бы _____ (зубна́я щётка).

❽ Лю́да расчёсывает во́лосы _____ (расчёска).

단어 ключ 열쇠 | чи́стый 깨끗한 | полоте́нце 수건 | ре́зать 썰다, 자르다 | зубна́я щётка 칫솔 | расчёска 빗

2. 자격의 의미: ⟨рабо́тать + кем⟩ 구문

한국어로 옮기자면 '-로서 일하다'에 해당하는 구문입니다.

- Кем рабо́тает твой брат?
- Он рабо́тает экономи́стом.

연습문제 14 보기 와 같이 문장을 만들어 보세요.

> 보기　　　• Никола́й – врач ▶ Никола́й рабо́тает врачо́м.

❶ Михаи́л – строи́тель　　　　　　　▶ _____

❷ Лари́са – журнали́ст　　　　　　　▶ _____

❸ Макси́м – экономи́ст　　　　　　　▶ _____

❹ Светла́на – ди́ктор　　　　　　　　▶ _____

❺ Ольга – воспита́тель де́тского са́да　▶ _____

3. '~ 이였다', '~이 될 것이다' 구문

다음의 예문을 읽고 어떤 경우에 **быть** 동사와 조격이 함께 쓰이는지 생각해 보세요.

- Анто́н – врач.
- Анто́н хо́чет быть врачо́м.
- Я ду́маю, Анто́н бу́дет хоро́шим врачо́м.
- Оте́ц Анто́на то́же был врачо́м.

▶ 여러분이 알고 있는 것처럼 러시아어의 '~은 ~이다' 구문에서는 영어의 be 동사에 해당하는 **быть** 동사
의 현재형을 생략하여 사용합니다(예: Я студе́нт). 그러나 과거에 '~였다'나 미래에 '~이 될 것이다', 또는
'~이 되고 싶다'의 구문에서는 ⟨**быть** 동사의 과거/미래형 + 조격⟩의 형식을 사용합니다.

보기 와 같이 짧은 글을 만들어 보세요.

보기

- Отéц Денúса – шофёр.
  ▶ Дéдушка Денúса был шофёром.
  Навéрное, Денúс тóже бýдет шофёром.
- Мáма Вéры – пóвар.
  ▶ Бáбушка Вéры былá пóваром.
  Навéрное, Вéра тóже бýдет пóваром.

❶ Отéц Вúктора – бизнесмéн.

▶ _____

❷ Мать Ирúны – учúтельница.

▶ _____

❸ Отéц Андрéя – инженéр.

▶ _____

❹ Мать Нúны – артúстка.

▶ _____

❺ Отéц Сергéя – продавéц.

▶ _____

4. 조격 지배 동사 занимáться와 увлекáться: ~을 하다

러시아어로 어떤 활동이나 취미를 표현할 때 〈занимáться, увлекáться+ 조격〉을 사용합니다. 두 동사 모두 뒤에 오는 명사에 따라 '~을 한다(혹은 그린다, 공부한다, 춤을 춘다)'로 해석될 수 있지만 의미의 차이는 있습니다. 후자의 경우는 훨씬 큰 열정을 가지고 매혹되어 그 일을 한다는 뉘앙스가 더해집니다.

- Я занимáюсь мýзыкой / жúвописью / спóртом / тéннисом / тáнцами / рýсским языкóм.
- Я увлекáюсь мýзыкой / жúвописью / спóртом / тéннисом / тáнцами / рýсским языкóм.

А) занима́ться + 명사의 조격: ~을 하다, ~을 공부하다

- ~ спо́ртом 운동하다
- ~ баскетбо́лом 농구하다
- ~ пла́ванием 수영하다
- ~ му́зыкой 음악을 하다
- ~ коре́йской литерату́рой 한국 문학을 공부하다
- ~ те́ннисом 테니스 치다
- ~ бейсбо́лом 야구하다
- ~ бе́гом 뛰다
- ~ ру́сским языко́м 러시아어를 공부하다

Б) увлека́ться + 명사의 조격: ~에 관심을 가지다, 매료되다

- ~ спо́ртом 운동에 관심을 가지다
- ~ те́ннисом 테니스에 관심을 가지다
- ~ го́льфом 골프에 매료되다
- ~ совреме́нной му́зыкой 현대 음악에 매료되다
- ~ поли́тикой 정치에 관심을 가지다
- ~ ру́сской исто́рией 러시아 역사에 관심을 가지다
- ~ япо́нской жи́вописью 일본 그림에 관심을 가지다

│ 주의하세요! │

УЧИ́ТЬ, ИЗУЧА́ТЬ, УЧИ́ТЬСЯ, НАУЧИ́ТЬСЯ, ЗАНИМА́ТЬСЯ

▶ '공부하다'와 관련되어 배운 단어의 활용을 복습해 봅시다.

учи́ть (что?)	Я учу́ слова́ (стихи́, ру́сский язы́к).
изуча́ть (что?)	Я изуча́ю ру́сский язы́к (фи́зику).
учи́ться (где?)	Он у́чится в университе́те.
учи́ться – научи́ться + 동사원형	Она́ у́чится рисова́ть. Где ты научи́лся так хорошо́ игра́ть на гита́ре?
занима́ться (чем?) (где?)	Он занима́ется спо́ртом. Студе́нты занима́ются в библиоте́ке(до́ма).

연습문제 16 문맥을 파악하여 위의 동사 중 빈칸에 들어갈 적절한 동사를 골라 알맞은 형태로 쓰세요.

❶ Вади́м _____ в университе́те, он _____
  исто́рию.

❷ Моя́ сестра́ _____ на пе́рвом ку́рсе, она́ ча́сто
  _____ в библиоте́ке.

❸ - Чем вы _____ в свобо́дное вре́мя?

  - Я _____ аэро́бикой.

❹ Мла́дшая сестра́ _____ танцева́ть.

❺ Брат де́лает дома́шнее зада́ние, он _____ стихи́ Пу́шкина.

❻ Как до́лго вы _____ в институ́те?

❼ Как до́лго вы _____ ру́сский язы́к?

❽ Где вы _____ так хорошо́ танцева́ть?

❾ - Где ты обы́чно _____ ?

  - До́ма.

❿ - Что ты де́лаешь?

  - _____ но́вые слова́.

ДАВА́ЙТЕ ПОГОВОРИ́М!

연습문제 1 다음 문장에 각 항이 요구하는 품사를 더하여 읽어 보세요.

А) 형용사

> **보기**
> · Мне нра́вится э́то пальто́.
> ▸ Мне нра́вится э́то чёрное пальто́.

❶ Ю́рию понра́вился костю́м.　　　　　▸ _____

❷ Ната́ше нра́вится э́та ю́бка.　　　　　▸ _____

❸ Студе́нту на́до купи́ть слова́рь.　　　▸ _____

❹ Ле́не ну́жно купи́ть блу́зку.　　　　　▸ _____

❺ Бра́ту 13 лет.　　　　　　　　　　　▸ _____

❻ Де́вочке хо́лодно.　　　　　　　　　　▸ _____

❼ Я сове́тую сестре́ посмотре́ть фильм.　▸ _____

Б) 형용사나 부사

> **보기**
> · Э́то шко́ла.　　　　　　　▸ Э́то но́вая шко́ла.
> Ма́льчик чита́ет.　　　　▸ Ма́льчик гро́мко чита́ет.

❶ Они́ пою́т.　　　　　　　　　　▸ _____

❷ Здесь есть о́зеро.　　　　　　　▸ _____

❸ Э́то стадио́н.　　　　　　　　　▸ _____

❹ Они́ рису́ют.　　　　　　　　　　▸ _____

❺ Соба́ка бежи́т.　　　　　　　　　▸ _____

❻ У меня́ есть кот.　　　　　　　　▸ _____

B) «Где?»에 대한 답이 될 수 있는 단어나 구

> 보기
> - Апте́ка нахо́дится ~
>   ▸ Апте́ка нахо́дится óколо магази́на(здесь, там, напро́тив бáнка).

❶ Пóчта нахóдится ▸ _____

❷ Студéнты занимáются ▸ _____

❸ Роди́тели бы́ли ▸ _____

❹ Дéти обéдают ▸ _____

❺ Сергéю нрáвится отдыхáть ▸ _____

❻ Мне нáдо купи́ть фрýкты ▸ _____

연습문제 2 보기 와 같이 바꾸어 써 보세요.

> 보기
> - Мне нáдо (нýжно) купи́ть óвощи на ры́нке.
>   ▸ Я дóлжен (должнá) купи́ть óвощи на ры́нке.

❶ Сергéю нáдо занимáться кáждый день. ▸ _____

❷ Вам нýжно хорошó сдать экзáмены. ▸ _____

❸ Тебé не нáдо волновáться. ▸ _____

❹ Им нáдо сдéлать эту рабóту хорошó. ▸ _____

❺ Ири́не нáдо перевести́ текст. ▸ _____

❻ Ей нáдо забы́ть об этом. ▸ _____

연습문제 3 보기 와 같이 명령문을 만들어 보세요.

A) 형용사

> 보기
> - Вам нýжен словáрь. (Антóн)
>   Антóн, дай, пожáлуйста, словáрь.

❶ Вам нужна́ ру́чка. (Ива́н Серге́евич)

▶ _____

❷ Вам нужна́ газе́та. (па́па)

▶ _____

❸ Вам ну́жен телефо́н. (Ольга Петро́вна)

▶ _____

❹ Вам нужны́ де́ньги. (ма́ма)

▶ _____

❺ Вам ну́жно ра́дио. (Валенти́на Васи́льевна)

▶ _____

❻ Вам ну́жен уче́бник. (Со́фья)

▶ _____

Б)

보기   • Воло́дя – принести́ газе́ту
        ▶ Воло́дя, принеси́, пожа́луйста, газе́ту

❶ Ксе́ния – сыгра́ть на пиани́но

▶ _____

❷ Де́ти – спеть

▶ _____

❸ Юрий Влади́мирович – отве́тить на вопро́с

▶ _____

❹ Лари́са – помо́чь ма́ме

▶ _____

❺ Па́вел – познако́миться с Бори́сом

▸ _____

❻ Ма́ма – пригласи́ть в го́сти Мари́ю Ива́новну

▸ _____

❼ Ната́ша и Же́ня – приходи́ть в го́сти

▸ _____

❽ Да́ша – пить лека́рство 3 ра́за в день

▸ _____

В)

보기   • Вы хоти́те пойти́ в кино́ с Оле́гом.
        ▸ Оле́г, дава́й пойдём в кино́.

❶ Вы хоти́те говори́ть по-ру́сски с Ми́лой.

▸ _____

❷ Вы хоти́те сыгра́ть в ша́хматы с Вади́мом.

▸ _____

❸ Вы хоти́те пое́хать в Пуса́н с Алексе́ем.

▸ _____

❹ Вы хоти́те изуча́ть францу́зский язы́к с Ма́шей.

▸ _____

❺ Вы хоти́те поу́жинать в рестора́не с Ви́ктором Никола́евичем.

▸ _____

❻ Вы хоти́те пойти́ на вы́ставку с Ве́рой Анто́новной.

▸ _____

연습문제 4 다음의 대화문을 보고 여러분도 유사한 대화문을 만들어 보세요.

- Мари́на, дава́й пойдём за́втра ве́чером в теа́тр.
- Извини́, за́втра ве́чером не могу́. Я иду́ в бассе́йн с подру́гой. Мо́жет быть, в друго́й день?
- А в суббо́ту ты мо́жешь?
- Да, могу́.
- Тогда́ дава́й пойдём в суббо́ту.
- Дава́й.

┤ 주의하세요! ┠

МОЧЬ

▶ 여러분이 알고 있는 것처럼 мочь 동사는 뒤에 동사원형을 취합니다. 하지만 일상 회화에서 문맥상 '무엇'을 할 수 있는지, 즉 мочь 동사 뒤에 오는 동사의 의미가 명백할 때는 종종 동사원형을 생략하여 사용할 수 있습니다.

- Дава́й пойдём за́втра в кино́.
- Извини́, за́втра я не могу́ (пойти́).
- А в суббо́ту ты мо́жешь (пойти́)?
- Да, в суббо́ту могу́ (пойти́).

▶ 앞서 배운 мочь의 동사 변화를 다시 한번 기억해 두세요.

я	могу́	мы	мо́жем
ты	мо́жешь	вы	мо́жете
он(а́)	мо́жет	они́	мо́гут

연습문제 5 옆 사람과 짝을 지어 상대방을 영화관(**в кино́**), 전시회장(**на вы́ставку**), 박물관(**в музе́й**), 동물원(**в зоопа́рк**), 카페(**в кафе́**) 등으로 초대해 보세요.

연습문제 6

A) 괄호 안의 단어를 사용하여 다음 질문에 답해 보세요.

❶ С кем Са́ша говори́л по телефо́ну? (Со́фья Никола́евна)

❷ С кем Га́ля игра́ет в бадминто́н? (Воло́дя)

③ С кем Наташа танцует? (симпатичный молодой человек)

④ С кем вы познакомились? (известный журналист)

⑤ С кем вы встретились вчера? (школьный товарищ)

⑥ С кем вы идёте в театр? (хороший знакомый)

Б) 주어진 질문에 답해 보세요.

❶ С кем вы дружите?

❷ С кем вы переписываетесь?

❸ С кем вы обычно играете в теннис?

❹ С кем вы хотите познакомиться?

❺ С кем вы хотите пойти в кино?

❻ Чем вы занимаетесь в свободное время?

❼ Чем вы увлекаетесь?

❽ Чем вы рисуете?

❾ Чем вы пишете?

❿ Чем вы открываете и закрываете дверь?

⓫ Чем вы едите?

⓬ Чем вы режете хлеб?

⓭ Кем вы хотите быть?

⓮ Кем работает ваш отец?

⓯ Кем был ваш дедушка?

▶ 여러분 스스로 질문을 만들어 옆사람과 대화해 보세요.

보기와 같이 짧은 대화문을 만들어 보세요.

> 보기
> • - Что с тобо́й (случи́лось)? Почему́ ты тако́й гру́стный?
> - Я не сдал экза́мен.

❶ - Что с Ната́шей? Почему́ она́ пла́чет?

    - _____

❷ - Что с ва́ми случи́лось? Почему́ вы не́ были на ле́кции?

    - _____

❸ - Что с Ми́шей? Почему́ он тако́й бле́дный?

    - _____

❹ - Что с тобо́й? Почему́ ты не ешь?

    - _____

❺ - Что случи́лось? Почему́ ты идёшь в поликли́нику?

    - _____

질병과 관련된 표현

1. 누가 어디가 아프다: у кого? боли́т (боля́т) что?

- У меня́ боли́т живо́т/голова́/го́рло. 나는 배가/머리가/목이 아프다.
- У меня́ боля́т но́ги/ру́ки. 나는 다리가/팔이 아프다.

이 구문에서는 아픈 신체 부위가 주격형으로 옵니다. 주어의 자리에 사람이나(«Ма́ма боли́т.*»은 비문입니다) 질병은(«У меня́ боли́т грипп.*», «У меня́ боли́т на́сморк.*»는 비문입니다) 올 수 없습니다.

2. 누가 아프다/ 어떤 병에 걸렸다: кто? + боле́ть – заболе́ть (чем?)

- Ма́ма боле́ет. 엄마가 아프다.
- Ма́ма боле́ет гри́ппом. 엄마가 독감으로 아프시다.
- На про́шлой неде́ле брат боле́л (гри́ппом). 지난주에 형이 (독감으로) 아팠다.

위의 예문에서 볼 수 있는 것과 같이 боле́ть – заболе́ть (чем?)의 구문에서 조격의 자리에는 병명이 옵니다. 또 이 동사는 단독으로 동사 변하며 '아프다, 아팠다, 아플 것이다' 등의 다양한 의미로 사용됩니다. 동사 변화는 다음과 같습니다.

- боле́ть: я боле́ю, ты боле́ешь, они́ боле́ют; боле́л, боле́ла, боле́ли; я бу́ду боле́ть
- заболе́ть: заболе́л, заболе́ла, заболе́ли; я заболе́ю, ты заболе́ешь, они заболе́ют

▶ 또 한 가지, заболе́ть 동사는 '아프기 시작하다, 병이 났다'라는 뜻이 있고 그래서 주로 과거형으로 사용됩니다.

- Ма́ма заболе́ла. 엄마가 병이 났다. (= Ма́ма боле́ет.)
- Ма́ма заболе́ла гри́ппом. 엄마가 독감에 걸렸다. (= Ма́ма боле́ет гри́ппом.)

  미래형으로 쓰일 때도 있는데, 그 쓰임은 제한적입니다.

- Сего́дня о́чень хо́лодно. Éсли бу́дешь до́лго гуля́ть, (ты) заболе́ешь.
  오늘 날씨가 춥다. 오랫동안 돌아다니면 병이 날 거야.

3. 누가 어떤 병을 앓고 있다: у кого́ (есть) что?

▶ 이때는 병이나 증상이 주격의 자리에 옵니다.

- У меня́ на́сморк/ка́шель/температу́ра/тошнота́.
  나는 콧물이 난다/기침이 난다/ 열이 난다/ 메스껍다.
- У меня́ грипп/просту́да. 나는 독감/감기에 걸렸다.

연습문제 8 그림을 보고 각각의 인물들에게 어떤 일이 일어났는지 설명해 보세요.

보기

▶ У него́ боли́т живо́т.

❶

▶ _____

❷

▶ _____

❸

▶ _____

❹

▶ _____

❺

▶ _____

❻

▶ _____

❼

▶ _____

다음의 대화를 듣고 따라 해 보세요.

1) `Track 15-1`

- Ми́ша, приве́т! Что с тобо́й? Почему́ ты тако́й бле́дный?
  미샤, 안녕! 너 어디 아프니? 너 왜 그렇게 창백하니?

- Я заболе́л. У меня́ на́сморк и ка́шель. 병이 났어. 콧물도 나고 기침도 나네.

- У тебя́ есть температу́ра? 열이 있니?

- Да, невысо́кая, 37, 5 (три́дцать семь и пять). 응, 높지는 않아. 37.5도야.

- У тебя́ боли́т го́рло? 목이 아프니?

- Да, боли́т. 응, 아파.

- А куда́ ты сейча́с идёшь? 지금 어디 가고 있니?

- Я иду́ в поликли́нику. 병원으로 가고 있어.

- У тебя́ же температу́ра! Тебе́ на́до вы́звать врача́. 너 열이 있잖아! 의사를 불러야지.

- Я не зна́ю телефо́н поликли́ники. 병원 전화번호를 몰라.

- Дава́й позвони́м в спра́вочную и спро́сим. 안내 전화를 걸어서 물어보자.

- Дава́й. 그러자.

┆ 알아 둘까요? ┆

러시아의 안내 전화 09

▸ 위의 대화문에 있는 спра́вочная는 спра́вочная слу́жба의 약자입니다. 러시아에도 우리나라의
  114처럼 안내 전화가 있습니다. 러시아의 안내 전화번호는 09번입니다.

2) Track 15-2

- Спра́вочная 09. До́брый день! 안내 전화 09번입니다. 안녕하세요!

- Скажи́те, пожа́луйста, телефо́н поликли́ники № 3. 3번 병원 번호 좀 알려 주세요.

- 63-18-05. 63-18-05입니다.

- Повтори́те ещё раз, пожа́луйста. 한 번 더 말씀해 주세요.

- 63-18-05. 63-18-05입니다.

- Спаси́бо. 감사합니다.

3) Track 15-3

- Поликли́ника! 병원입니다.

- Здра́вствуйте, я хочу́ вы́звать врача́.
안녕하세요, 의사 선생님을 부르고 싶은데요(왕진 신청을 하고 싶은데요).

- Что с ва́ми? 어디가 아프시죠?

- У меня́ на́сморк, ка́шель и боли́т го́рло. 콧물, 기침이 나고 목이 아파요.

- Кака́я у вас температу́ра? 열은 얼마나 되시죠?

- 37,5. 37.5도입니다.

- Фами́лия, и́мя? 성과 이름은요?

- Ивано́в Миха́йл. 이바노프 미하일입니다.

- Ско́лько вам лет? 몇 살이시죠?

- 21 год. 스물 한 살입니다.

- Вы у́читесь и́ли рабо́таете? 학생이신가요, 아니면 직장인이신가요?

- Я учу́сь в МГУ. 저는 모스크바 대학 학생입니다.

- Где вы живёте? 주소는요?

- Ули́ца Пу́шкина, дом 7, кварти́ра 9. 푸쉬킨가, 7동 9호입니다.

- Жди́те. Врач бу́дет по́сле обе́да. 기다리세요. 의사가 점심 시간 이후에 도착할 겁니다.

4) `Track 15-4`

- Врача́ вызыва́ли? 의사를 부르셨나요?

- Да, до́ктор, проходи́те, пожа́луйста. 네, 의사 선생님, 들어오세요.

- На что жа́луетесь? 어디가 아프시죠?

- У меня́ ка́шель, на́сморк, боли́т го́рло, температу́ра 37,5.
  기침이 나고 콧물이 나고, 목이 아프고, 열은 37.5도입니다.

- Так, откро́йте рот. Скажи́те а-а. Да, го́рло кра́сное. Когда́ вы заболе́ли?
  자, 입을 벌려 보세요. 아– 소리를 내 보세요. 네, 목이 빨갛군요. 언제 병이 나셨지요?

- Вчера́ ве́чером. 어제 저녁에요.

- Вот реце́пт. Пе́йте э́ти табле́тки 3 ра́за в день.
  여기 처방전이 있습니다. 이 약을 하루에 세 번 드세요.

- Как до́лго я до́лжен пить э́ти табле́тки? 약을 얼마나 오래 먹어야 하나요?

- Неде́лю. 일주일입니다.

- Спаси́бо, до́ктор. 선생님, 감사합니다.

- До свида́ния, выздора́вливайте! 안녕히 계세요. 쾌차하십시오!

┤ 알아 둘까요? ┠

ДО́КТОР! ПРОФЕ́ССОР!

▶ 우리는 '선생님!', '의사 선생님!', '교수님!', '기사님!' 등 직함을 호칭으로 사용합니다. 하지만 러시아에서
는 윗사람에 대한 호칭으로는 언제나 이름과 부칭을 사용합니다. 예외는 단 두 가지인데, 의사 선생님을
«до́ктор!»로, 교수님을 «профе́ссор!»로 부르는 경우입니다. 물론 이 경우도 상대의 이름과 부칭
을 모르는 경우에만 사용합니다. 또 의사를 뜻하는 단어인 «врач»는 절대 호칭으로 사용할 수 없습니다.

❶ `Track 15-5`

Вчера́ бы́ло воскресе́нье. Ва́дим игра́л в бадминто́н с Юлей. Они́ игра́ли 2 часа́. Когда Вади́м и Юля ко́нчили игра́ть, они́ пообе́дали в небольшо́м кафе́.

❷ `Track 15-6`

Утром Со́ня была́ в магази́не и на ры́нке. В магази́не она́ купи́ла паке́т молока́, ба́нку ко́фе, килогра́мм ры́бы. На ры́нке она́ купи́ла карто́фель, лук, капу́сту, морко́вь.Со́ня пригото́вила вку́сный обе́д.

❸ `Track 15-7`

Профе́ссор чита́л ле́кцию. Студе́нты внима́тельно слу́шали. Профе́ссор расска́зывал о рома́не Толсто́го «Война́ и мир». Пото́м студе́нты задава́ли вопро́сы, а профе́ссор отвеча́л на них.

❹ `Track 15-8`

Ма́ша не пошла́ на заня́тия, потому́ что заболе́ла. У Ма́ши ка́шель и боли́т го́рло. У неё высо́кая температу́ра – 38, 4. Ма́ша позвони́ла в поликли́нику и вы́звала врача́.

연습문제 10 주어진 답을 유도할 수 있는 질문을 만들되 밑줄 친 부분이 있는 경우는 그 부분이 답이 될 수 있는 질문을 만들어 보세요.

❶ - _____ ?

- Анна игра́ет в те́ннис с Же́ней.

❷ - _____ ?

- Мы спроси́ли преподава́теля об экза́мене.

❸ - _____ ?

- Мы спроси́ли преподава́теля об экза́мене.

❹ - _____ ?

- За́втра Его́р весь день бу́дет отдыха́ть.

❺ - _____?

- Све́та переводи́ла текст всю неде́лю.

❻ - _____?

- Она́ хорошо́ перевела́ текст.

❼ - _____?

- У Ма́ши боля́т зу́бы.

❽ - _____?

 - У Ди́мы боли́т у́хо.

❾ - _____?

- Она́ идёт в поликли́нику.

❿ - _____?

- Нет, у неё норма́льная температу́ра.

⓫ - _____?

- Врач вы́писал реце́пт.

⓬ - _____?

- У меня́ ка́шель и высо́кая температу́ра.

연습문제 11 대화를 완성해 보세요.

❶ - _____?

- У меня́ боли́т голова́.

- _____?

- В апте́ку.

❷ - _____?

- Извини́, но в сре́ду я не могу́.

- _____?

- Ка́ждую сре́ду я занима́юсь аэро́бикой.

- _____?

- Очень жаль, но в э́ту суббо́ту то́же не могу́, потому́ что у подру́ги бу́дет
  день рожде́ния.

- _____?

- Да, в воскресе́нье я свобо́дна. Дава́й пойдём часо́в в 6.

❸ - Ты зна́ешь Вади́ма Смирно́ва?

- _____

- А где вы с ним познако́мились?

- _____

- Он у́чится на ва́шем факульте́те?

- Нет, _____

- А-а. Поэ́тому он хорошо́ говори́т по-англи́йски.

연습문제 12 주어진 문장의 시작을 읽고, 문장을 마무리해 보세요.

> Ми́ша чита́ет ~ ▶ Ми́ша чита́ет <u>интере́сную кни́гу</u>.

❶ Студе́нты у́чатся _____ .

❷ Лю́ба е́дет _____ к _____ .

❸ Я познако́мился _____ .

❹ Оле́г занима́ется _____ .

❺ Мы встре́тили _____ .

❻ Я встре́тился _____ .

❼ Де́ти игра́ют в _____ .

❽ Я игра́ю на _____ .

❾ Я увлека́юсь _____ .

❿ Оте́ц рабо́тает вме́сте с _____ .

⓫ Я позвони́ла _____ .

⓬ Ната́ша помога́ет _____ .

⓭ Студе́нты спроси́ли _____ .

⓮ Роди́тели верну́лись из _____ от _____ .

⓯ Я хочу́ _____ .

⓰ Роди́тели бы́ли на _____ у _____ .

⓱ Ты до́лжен _____ .

⓲ Вы не должны́ _____ .

연습문제 13 주어진 문장에 네 문장을 더하여 짧은 텍스트를 만들어 보세요.

❶ У Ве́ры боли́т голова́.

_____

_____

_____

_____

❷ За́втра бу́дет хоро́шая пого́да.

_____

_____

_____

_____

❸ Де́ти лю́бят игра́ть в футбо́л.

❹ Сего́дня у сестры́ день рожде́ния.

❺ Игорь хорошо́ говори́т по-францу́зски.

연습문제 1 대화문을 듣고 대화의 내용에 상응하는 문장을 고르세요. `Track 15-9`

    a) Они́ хотя́т купи́ть витами́ны.

    b) Он заболе́л, поэ́тому пьёт витами́ны.

    c) Она́ должна́ пить витами́ны 2 ме́сяца.

    d) Врач посове́товал ей пить витами́ны зимо́й и весно́й.

연습문제 2 전화번호를 듣고 들은 번호를 정확하게 적어 보세요. `Track 15-10`

    ❶ _____ ❷ _____ ❸ _____

    ❹ _____ ❺ _____ ❻ _____

연습문제 3 주어진 문장을 들으세요. 듣고 들은 문장과 아래 쓰여진 문장을 비교해 보세요. 서로 다른 부분이 있으면 찾아서 들은 문장과 같도록 고치세요. `Track 15-11`

    ❶ Ната́ша заболе́ла. У неё на́сморк, ка́шель и боли́т го́рло.

    ❷ Сестра́ вы́звала врача́. До́ктор пришёл в 4 часа́. Он сказа́л, что у Ната́ши просту́да.

연습문제 4 주어진 텍스트를 듣고 질문에 답해 보세요. `Track 15-12`

    ❶~❹ 빈칸에 들어갈 적절한 답을 고르세요.

      ❶ У Людми́лы _____.

      a) боли́т го́рло   b) боли́т голова́   c) на́сморк   d) тошнота́

      ❷ У неё температу́ра _____.

      a) 37, 7   b) 37, 8   c) 38, 7   d) 38, 8

      ❸ Людми́ла _____.

      a) пошла́ в поликли́нику и вы́звала врача́.

      b) не пошла́ на заня́тия, а пошла́ в поликли́нику.

      c) не пошла́ в поликли́нику, а позвони́ла (в поликли́нику)

      d) снача́ла была́ в университе́те, а пото́м в поликли́нике у врача́.

❹ Людми́ле на́до пить лека́рство _____.

a) 2 ра́за в день неде́лю   b) 3 ра́за в день неде́лю

c) 2 ра́за в день 3 неде́ли   d) 3 ра́за в день 2 неде́ли

❺ 텍스트의 내용에 상응하는 문장을 고르세요.

a) У Людми́лы высо́кая температу́ра, но она́ пошла́ в апте́ку.

b) Ма́ма Людми́лы пошла́ в апте́ку, потому́ что у Людми́лы о́чень боли́т го́рло.

c) Людми́ла не мо́жет пойти́ в апте́ку, поэ́тому её сестра́ пошла́ в апте́ку.

러시아의 민담에도 착한 주인공을 도와주는 마법의 물건들이 등장합니다. 하늘을 나는 양탄자 (ковёр-самолёт)나 빨리 걷게 해 주는 장화(сапоги́-скорохо́ды), 마법의 식탁보 (ска́терть-самобра́нка), 투명 인간 모자 (ша́пка-невиди́мка) 등이 그것입니다.

하늘을 나는 양탄자나 빨리 걷게 해 주는 장화는 주인공이 재빠르게 움직일 수 있도록 도와줍니다. 빨리 걷게 해 주는 장화를 뜻하는 сапоги́-скорохо́ды는 ско́ро(빨리)와 ходи́ть(걸어다니다)라는 두 단어가 합쳐져 만들어진 단어입니다. ковёр-самолёт도 양탄자(ковёр)와 비행기(самолёт)라는 두 단어가 합쳐져서 만들어진 단어이고, самолёт 역시 сам(스스로)와 лета́ть(날다)라는 두 단어의 합성어입니다. 동화 속의 착한 주인공들은 하늘을 나는 양탄자를 타거나 빨리 걷게 해 주는 장화를 신고 사랑하는 여인을 구하러 머나먼 길을 떠나곤 합니다.

선량한 주인공이 먼 길을 떠날 때 큰 도움이 되는 또 하나의 물건이 마법의 식탁보(самобра́нка)입니다. самобра́нка는 сам(스스로)과 брать(잡다)로 이루어진 단어입니다. 피곤해진 주인공이 "마법의 식탁보야, 나를 좀 먹여 줘(Ска́терть-самобра́нка, накорми́ меня́)!"라고 외치면, 식탁보가 저절로 펴지고 그 위에는 산해진미가 가득 차려 집니다. 또 식사를 마치고 나면 저절로 접혀져 가방 속으로 들어갑니다.

또 주인공이 위험한 장소로 몰래 숨어 들어야 할 경우에 도움이 되는 것이 바로 투명 인간 모자 (ша́пка-невиди́мка)입니다. невиди́мка라는 단어는 'не ви́деть'라는 단어에서 파생된 것입니다. 주인공이 이 모자를 쓰고 모자의 뒤쪽이 앞으로 오게 하면 그의 몸이 투명하게 되어 적에게 보이지 않게 됩니다.

이 외에도 러시아 민담에는 주인공의 소원을 들어주는 마법의 몽둥이(волше́бная па́лочка)나 마술 피리(волше́бная ду́дочка), 주인공에게 길을 알려 주는 마법의 실타래(волше́бный клубо́к), 죽은 사람을 살리는 생명의 물(жива́я вода́), 산 사람도 죽이는 죽음의 물(мёртвая вода́) 등이 등장합니다.

제16과 Брат ста́рше сестры́.

남동생이 여동생보다 나이가 많아요.

복 습

A) 필요한 경우 전치사를 더해 괄호 안의 단어를 알맞은 형태로 쓰세요. 4번의 경우 두 가지의 보기 중 적절한 답을 고르세요.

1 Мы познако́мились _____ (преподава́тель Алексе́й Миха́йлович), _____ (кото́рый) рабо́тает _____. (Моско́вский университе́т)

2 Вчера́ мы разгова́ривали _____ (профе́ссор) _____. (э́тот учéбник ру́сского языка́)

3 Мы прочита́ли _____ (статья́) о _____ (совреме́нная му́зыка) _____. (молодёжный журна́л)

4 Эти студе́нты зна́ют _____, они́ непло́хо говоря́т и понима́ют _____. Они́ изуча́ют _____ 2 го́да. (коре́йский язы́к – по-коре́йски)

5 _____ (Ната́лья Влади́мировна) боли́т _____ (го́рло), _____ (она́) на́до пить _____ (лека́рство) 3 ра́за в день.

6 Ира купи́ла _____ (буты́лка) _____. (сок)

7 Де́душка вы́пил два _____ (стака́н) _____. (чай)

8 Сего́дня у _____ (мы) _____ (2,уро́к) _____. (ру́сский язы́к)

9 Молодо́му челове́ку, _____ (кото́рый) мы познако́мились вчера́, нра́вится занима́ться _____ . (спорт)

10 Моя́ сестра́ живёт _____ (Кана́да), ле́том я пое́ду _____ . (Кана́да, сестра́)

Б) 주어진 직접인용문을 간접인용문으로 바꾸어 보세요.

1 Преподава́тель сказа́л: «За́втра ле́кция начнётся не в 9, а в 10 часо́в».

▸ _____

2 Ива́н Анто́нович спроси́л Серге́я: «С кем ты перепи́сываешься?»

▸ _____

3 Зи́на спроси́ла подру́гу: «Ты уже́ перевела́ текст?»

▸ _____

4 Со́фья Миха́йловна сказа́ла сы́ну: «Тебе́ на́до занима́ться бо́льше».

▸ _____

5 Ма́ма спроси́ла де́душку: «Вы бу́дете ко́фе?»

▸ _____

6 Врач спроси́л Ве́ру: «На что вы жа́луетесь?»

▸ _____

7 Па́вел спроси́л Иру: «У тебя́ есть температу́ра?»

▸ _____

단어 статья́ 기사 | молодёжный 젊은이의 | жа́ловаться 불평하다 | На что вы жа́луетесь? 어디가 불편하신가요?

A 직접 인용 명령문을 간접인용문으로 만들기

▶ 〈1권〉에서 우리는 직접 인용된 평서문과 의문문을 간접인용문으로 바꾸는 방법을 익혔습니다. 이번에는 직접 인용된 명령문을 간접인용문으로 바꾸는 방법을 살펴봅시다. 직접 인용 명령문을 간접인용문으로 바꾸기 위해서는 접속사 **что́бы**를 사용합니다. 아래의 예문을 볼까요? "아버지가 아들에게 말씀하셨다: 신문 사 와라."라는 직접인용문을 "아버지가 아들에게 신문을 사오라고 하셨다."라는 간접인용문으로 바꾸어 봅시다.

- Оте́ц сказа́л сы́ну: «Купи́, пожа́луйста, газе́ту».
  1. Оте́ц сказа́л сыну́, что́бы он купи́л газе́ту.
  2. Оте́ц сказа́л, что́бы сын купи́л газе́ту.

▶ 명령형의 간접문은 1번 예문이나 2번 예문처럼 만들 수 있습니다. 또한 **что́бы**가 오면 종속절의 시제를 과거형으로 써야 하며, 직접 인용 명령문에 있던 **пожа́луйста**는 사라지게 됩니다.

연습문제 1 주어진 문장을 간접인용문으로 바꾸어 보세요.

❶ Мы попроси́ли преподава́теля: «Расскажи́те, пожа́луйста, о Москве́».

▶ _____

❷ Я попроси́ла Ната́шу: «Позвони́ мне ве́чером».

▶ _____

❸ Ве́ра сказа́ла Пе́те: «Не говори́ об э́том ма́ме и па́пе».

▶ _____

❹ Преподава́тель сказал студе́нту: «Прочита́й и переведи́ текст».

▶ _____

❺ Ма́ма сказа́ла до́чери: «Напиши́ письмо́ ба́бушке».

▶ _____

❻ Ири́на попроси́ла дру́га: «Помоги́ мне, пожа́луйста».

▸ _____

❼ Све́та попроси́ла Макси́ма: «Дай, пожа́луйста, слова́рь».

▸ _____

❽ Сестра́ сказа́ла Анто́ну: «Поезжа́й на метро́».

▸ _____

Б 복수 여격

▸ 앞에서 우리는 단수 주격, 생격, 여격, 대격, 조격, 전치격 등 러시아어 명사의 단수 6격형을 모두 배웠습니다. 이제 본격적으로 복수의 격변화를 익혀 봅시다. 〈1권〉의 2과에서 배웠던 복수 주격형을 다시 한번 복습하고, 본격적으로 복수 여격과 조격을 익혀 봅시다. 단수의 격변화와 복수의 격변화의 가장 큰 차이는 **복수 격변화는 남성, 여성, 중성에 따라 나뉘지 않고, 모두 하나로 변한다**는 사실입니다. 남성/여성/중성 명사 복수 여격 어미는 -ам이나 -ям인데 그 중 기본형은 -ам입니다. 다음의 경우에만 어미 -ям을 쓰고 그 외의 경우는 -ам을 쓰면 됩니다.

-ь로 끝나는 여성/남성 명사	учи́тель ▸ учителя́м, мать ▸ матеря́м
-я로 끝나는 여성/남성 명사	пе́сня ▸ пе́сням, дя́дя ▸ дя́дям
-й로 끝나는 남성 명사	трамва́й ▸ трамва́ям
-е로 끝나는 중성 명사	мо́ре ▸ моря́м

▸ 복수 주격이 불규칙한 명사들은 복수 여격 역시 불규칙합니다. 다음과 같은 명사의 복수 여격은 따로 암기해 두세요.

- друг ▸ друзья́м
- сын ▸ сыновья́м
- муж ▸ мужья́м
- лю́ди ▸ лю́дям

- брат ▸ бра́тьям
- стул ▸ сту́льям
- де́ти ▸ де́тям
- сосе́д ▸ сосе́дям

▸ 한편 형용사의 복수 여격 어미는 -ым과 -им입니다. 어간의 자음이 К, Г, Х, Ж, Ч, Ш, Щ로 끝나거나 (ма́ленький → ма́леньким) 연자음 형용사인 경우(си́ний → си́ним)를 제외하고는 -ым를 사용합니다.

▶ 소유 형용사, 재귀 형용사, 지시 형용사의 복수 여격형은 다음과 같습니다.

- мой ▶ мои́м
- твой ▶ твои́м
- наш ▶ на́шим

- ваш ▶ ва́шим
- свой ▶ свои́м
- э́тот ▶ э́тим

연습문제 2 밑줄 친 부분을 복수 여격으로 바꾸어 보세요.

보기
- Ви́ктор позвони́л своему́ дру́гу.
- ▶ Ви́ктор позвони́л свои́м друзья́м.

❶ Анто́н ча́сто помога́ет младшему бра́ту и сестре́.

▶ _____

❷ Студе́нты жела́ют своему́ преподава́телю здоро́вья.

▶ _____

❸ Мы расска́зываем о Коре́е иностра́нному студе́нту.

▶ _____

❹ Ба́бушка чита́ет ска́зку ма́ленькому ребёнку.

▶ _____

❺ Мы посла́ли откры́тки знако́мому челове́ку.

▶ _____

❻ Ва́шему ру́сскому го́стю понра́вился э́тот университе́т?

▶ _____

❼ Этому молодо́му челове́ку интере́сно изуча́ть ру́сский язы́к.

▶ _____

❽ Этой студе́нтке на́до бо́льше занима́ться.

▶ _____

복수 조격

▶ 남성/여성/중성 명사의 복수 조격 어미는 -ами와 ями인데, 그 중 기본형은 -ами입니다. 다음의 경우에
  만 -ями를 쓰고, 그 외의 경우에는 -ами를 쓰면 됩니다.

-ь로 끝나는 여성/남성 명사	учи́тель ▶ учителя́ми, мать ▶ матеря́ми
-я로 끝나는 여성/남성 명사	пе́сня ▶ пе́снями, дя́дя ▶ дя́дями
-й로 끝나는 남성 명사	трамва́й ▶ трамва́ями
-е로 끝나는 중성 명사	мо́ре ▶ моря́ми

▶ 다음 명사의 복수 여격은 별도로 암기해 두세요.

- друг ▶ друзья́ми
- сын ▶ сыновья́ми
- муж ▶ мужья́ми
- де́ти ▶ детьми́
- сосе́д ▶ сосе́дями

- брат ▶ бра́тьями
- стул ▶ сту́льями
- дочь ▶ дочерьми́
- лю́ди ▶ людьми́

▶ 한편 형용사 복수 조격 어미는 -ыми/-ими입니다. 어간의 자음이 К, Г, Х, Ж, Ч, Ш, Щ로 끝나거나
  (ма́ленький → ма́ленькими) 연자음 형용사인 경우(си́ний → си́ними)를 제외하고는 -ыми
  을 사용합니다.

▶ 소유 형용사, 재귀 형용사, 지시 형용사의 복수 조격형은 다음과 같습니다.

- мой ▶ мои́ми
- твой ▶ твои́ми
- наш ▶ на́шими

- ваш ▶ ва́шими
- свой ▶ свои́ми
- э́тот ▶ э́тими

연습문제 3 밑줄 친 부분을 복수로 바꾸어 보세요.

> **보기**
> • Я разгова́риваю <u>со свое́й подру́гой</u>.
> ▸ Я разгова́риваю <u>со свои́ми подру́гами</u>.

❶ Преподава́тель разгова́ривает <u>с на́шим но́вым студе́нтом</u>.

▸ _____

❷ Ольга перепи́сывается <u>с коре́йским дру́гом</u>.

▸ _____

❸ Лари́са лю́бит игра́ть <u>со свои́м ма́леньким ребёнком</u>.

▸ _____

❹ Макси́м познако́мился <u>с интере́сным молоды́м челове́ком</u>.

▸ _____

❺ Я давно́ не ви́делся <u>со ста́ршим бра́том и сестро́й</u>.

▸ _____

❻ Мы пое́дем в Москву́ <u>с на́шим преподава́телем ру́сского языка́</u>.

▸ _____

❼ Больно́й сове́туется <u>с о́пытным врачо́м</u>.

▸ _____

단어 ребёнок 아기 | больно́й 환자 | о́пытный 경험이 많은

Г 형용사/부사의 비교급

▸ 여러분은 지금까지 형용사와 형용사의 격변화를 익혔습니다. 이번 과에서는 형용사, 그리고 그간 다양하게 사용했던 부사의 비교급을 공부하려 합니다. 이미 알고 있는 것처럼 부사는 동사나 다른 형용사를 수식하는 품사입니다. «Он хорошо́ говори́т по-ру́сски»에서 хорошо́가 부사입니다. 러시아어의 형용

사/부사의 비교급에는 두 가지 종류가 있습니다. 하나는 **бóлее**를 더한 형태의 비교급이고, 또 하나는 형용사나 부사 자체의 어미를 바꾸어 만드는 비교급입니다.

▶ 먼저, **бóлее**를 더하는 비교급의 형태는 다음과 같습니다.

- Этот гóрод <u>бóлее</u> краси́вый, чем Сувóн.
- Ты пи́шешь <u>бóлее</u> краси́во, чем Антóн.

▶ 두 번째 방법은 **бóлее**를 더하는 형태의 비교급보다 훨씬 더 널리 사용되는데, 형용사 어미를 떼어내고 어간에 -ee나 -e를 붙이는 것입니다.

- краси́вый (краси́во) – краси́в + ee = краси́вее
- вку́сный (вку́сно) – вку́сн + ee = вкусне́е
- бы́стрый (бы́стро) – бы́стр + ee = быстре́е

이때 어간이 Д, Г, К, Т, Ч, СТ, Х로 끝나면 -ee가 아닌 -e를 붙이는데, 이 경우 자음 변환이 일어나게 됩니다.

г – ж	дорогóй 비싼	▶ дорóже
д – ж	молодóй 젊은	▶ молóже
к – ч	я́ркий 선명한	▶ я́рче
т – ч	крутóй 가파른	▶ кру́че
ст – щ	простóй 단순한	▶ прóще
х – ш	ти́хий 고요한	▶ ти́ше

▶ 다음은 불규칙한 비교급 형용사입니다. 별도로 암기해 두세요.

большóй / мнóго 큰/많이	бóльше
ма́ленький / ма́ло 작은/적게	ме́ньше
хорóший / хорошó 좋은/잘	лу́чше
плохóй / плóхо 나쁜/나쁘게	ху́же
ни́зкий / ни́зко 낮은/낮게	ни́же
высóкий / высокó 높은/높이	вы́ше
у́зкий / у́зко 좁은/좁게	у́же

широ́кий / широко́ 넓은/넓게	ши́ре
бли́зкий / бли́зко 가까운/가깝게	бли́же
далёкий / далеко́ 먼/멀리	да́льше
ре́дкий / ре́дко 드문/드물게	ре́же
ста́рый / старший 늙은/나이가 더 많은	ста́рше
ра́но 일찍	ра́ньше
по́здно 늦게	позднее (по́зже)
дешёвый /дёшево 싼/싸게	деше́вле

▶ 비교의 대상을 표현하는 방식도 두 가지로 나뉩니다. 하나는 〈비교급 + **чем**(~보다) + 비교의 대상〉을 쓰는 방식이고, 다른 하나는 〈비교급 + 비교 대상의 생격〉을 쓰는 방식입니다. 다음의 예문을 비교해 보세요.

- Воло́дя вы́ше, чем Серге́й.
- Ма́ма гото́вит лу́чше, чем Лари́са.
- Сеу́л бо́льше, чем Сувон.

- Воло́дя вы́ше Серге́я.
- Ма́ма гото́вит лу́чше Лари́сы.
- Сеу́л бо́льше Сувона.

▶ 회화에서는 «чем ~» 구문을 더 많이 사용합니다. 더욱이 «чем ~» 구문을 언제나 생격 구문으로 바꿀 수 있는 것도 아닙니다.

- В Москве́ холодне́е, чем в Сеу́ле.
  모스크바는 서울보다 춥다(직역: 모스크바에서는 서울에서보다도 춥다).
- Сего́дня тепле́е, чем вчера́. 오늘은 어제보다 따뜻하다.
- В университе́те интере́снее, чем в шко́ле.
  대학은 고등학교보다 재미있다(직역: 대학에서는 고등학교에서보다 재미있다).

위의 예문은 생격을 사용한 비교급 문장으로 바꿀 수 없습니다. 생격을 사용한 비교급 문장은 비교 대상이 주격인 경우에만 사용할 수 있기 때문입니다. 두 번째 예문의 **сего́дня**와 **вчера́** 명사가 아니라 부사이기에 생격형으로 만들 수 없습니다.

연습문제 4

A) 괄호 안의 단어를 비교급으로 바꾸세요.

❶ Сувон _____ (ма́ленький), чем Сеу́л.

❷ Кни́га _____ (интере́сный), чем фильм.

❸ Ната́ша _____ (симпати́чный) Ка́ти.

❹ Анто́н, чита́й (мно́го) _____ !

❺ Ви́ктор (молодо́й) _____ бра́та на 2 го́да.

❻ Ле́том в Сеу́ле _____ (жа́рко), чем в Москве́.

❼ Тебе́ на́до занима́ться спо́ртом _____ (ча́сто).

Б) 보기와 같이 문장을 완성해 보세요.

> 보기
>
> · Ира гото́вит вку́сно, а ма́ма ещё ~.
>
> Ира гото́вит вку́сно, а ма́ма ещё вкусне́е.

❶ Ми Хи хорошо́ говори́т по-ру́сски, а Чу Хи ещё _____ .

❷ Вади́м бы́стро бе́гает, а Са́ша ещё _____ .

❸ Су́мка тяжёлая, а чемода́н ещё _____ .

❹ Вчера́ бы́ло хо́лодно, а сего́дня ещё _____ .

❺ Макси́м пло́хо пла́вает, а Све́та ещё _____ .

▶ 영어에서도 비교급을 강조할 때는 very가 아니라 much나 even을 쓰는 것처럼 러시아어로도 비교급을 강조할 때는 о́чень이 아니라 ещё를 사용합니다.

▶ 두 대상을 비교하면서 차이의 정도를 밝히고 싶을 때는 〈на + 대격〉을 사용합니다. 예를 들어, "그는 나보다 다섯 살이 많다."고 말하고 싶으면, «Он ста́рше меня́ на пять лет.» 이라고 하면 됩니다. 또 이러한 답을 유도할 수 있는 질문은 «На ско́лько (лет) твой брат ста́рше тебя́?»입니다.

연습문제 5 보기 와 같이 비교급 문장을 만들어 보세요.

> 보기
>
> · Макси́му 12 лет, а Иго́рю 14 лет.
>
> ▶ Макси́м моло́же И́горя на 2 го́да.
>
> ▶ И́горь ста́рше Макси́ма на 2 го́да

❶ Па́пе 51 год, а ма́ме 48 лет.

▶ _____   ▶ _____

❷ Бра́ту 19 лет, а сестре́ 25 лет.

▶ _____ ▶ _____

❸ Ба́бушке 73 го́да, а де́душке 74 го́да.

▶ _____ ▶ _____

❹ Мне 22 го́да, а Ива́ну 26 лет.

▶ _____ ▶ _____

❺ Сы́ну 11 лет, а до́чери 18 лет.

▶ _____ ▶ _____

연습문제 6 보기 와 같이 문장을 바꾸어 보세요.

> 보기   • Ни́на краси́вее, чем Ве́ра. ▶ Ни́на краси́вее Ве́ры.

❶ Вади́м у́чится лу́чше, чем Оле́г.

▶ _____

❷ Оля говори́т по-коре́йски ху́же, чем Мари́на.

▶ _____

❸ Наш дом бо́льше, чем ваш.

▶ _____

❹ Они́ танцу́ют краси́вее, чем мы.

▶ _____

❺ На́дя чита́ет быстре́е, чем Ва́ля.

▶ _____

연습문제 7 «чем ~»을 이용한 비교급 문장과 생격을 이용한 비교급 문장을 각각 5개씩 만들어 보세요.

Д   접속사 И, А, НО

▶ 여러분이 이미 잘 알고 있는 접속사 И, А, НО에 관하여 정리해 봅시다. 먼저 접속사 И는 다음과 같은 경우에 사용됩니다.

1. 동시 동작을 표현할 때

- Па́па обе́дал и смотре́л телеви́зор. 아빠는 점심을 드시면서 TV를 보셨다.
  (= Когда́ па́па обе́дал, он смотре́л телеви́зор.)

2. 순차 동작을 표현할 때

- Де́ти пообе́дали и пошли́ в кино́. 아이들은 점심을 먹고 나서 영화관에 갔다.
  (= Когда́ дети пообе́дали, они пошли́ в кино́.)

3. 논리적인 연결을 표현할 때(= поэ́тому)

- Идёт дождь, и мы не пое́хали на мо́ре. 비가 와서 우리는 바닷가에 가지 않았다.
  (=Идёт дождь, поэ́тому мы не пое́хали на мо́ре.)
- Я мно́го рабо́тал и о́чень уста́л. 나는 일을 많이 해서 매우 피곤하다.
  (=Я мно́го рабо́тал, поэ́тому о́чень уста́л.)

▶ 접속사 А는 다음과 같은 경우에 사용됩니다.

1. НЕ ~, А ~의 구문에서

- Это не шко́ла, а университе́т. 이것은 고등학교가 아니라 대학교이다.
- Он не у́чится, а рабо́тает. 그는 학생이 아니라 직장인이다(그는 공부하지 않고 일한다).
- Сего́дня не хо́лодно, а тепло́. 오늘은 춥지 않고 따뜻하다.
- Это не бо́льшой го́род, а ма́ленький. 이것은 대도시가 아니라 소도시이다.

2. А ~ Ещё ~의 비교급 구문에서

- Ве́ра краси́вая, а Ни́на ещё краси́вее. 베라는 아름답지만, 니나가 더 아름답다.

3. A는 ~을 하고, Б는 ~을 한다

- **Па́па рабо́тает, а ма́ма не рабо́тает.** 아빠는 일하시고, 엄마는 일하지 않으신다.
- **Анто́ну ве́село, а мне гру́стно.** 안톤은 기분이 좋은데, 나는 우울하다.
- **Со́ня у́чится в шко́ле, а Ма́ксим в университе́те.**
  소냐는 고등학교에서 공부하고, 막심은 대학에서 공부한다.
- **Бра́ту 20 лет, а сестре́ 16.** 형은 스무 살이고, 누나는 열 여섯 살이다.

▶ 접속사 HO는 앞의 절과 모순적인 내용을 연결할 때 사용합니다. 논리적으로 생각할 때 당연한 귀결을 뒤집을 때 쓰는데, 예를 들어 '오래 러시아에 살았지만, 러시아 지리를 모른다.' 같은 문장에서 '~지만에 해당하는 표현이라고 할 수 있습니다.

- **Я мно́го рабо́тал, но не уста́л.** 나는 많이 일했지만 피곤하지 않다.
- **Он до́лго изуча́ет ру́сский язы́к, но пло́хо говори́т по-ру́сски.**
  그는 러시아어를 오랫동안 공부했지만 말을 잘 못한다.
- **Ольга хоте́ла пое́хать ле́том в Москву́, но не пое́хала.**
  올가는 여름에 모스크바에 가고 싶었지만 가지 못했다.

연습문제 8 빈칸에 **и, а, но** 중 적절한 접속사를 골라 넣으세요.

❶ Вади́м заболе́л, _____ не пошёл в университе́т.

❷ Мари́на заболе́ла, _____ пошла́ в университе́т на ле́кцию.

❸ Сын заболе́л, _____ дочь не заболе́ла.

❹ Я бы́стро поза́втракал _____ пое́хал в библиоте́ку.

❺ Я бы́стро поза́втракал, _____ сестра́ до́лго за́втракала.

❻ Вопро́с не тру́дный, _____ о́чень лёгкий.

❼ Вопро́с был тру́дным, _____ Ко́ля не смог отве́тить на него́.

❽ Вопро́с был тру́дным, _____ Ди́ма отве́тил на него́.

❾ Ната́ша изуча́ет коре́йския язы́к 5 лет, _____ Све́та то́лько год.

❿ Ма́ша хорошо́ говори́т по-англи́йски, _____ Та́ня ещё лу́чше.

단어

тру́дный 어려운 | смочь 할 수 있다

ДАВА́ЙТЕ ПОГОВОРИ́М!

연습문제 1 주어진 문장에 형용사를 더하여 읽어 보세요.

> 보기   • Мне на́до купи́ть чай. ▶ Мне надо купи́ть зелёный чай.

❶ Мне ну́жен костю́м.   ▶ _____

❷ Мы познако́мились с писа́телем.   ▶ _____

❸ Нам понра́вился ко́фе.   ▶ _____

❹ Де́вочке хо́лодно.   ▶ _____

❺ Бра́ту 12 лет.   ▶ _____

❻ Студе́нты должны́ сдать экза́мен.   ▶ _____

❼ Вади́м игра́ет в те́ннис с де́вушкой.   ▶ _____

연습문제 2 문장의 시작을 읽고, 문장을 완성해 보세요.

❶ Вчера́ мы встре́тили _____ .

❷ Вчера́ мы встре́тились _____ .

❸ Дени́с занима́ется _____ .

❹ Сестра́ у́чится _____ .

❺ Я зна́ю _____ .

❻ Андре́ю не понра́вился _____ .

❼ Ма́ша лю́бит _____ .

❽ Я сове́тую _____ .

❾ Лари́са хо́чет рабо́тать _____ .

❿ Студе́нтам _____ .

⓫ Нам интере́сно _____ .

16과 Брат ста́рше сестры́.   167

⓬ Дéдушка был _____ .

⓭ Чем ты _____ ?

⓮ О чём вы _____ ?

⓯ У Алексéя Михáйловича _____ .

⓰ Дéти съéли _____ .

연습문제 3 복수 여격과 복수 조격형의 형용사와 명사를 사용하여 주어진 질문에 답하세요.

А)

❶ Комý вы чáсто звонúте?

❷ Комý вы читáете скáзки?

❸ Комý вы расскáзываете о своём путешéствии?

❹ Комý вы пúшете пúсьма?

❺ Комý вы послáли открытки?

❻ Комý понрáвился ваш университéт?

❼ Комý нрáвится изучáть рýсский язык?

Б)

❶ С кем вы перепúсываетесь?

❷ С кем вам интерéсно разговáривать?

❸ С кем вы познакóмились в Москвé?

❹ С кем вы игрáете в баскетбóл?

❺ С кем вы не хотúте дружúть?

연습문제 4 보기와 같이 짧은 대화문을 만들어 보세요.

> 보기
>
> • Чу Хи хорошо́ говори́т по-ру́сски.
>   А Сон Ок говори́т ещё лу́чше.

❶ Ле́на краси́во танцу́ет.

А Ната́ша _____.

❷ Ви́ктор хорошо́ у́чится.

А Влади́мир _____.

❸ Са́ша мно́го чита́ет.

А Кла́ра _____.

❹ Ма́ма ме́дленно хо́дит.

А ба́бушка _____.

❺ Серге́й бы́стро пла́вает.

А Же́ня _____.

❻ Па́па ра́но встаёт.

А ма́ма _____.

연습문제 5 주어진 문장을 완성해 보세요.

❶ Оле́г ста́рше _____.

❷ Мари́на рису́ет лу́чше _____.

❸ Эта у́лица ши́ре _____.

❹ Наш университе́т бо́льше _____.

❺ Све́та пи́шет пи́сьма ча́ще _____.

❻ Сего́дня холодне́е _____.

❼ Сего́дня оте́ц верну́лся домо́й по́зже _____.

축하 인사

▶ 러시아인은 다음의 구문을 이용하여 축하 인사를 전합니다.

1. поздравля́ть	кого́?	с чем?
Поздравля́ю	вас	с пра́здником! 명절을 축하합니다! с Но́вым го́дом! 새해를 축하합니다! с Рождество́м! 성탄을 축하합니다! с днём рожде́ния! 생일을 축하합니다! с же́нским днём! 여성의 날을 축하합니다! с новосе́льем! 이사를 축하합니다!
2. жела́ть – пожела́ть	кому́?	чего́?
Жела́ю	вам	здоро́вья! 건강을 빕니다. сча́стья! 행복을 빕니다. успе́ха! 성공을 빕니다. уда́чи! 성공을 빕니다. всего́ хоро́шего! 좋은 일 많으시길 빕니다! всего́ до́брого! 좋은 일 많으시길 빕니다!

다음의 대화를 듣고 따라 해 보세요.

1) Track 16-1

- Здрáвствуйте, Татья́на Сергéевна, поздравля́ю вас с Нóвым гóдом!
  안녕하세요, 타티아나 세르게예브나, 새해를 축하드립니다

- Спасúбо, Михаúл Васúльевич, я тóже поздравля́ю вас!
  고마워요, 미하일 바실리예비치, 저도 축하드려요.

- Желáю вам здорóвья и счáстья. 건강하고 행복하십시오.

- Я тóже желáю вам всегó дóброго. 저도 좋은 일이 많으시길 기원합니다.

- Спасúбо. 감사합니다.

2) Track 16-2

- Натáша, поздравля́ю тебя́ с прáздником! 나타샤, 축일을 축하해!

- Спасúбо. Я тóже поздравля́ю тебя́! 고마워. 나도 축하해!

- Это тебé. 이건 너를 위한 거야.

- Какóй красúвый альбóм! Большóе спасúбо. А э́то тебé.
  앨범 너무 예쁘다! 정말 고마워. 이건 네 거야.

- Замечáтельный гáлстук! Большóе спасúбо. 멋진 넥타이네! 정말 고마워.

3) Track 16-3

- Оля, привéт! Ты сегóдня хорошó вы́глядишь! И э́то нóвое плáтье тебé óчень

  идёт! А почему́ ты сегóдня такáя красúвая?
  올랴, 안녕! 너 오늘 좋아 보인다! 그 새 원피스도 너에게 아주 잘 어울려! 오늘 왜 이렇게 예쁜 거야?

- У меня́ день рождéния. 나 오늘 생일이야.

- Поздравля́ю! Желáю тебé здорóвья, счáстья, удáчи! 축하해! 건강과 행복, 성공을 빈다.

- Большóе спасúбо, Сáша! Сегóдня вéчером мы с друзья́ми идём в кафé «Веснá».

  Приходú в кафé в 6 часóв.
  정말 고마워, 사샤! 오늘 저녁에 나는 친구들과 카페 '봄'에 가. 여섯 시까지 카페로 와.

- Ве́чером у меня́ ку́рсы англи́йского языка́, поэ́тому я приду́ чуть по́зже, в 6:30.

  Хорошо́? 저녁에는 영어 수업이 있어. 그래서 좀 늦게, 여섯 시 삼십 분에 갈게. 괜찮아?

- Хорошо́. Обяза́тельно приходи́. 좋아. 꼭 와!

4) `Track 16-4`

- Вади́м, я перее́хала в но́вый дом. 바딤, 나 새 집으로 이사했어.

- Поздравля́ю с новосе́льем, Аня! Где ты тепе́рь живёшь?
  이사한 걸 축하해, 아냐! 너 이제는 어디에 살아?

- На у́лице Толсто́го. Приходи́ в го́сти. 톨스토이 거리에 살아. 놀러 와.

- С удово́льствием приду́. 기꺼이 가지.

- Ты мо́жешь в суббо́ту в 5 часо́в? 토요일 5시에 올 수 있어?

- Могу́. 갈 수 있어.

- Запиши́ а́дрес: у́лица Толсто́го, дом 23, кварти́ра 10. 주소 적어. 톨스토이 거리, 23동 10호.

- Записа́л. 적었어.

- Жду тебя́ в суббо́ту. 그래, 토요일에 기다릴게.

연습문제 6 [대화 4]를 다시 한번 읽고 직접문을 간접문으로 바꾸어 이야기해 보세요.

연습문제 7 친구나 선생님, 친지들을 축하해 보세요. 어떤 선물을 할지도 생각하여, 대화문을 만들어 보세요.

연습문제 8 짧은 텍스트를 듣고 텍스트 전체를 암기하여 따라 해 보세요.

❶ `Track 16-5`

Макси́м пригласи́л Лю́ду в кино́ в суббо́ту ве́чером. Но Лю́да не мо́жет пойти́ в кино́ в суббо́ту, потому́ что у её па́пы день рожде́ния. Макси́м и Лю́да пойду́т в кино́ в воскресе́нье.

❷ `Track 16-6`

Я хочу́ рассказа́ть о своём де́душке. Сейча́с ему́ 76 лет, и он пенсионе́р. А ра́ньше де́душка был инжене́ром – строи́телем. Де́душка постро́ил гости́ницу, кото́рая нахо́дится напро́тив на́шего до́ма.

❸ `Track 16-7`

Сего́дня Ва́ля заболе́ла. У неё высо́кая температу́ра, боли́т голова́. Ва́ля вы́звала врача́. Врач сказа́л, что Ва́ле на́до пить лека́рство 4 ра́за в день.

❹ `Track 16-8`

Ско́ро Но́вый год. Я купи́ла краси́вые откры́тки. Я поздра́вила ма́му, па́пу, бра́та и сестру́ с Но́вым го́дом. Я посла́ла две откры́тки в Росси́ю свои́м ру́сским друзья́м.

단어 пенсионе́р 연금생활자 | строи́тель 건설기사 | посла́ть 보내다 | откры́тка 엽서

연습문제 9 주어진 답을 유도할 수 있는 질문을 만들되, 밑줄 친 부분이 있는 경우는 그 부분이 답이 될 수 있는 질문을 만들어 보세요.

❶ - _____?

- Я ходи́л в кино́ с друзья́ми.

❷ - _____?

- Я сове́тую Вади́му бо́льше занима́ться.

❸ - _____?

- Мы познако́мились с иностра́нными студе́нтами.

❹ - _____ ?

- Нет, я ста́рше Анто́на.

❺ - _____ ?

- Макси́м ста́рше Же́ни <u>на 5 лет</u>.

❻ - _____ ?

- Я занима́юсь та́нцами <u>ка́ждую пя́тницу</u>.

❼ - _____ ?

- Мы игра́ли в футбо́л <u>2 часа́</u>.

❽ - _____ ?

- Преподава́тель жела́ет <u>студе́нтам</u> успе́ха.

❾ - _____ ?

- Вчера́ я весь день <u>занима́лся</u>.

❿ - _____ ?

- Я е́ду <u>к ба́бушке и к де́душке</u>.

연습문제 10 대화를 완성해 보세요.

❶ - _____ ?

- Да, есть и брат, и сестра́.

- _____ ?

- Брат ста́рше сестры́.

- _____ ?

- На 3 го́да.

❷ - _____ .

- Спаси́бо за поздравле́ние.

- _____ .

- Я то́же жела́ю вам сча́стья.

❸ - _____ .

- С удово́льствием приду́. Когда́?

- _____ .

- А како́й а́дрес?

- _____ .

❹ - Это тебе́.

- Спаси́бо! _____ !

❺ - Дава́й пойдём в бассе́йн в суббо́ту.

- _____ .

- Тогда́, мо́жет быть, в воскресе́нье?

- _____ .

- В 5 часо́в.

- _____ .

- Хорошо́. До встре́чи.

АУДИ́РОВАНИЕ

연습문제 1 주어진 대화를 듣고 질문에 답하세요. `Track 16-9`

❶ Ско́лько ей лет?

a) 19   b) 20   c) 21   d) 22

❷ У неё есть _____ .

a) ста́рший брат и ста́ршая сестра́

b) ста́рший брат и мла́дшая сестра́

c) мла́дший брат и мла́дшая сестра́

d) мла́дший брат и ста́ршая сестра́

연습문제 2 주어진 문장을 들으세요. 듣고 들은 문장과 아래 쓰여진 문장을 비교해 보세요. 서로 다른 부분이 있으면 찾아서 들은 문장과 같도록 고치세요. `Track 16-10`

❶ Поздравля́ю тебя́ с днём рожде́ния! Жела́ю тебе́ здоро́вья, уда́чи, сча́стья!

❷ Све́та, мы с друзья́ми сего́дня идём в рестора́н «Звезда́». Ты приходи́ в рестора́н в 8 часо́в.

연습문제 3 먼저 텍스트를 듣고 이어 텍스트에 대한 질문을 들으세요. 각각의 질문에는 **ДА** 혹은 **НЕТ**로 답하세요. `Track 16-11`

❶ _____   ❷ _____   ❸ _____

❹ _____   ❺ _____   ❻ _____

❼ _____   ❽ _____   ❾ _____

널리 알려진 러시아 민담의 주인공 중 하나인 콜로복(Колобóк)은 사람도 동물도 아닌 둥근 빵입니다. 여러분도 어디선가 들어 본 적이 있는 미국 동화 <Gingerbread man>과 유사한 민담 '콜로복'의 줄거리는 다음과 같습니다.

옛날 옛적 어느 시골 마을에 사는 가난한 할머니와 할아버지가 마지막 남은 밀가루를 긁어 모아 콜로복을 구웠습니다. 노릇노릇하게 잘 구워진 둥근 빵을 식히려고 잠시 창틀에 세워 둔 사이, 콜로복이 냉큼 접시에서 뛰어내려 데굴데굴 굴러가기 시작합니다. 쫓아오는 할머니와 할아버지를 잘도 피해 마을 길을 굴러가며 노래도 부르고, 숲속 친구들과 인사도 나눕니다. 길에서 마주치는 토끼, 곰, 늑대가 모두 콜로복을 먹어 치우고 싶어 합니다. 결국 콜로복은 꾀 많은 여우에게 잡혀 먹히고 맙니다. 이 민담을 통해서 알 수 있는 것처럼, 러시아에서도 여우는 약삭빠르고 영리한 동물로 그려집니다.

현대어에서는 이미 고유 명사처럼 사용되는 '콜로복'을 키가 작고 뚱뚱한 사람을 놀리는 별명으로도 사용합니다.

제17과	**Ско́лько у вас бра́тьев и сестёр?**

당신은 남동생과 여동생이 몇 명인가요?

복 습

괄호 안의 단어들을 알맞은 형태로 쓰세요. 필요한 경우 전치사를 더하세요.

1 Я сове́тую ＿＿＿＿＿＿＿ (бра́тья и сёстры) ча́ще помога́ть ＿＿＿＿＿＿＿ (роди́тели).

2 ＿＿＿＿＿＿＿＿＿＿＿＿＿＿＿ (Эта симпати́чная молода́я де́вушка) о́чень нра́вится занима́ться ＿＿＿＿＿＿＿ (аэро́бика).

3 Ра́ньше оте́ц был ＿＿＿＿＿＿＿ (инжене́р), он рабо́тал ＿＿＿＿＿＿＿ (больша́я строи́тельная компа́ния), но тепе́рь он на пе́нсии.

4 ＿＿＿＿＿＿＿ (Вади́м) ＿＿＿＿＿＿＿＿＿＿ (высо́кая температу́ра), потому́ что ＿＿＿＿＿＿＿ (он) ＿＿＿＿＿＿＿ (грипп).

5 Студе́нты, ＿＿＿＿＿＿＿ (кото́рый) изуча́ют ＿＿＿＿＿＿＿＿＿＿ (францу́зский язы́к, по-францу́зски), хорошо́ говоря́т ＿＿＿＿＿＿＿＿＿＿ (францу́зский язы́к, по-францу́зски).

6 Поздравля́ем＿＿＿＿＿＿＿ (вы) с ＿＿＿＿＿＿＿ (Но́вый год). Жела́ем ＿＿＿＿＿＿＿ (вы) ＿＿＿＿＿＿＿＿＿＿ (здоро́вье и сча́стье).

7 Ле́том Сон Ми пое́дет ＿＿＿＿＿＿＿ (Австра́лия) ＿＿＿＿＿＿＿ (свой, друзья́), ＿＿＿＿＿＿＿ (кото́рый) она́ перепи́сывается 3 го́да.

단어 ча́ще (ча́сто의 비교급) 더 자주 | строи́тельная компа́ния 건설회사 | пе́нсия 연금 | (быть) на пе́нсии 연금 생활을 하다

ГОВОРИ́ТЕ ПРА́ВИЛЬНО!

A 복수 생격

▶ 이번 과에서는 명사와 형용사의 복수 생격형을 살펴보도록 합시다. 복수 생격은 아래와 같은 경우에 사용됩니다.

1. 5~20, 20 이상의 숫자 중 끝자리가 0~5로 끝나는 수 다음에

• 5 домо́в, 12 ме́сяцев, 36 дете́й, 10 я́блок

2. ско́лько, мно́го, ма́ло, не́сколько와 셀 수 있는 명사가 결합할 때

• мно́го студе́нтов, ма́ло иностра́нцев, не́сколько тетра́дей и книг

▶ 자, 그럼 이제 명사의 복수 생격의 형태를 살펴봅시다. 예문에서 본 것처럼 복수 생격 어미는 -ей, -ев, ов, 제로어미(-#형)의 네 가지로 나뉩니다. 먼저 어미가 -ей로 끝나는 경우를 살펴봅시다.

-ЕЙ	
А. -ь로 끝나는 남성/여성 명사	
слова́рь ▶ 5 словаре́й	тетра́дь ▶ 10 тетра́дей
мать ▶ матере́й	дочь ▶ дочере́й
Б. -ж, -ч, -ш, -щ로 끝나는 남성 명사	
врач ▶ мно́го враче́й	нож ▶ 8 ноже́й
каранда́ш ▶ не́сколько карандаше́й	плащ ▶ 5 плаще́й

연습문제 1 주어진 명사를 알맞은 형태로 넣어 보세요.

❶ В на́шем университе́те 587 _____ (преподава́тель).

❷ Ско́лько у вас бы́ло _____ (гость).

❸ У них 5 _____ (дочь).

❹ У меня́ не́сколько _____ (това́рищ).

❺ Ско́лько _____ (врач) рабо́тает в э́той больни́це?

❻ Мне на́до купи́ть не́сколько ну́жных _____ (вещь).

❼ В Москве́ мно́го _____ (пло́щадь).

❽ Ско́лько _____ (эта́ж) в ва́шем до́ме?

단어 това́рищ 동무, 친구 | вещь 물건 | пло́щадь 광장 | эта́ж 층

▶ 이제 복수 생격 어미가 -ев나 -ов로 끝나는 경우를 살펴봅시다. -й와 -ц로 끝나는 남성 명사의 복수 어미는 -ев이고 -ж, -ч, -ш, -щ, -ц, -ь, -й 이외의 자음으로 끝나는 남성 명사의 어미는 -ов입니다.

-ЕВ	
А. -й로 끝나는 남성 명사	
музе́й ▶ 5 музе́ев	трамва́й ▶ мно́го трамва́ев
Б. -ц로 끝나는 남성 명사	
ме́сяц ▶ 10 ме́сяцев	америка́нец ▶ 5 америка́нцев

┤ 주의하세요! ├

МЕ́СЯЦЕВ vs. ОТЦО́В

▶ -ц로 끝나는 남성 명사라 하더라도 만일 강세가 어미에 오게 되면 어미 -ев가 아닌 -ов를 취합니다. 이때 아래 명사들의 복수 생격형에서 발견되는 모음 탈락(e 모음 소실)에도 주의하세요.

- оте́ц ▶ отцо́в
- огуре́ц ▶ огурцо́в
- певе́ц ▶ певцо́в
- коне́ц ▶ концо́в

-ОВ
-ж, -ч, -ш, -щ, -ц, -й, -ь 외의 자음으로 끝나는 모든 남성 명사
студе́нт ▶ 20 студе́нтов   дом ▶ мно́го домо́в   парк ▶ не́сколько па́рков

연습문제 2 괄호 안에 주어진 단어를 적절한 형태로 바꾸세요.

❶ Мы изуча́ем ру́сский язы́к не́сколько _____ (ме́сяц).

❷ В го́роде мно́го _____ (авто́бус и трамва́й).

❸ В на́шем университе́те 17 _____ (факульте́т).

❹ Сего́дня тепло́, + 25 _____ (гра́дус).

❺ Мы вы́пили 7 _____ (стака́н) со́ка.

❻ И́горь купи́л 6 _____ (биле́т) в кино́.

❼ В на́шем университе́те у́чится мно́го _____ (япо́нец, америка́нец, францу́з, не́мец).

❽ Здесь мно́го _____ (иностра́нец).

гра́дус (온)도 | францу́з 프랑스인 | не́мец 독일인 | иностра́нец 외국인

▶ 이제 가장 복잡하게 여겨질 수 있는 제로어미(-#)형의 복수 생격 명사들을 살펴봅시다.

-#
A. 여성 명사(-а, -я)와 중성 명사(-о, -е)
мину́та ▸ 10 мину́т   сло́во ▸ не́сколько слов неде́ля ▸ неде́ль   учи́лище ▸ учи́лищ 주의할 것은 -я로 끝나는 여성 명사의 복수 생격에는 -ь이 더해진다는 점입니다. 이는 어미가 붙는 것이 아니라 л을 연음으로 발음해야 한다는 것을 표시하는 연음 부호입니다.
Б. -ия로 끝나는 여성 명사와 -ие로 끝나는 중성 명사의 복수 생격 어미는 -ий
ле́кция ▸ 5 ле́кций   зда́ние ▸ не́сколько зда́ний ий의 어미로 끝나기 때문에 여러분에게는 제로어미로 보이지 않겠지만 이 역시 문법적으로는 제로어미에 속합니다.
В. -ин으로 끝나는 남성 활성 명사
англича́нин ▸ 5 англича́н   гражданин ▸ не́сколько гра́ждан 물론 불활성 명사는 이에 해당하지 않습니다. магази́н ▸ мно́го магази́нов
Г. 상시 복수 명사
но́жницы ▸ не́сколько но́жниц

연습문제 3 괄호 안에 주어진 단어를 알맞은 형태로 쓰세요.

❶ В на́шем университе́те не́сколько _____ (общежи́тие).

❷ В те́ксте мно́го но́вых _____ (сло́во).

❸ На столе́ не́сколько _____ (я́блоко и гру́ша).

❹ Сейча́с 3 часа́ 45 _____ (мину́та).

❺ Я сде́лал не́сколько _____ (фотогра́фия).

❻ У Ни́ны мно́го _____ (подру́га).

❼ На на́шем факульте́те у́чится 10 _____ (англича́нин).

❽ В Сеу́ле мно́го краси́вых _____ (у́лица).

❾ У меня́ не́сколько _____ (брю́ки).

단어   гру́ша 배 | англича́нин 영국인 | у́лица 거리

┤ **주의하세요!** ├

РУ́ЧКА ▶ РУ́ЧЕК

▶ ру́чк-а, де́вушк-а, окн-о́, су́тк-и 등과 같이 어미 앞에 к를 포함한 이중 자음이 오는 명사들은 제로어미의 복수 생격형을 만들 때 이중 자음 사이에 모음 -о나 -е를 넣어야 합니다. 이때 к 앞에 ж, ч, ш 가 오면 -е-를(ру́чка -5 ру́чек), 그 외의 자음이 오면 -о-를(окно́ – 5 о́кон) 를 넣어 줍니다.

- ру́чка – 5 ру́чек
- подру́жка – 5 подру́жек
- окно́ – 5 о́кон
- де́вушка – 5 де́вушек
- ма́рка – 5 ма́рок

▶ 물론 이중 자음이 오더라도 그 중 к가 포함되지 않으면 모음을 더하지 않습니다.

- ме́сто – 5 мест

연습문제 4   **보기** 와 같이 주어진 단어를 적절한 형태로 바꾸어 보세요.

> **보기**   • ча́шка ▶ 9 ча́шек

❶ студе́нтка   ▶ 10 _____

❷ до́чка   ▶ 5 _____

❸ игру́шка   ▶ не́сколько _____

❹ откры́тка   ▶ 100 _____

❺ буты́лка   ▶ 5 _____

❻ ба́нка   ▶ 6 _____

❼ вну́чка   ▶ 5 _____

❽ су́тки   ▶ 7 _____

단어   игру́шка 장난감 | вну́чка 손녀 | су́тки 하루, 24시간

Б   불규칙 복수 생격

▶ 다음의 명사들은 복수 생격형이 불규칙합니다. 별도로 암기해 두세요.

друг ▶ друзе́й	сестра́ ▶ сестёр
сын ▶ сынове́й	семья́ ▶ семе́й
сосе́д ▶ сосе́дей	копе́йка ▶ копе́ек
брат ▶ бра́тьев	пе́сня ▶ пе́сен
стул ▶ сту́льев	письмо́ ▶ пи́сем
де́рево ▶ дере́вьев	мо́ре ▶ море́й
пла́тье ▶ пла́тьев	де́ти ▶ дете́й
лист (де́рева) ▶ ли́стьев	лю́ди ▶ люде́й
лист (бума́ги) ▶ листо́в	очки́ ▶ очко́в
и́мя ▶ имён	ту́фли ▶ ту́фель
раз ▶ раз	де́ньги ▶ де́нег
челове́к ▶ челове́к	часы́ ▶ часо́в
год ▶ лет	

ЧЕЛОВÉК vs. ЛЮДÉЙ

▶ 앞서 배운 불규칙 복수 생격 명사들을 익히며 여러분은 어떤 의문이 들었을 것입니다. 분명 이 책 〈1권〉 2과에서 명사의 복수형을 익힐 때 челове́к의 복수는 лю́ди라고 되어 있었는데, 불규칙 복수 생격 목록에는 лю́ди의 복수 생격이 люде́й로, челове́к의 복수 생격이 челове́к으로 나와 있으니 다소 혼란스럽게 생각될 수 있습니다. челове́к의 복수가 лю́ди이고, лю́ди의 복수 생격이 люде́й인 것은 맞습니다. 다만 어떤 경우에는 челове́к의 복수 생격으로 челове́к을 써야 하기 때문에 위와 같은 불규칙 복수 생격 명사의 목록이 만들어진 것입니다.

▶ 복수 생격 челове́к은 복수 생격을 요구하는 수사, ско́лько, не́сколько와 결합할 때 사용되고, 복수 생격 люде́й는 (не)мно́го, (не)ма́ло와 결합할 때 사용됩니다.

челове́к(복수 생격)	люде́й
5~20, 25~30,··· челове́к Ско́лько челове́к ···? Не́сколько челове́к···	мно́го (немно́го) люде́й ма́ло (нема́ло) люде́й

연습문제 5 괄호 안에 주어진 명사를 적절한 형태로 바꾸어 쓰세요.

❶ В на́шем университе́те рабо́тает 1786 _____
(профéссор и преподава́тель).

❷ У нас нет _____ (ша́хматы).

❸ Кни́га сто́ит 120 _____ (рубль) 50 _____ (копе́йка).

❹ У меня́ нет _____ (часы́), скажи́те, пожа́луйста, кото́рый час?

❺ Лéна купи́ла 6 _____ (откры́тка), 5 _____ (конвéрт) и
нéсколько _____ (ма́рка).

❻ Мы вы́пили нéсколько _____ (ча́шка) ко́фе.

❼ Ба́бушка купи́ла 5 _____ (паке́т) молока́.

❽ На ры́нке всегда́ мно́го _____ (о́вощ и фрукт).

❾ Ви́ктор хо́чет купи́ть слова́рь, но у него́ ма́ло _____ (де́ньги).

❿ Оле́г сирота́, у него́ нет _____ (роди́тель).

⓫ В го́роде мно́го _____ (теа́тр и музе́й).

⑫ На на́шем факульте́те мно́го _____ (иностра́нец).

⑬ Ско́лько _____ (ме́сяц) вы бы́ли во Владивосто́ке?

⑭ У Чу Хи 5 _____ (брат и сестра́).

단어 конве́рт 봉투 | сирота́ 고아 | роди́тель 부모

B   상시 단수 명사의 생격형

▶ 여러분이 이미 알고 있는 것처럼 러시아어에는 항상 단수로만 사용되는 명사도 있습니다(이에 관하여는
별표 3 을 참조하세요). 그런 명사들은 не́сколько와는 결합할 수 없으며, ма́ло, мно́го, нема́ло,
немно́го, ско́лько 등의 명사와 결합할 때는 단수 생격의 형태를 취합니다.

- В аудито́рии мно́го столо́в и сту́льев. 강의실에 책상과 의자들이 많다.
- На ры́нке мно́го карто́феля, капу́сты, лу́ка, морко́ви.
  시장에는 감자, 양배추, 양파, 당근이 많다.

연습문제 6 괄호 안에 주어진 단어를 보고 단수 생격 혹은 복수 생격 형태로 적절하게 바꾸어 빈칸에 쓰세요.

❶ У Оле́га мно́го _____ (друг и това́рищ).

❷ В магази́не мы купи́ли немно́го _____ (мя́со и сыр).

❸ У нас ма́ло _____ (рис), на́до купи́ть.

❹ На пи́сьменном столе́ не́сколько _____ (тетра́дь и ру́чка).

❺ Ско́лько _____ (киломе́тр) вы е́хали на маши́не?

❻ В э́той семье́ мно́го _____ (доброта́ и любо́вь).

❼ Ско́лько ру́сских _____ (пе́сня) ты зна́ешь?

❽ Ле́том де́ти пьют мно́го _____ (вода́ и сок).

단어 пи́сьменный стол 책상 | доброта́ 선량함 | любо́вь 사랑

일반 형용사의 복수 생격

▶ 일반 형용사의 복수 생격 어미는 -ых 혹은 -их입니다. 여러분이 충분히 추측할 수 있는 것처럼 어간이 к, г, х, ж, ч, ш, щ로 끝나는 경우와 연변화 형용사인 경우에는 어미 -их를 사용하지만, 그 외에는 복수 생격 형용사 어미 -ых를 사용합니다.

- В го́роде мно́го краси́вых зда́ний.
- У нас 5 хоро́ших студе́нтов.

연습문제 7 괄호 안에 주어진 단어들을 복수 생격으로 바꾸세요.

❶ У Ле́ны мно́го _____ (хоро́ший друг).

❷ Я купи́л 5 _____ (ма́ленькая ба́нка) пи́ва.

❸ В библиоте́ке мно́го _____ (интере́сная кни́га),

_____ (но́вый журна́л) на ру́сском языке́.

❹ У де́вочки не́сколько _____ (цветно́й каранда́ш).

❺ В магази́не я приме́рил не́сколько _____ (чёрные брю́ки).

❻ В э́том рестора́не всегда́ мно́го _____ (вку́сное блю́до).

❼ В Сеу́ле о́чень мно́го _____ (краси́вая це́рковь).

단어 приме́рить (치수를) 재다 | блю́до 요리 | це́рковь 교회

복수 대격

▶ 이제는 명사와 형용사의 복수 대격형을 살펴봅시다. 활성 명사와 이를 수식하는 형용사의 대격형은 복수 생격의 명사, 형용사 대격형과 동일하고, 불활성 명사와 불활성 명사를 수식하는 형용사의 복수 대격형은 복수 주격의 명사, 형용사 대격형과 같습니다.

- Э́то но́вые кни́ги. Я ви́жу но́вые кни́ги.
- В гру́ппе 5 но́вых студе́нтов. Я ви́жу но́вых студе́нтов.

괄호 안에 주어진 단어들을 알맞은 형태로 바꾸어 쓰세요.

❶ Я о́чень люблю́ свои́х _____ (брат и сестра́).

❷ Мы хорошо́ зна́ем _____ (преподава́тель) на́шего факульте́та.

❸ Воло́дя ча́сто встреча́ет _____ (друг и подру́га).

❹ Сын о́чень лю́бит _____ (соба́ка и ко́шка).

❺ В ци́рке мы ви́дели _____ (медве́дь и слон).

연습문제 9 괄호 안에 주어진 단어들을 알맞은 형태로 바꾸어 쓰세요.

❶ В кафе́ мы всегда́ берём _____ (горя́чий бутербро́д) и
_____ (холо́дный напи́ток).

❷ В ци́рке де́ти ви́дели _____ (у́мная соба́ка), _____
(заба́вная обезья́на), _____ (инди́йский слон), _____
(бу́рый медве́дь).

❸ В воскресе́нье обы́чно мы смо́трим _____ (интере́сная переда́ча).

❹ В теа́тре Анто́н встре́тил _____ (свой ста́рый знако́мый).

❺ Джон зна́ет _____ (э́та симпати́чная де́вушка).

❻ Дочь взяла́ _____ (но́вая тетра́дь), _____
(цветно́й каранда́ш), _____ (свой уче́бник) и пошла́ в шко́лу.

❼ Чол Су познако́мил _____ (наш иностра́нный
гость) с коре́йской столи́цей.

❽ В па́рке мы ча́сто встреча́ем _____ (э́тот, ста́рый,
ба́бушка и де́душка).

단어 напи́ток 음료수 | у́мный 똑똑한 | заба́вный 우스꽝스러운 | обезья́на 원숭이 |
инди́йский 인도의 | слон 코끼리 | бу́рый 갈색의 | медве́дь 곰 | переда́ча (방송) 프로
그램 | знако́мый 지인 | столи́ца 수도

E   ЧЕ́РЕЗ와 НАЗА́Д

▶ че́рез는 '~ 후에', наза́д는 '~ 전에'를 뜻하는 대격 지배 전치사입니다. 먼저 че́рез의 쓰임을 살펴봅시다.

- **Оте́ц пое́дет в Москву́ че́рез неде́лю (че́рез ме́сяц).**
  아버지는 한 주(한 달) 뒤에 모스크바로 가신다.

- **Экза́мен бу́дет че́рез две неде́ли (че́рез два ме́сяца).**
  시험은 이 주(두 달) 뒤에 있을 것이다.

- **Мы вернёмся че́рез пять неде́ль (че́рез пять ме́сяцев).**
  우리는 오 주(다섯 달) 뒤에 돌아올 것이다.

연습문제 10   **보기** 와 같이 주어진 문장을 바꾸어 보세요.

> **보기**   • Сейча́с 10 часо́в, я пое́ду в университе́т в 12 часо́в.
> ▶ Я пое́ду в университе́т че́рез 2 часа́.

❶ Сейча́с 6 часо́в. Спекта́кль ко́нчится в 8 часо́в.

▶ _____

❷ Сего́дня понеде́льник. Роди́тели пое́дут на юг в суббо́ту.

▶ _____

❸ Сейча́с апре́ль. Мы пое́дем в Росси́ю в сентябре́.

▶ _____

❹ Сейча́с 8:45. Уро́к начнётся в 9 часо́в.

▶ _____

❺ Брат у́чится на второ́м ку́рсе. Когда́ он око́нчит университе́т?

▶ _____

▶ 동일하게 대격을 지배하는 전치사라 하더라도 наза́д는 쓰임이 좀 다릅니다. 일반적인 러시아어 전치사가 지배하는 명사 앞에 오는 것과 달리 наза́д는 지배하는 시간 명사 뒤에 자리합니다.

- Оте́ц прие́хал неде́лю (ме́сяц) наза́д. 아버지는 한 주(한 달) 전 에 오셨다.

- Экза́мен был две неде́ли (два ме́сяца) наза́д. 시험도 이 주(두 달) 전에 있었다.

- Мы верну́лись пять неде́ль (пять ме́сяцев) наза́д.
우리는 오 주(다섯 달) 전에 돌아왔다.

연습문제 11 보기 와 같이 주어진 문장을 바꾸어 보세요.

보기
- Посла́ть письмо́ роди́телям (2, день)
  ▸ Я посла́л письмо́ роди́телям 2 дня наза́д.

❶ Око́нчить шко́лу (6, год)

▸ _____

❷ Верну́ться из Санкт-Петербу́рга (2, неде́ля)

▸ _____

❸ Поступи́ть в университе́т (4, год)

▸ _____

❹ Пообе́дать (3, час)

▸ _____

❺ Ходи́ть в теа́тр (5, день)

▸ _____

Ё **가정법**

▸ 여러분이 이미 배운 것처럼 éсли는 영어의 if처럼 조건을 표현하는 접속사입니다.

- Если за́втра бу́дет хоро́шая пого́да, мы пое́дем на мо́ре.
- Если сего́дня ве́чером у меня́ бу́дет вре́мя, я напишу́ письмо́ дру́гу.

위의 문장을 해석해 보면 알 수 있듯이 éсли는 불확실한 미래의 조건을 이야기할 때 사용됩니다. '만일 내일 날씨가 좋다면' 혹은 '저녁에 시간이 있으면'이라는 가정은 그렇게 될 수도 있고 되지 않을 수도 있지만, '만일 그렇게 된다면' 어떤 일을 하겠다는 조건을 제시합니다.

▶ 반면 〈éсли бы~ + 과거형 동사, ~ бы 과거형 동사〉라는 가정법 구문은 이루어지지 않은 일에 대한 비현실적인 가정을 할 때 사용됩니다.

- Éсли бы сего́дня была́ хоро́шая пого́да, мы бы пое́хали на мо́ре.

위의 문장은 '만일 오늘 날씨가 좋았었다면, 바닷가에 갔겠지만, 날씨가 나빴기 때문에 가지 못했다'를 뜻하게 됩니다.

- Éсли бы у меня́ бы́ли де́ньги, я бы купи́л маши́ну.

위의 예문 역시 '돈이 있었다면 자동차를 샀었겠지만, 돈이 없어서 사지 못했다'는 뜻을 전하게 됩니다.

▶ éсли бы 구문은 항상 과거형 동사를 취하고, бы는 행위 주체 뒤에 올 수도, 또 동사 뒤에 올 수도 있습니다.

- Éсли бы у меня́ бы́ли де́ньги, я бы купи́л маши́ну.
- Éсли бы у меня́ бы́ли де́ньги, я купи́л бы маши́ну.

연습문제 12 다음 문장을 완성해 보세요.

❶ Éсли бы у меня́ бы́ло мно́го вре́мени, _____.

❷ Éсли бы я не поступи́л в университе́т, _____.

❸ Éсли бы я пое́хал в Росси́ю, _____.

❹ _____, бы́ло бы о́чень хорошо́.

❺ _____, я была́ бы ра́да.

❻ _____, роди́тели бы́ли бы о́чень дово́льны.

단어 дово́льный 만족한

ДАВА́ЙТЕ ПОГОВОРИ́М!

연습문제 1 문장의 시작을 읽고 완성해 보세요.

А)

❶ Я ча́сто ду́маю _____ . ❷ Вчера́ я встре́тил _____ .

❸ Неда́вно я встре́тился _____ . ❹ Мне нра́вится _____ .

❺ Ле́том на́ша семья́ была́ _____ . ❻ У меня́ 3 _____ .

❼ Здесь нет _____ . ❽ Его́р увлека́ется _____ .

❾ Оте́ц сове́тует _____ . ❿ Студе́нты занима́ются _____ .

⓫ Ве́ра купи́ла буты́лку _____ . ⓬ Продаве́ц показа́л _____ .

⓭ Ма́ма дала́ _____ . ⓮ Куда́ ты _____ ?

⓯ Где ты _____ ? ⓰ Мне нужна́ _____ .

⓱ Этот го́род понра́вился _____ . ⓲ Вам на́до _____ .

⓳ Студе́нтам интере́сно _____ . ⓴ Я дружу́ _____ .

Б)

❶ Макси́м пла́вает быстре́е, чем _____ .

❷ Лари́са уста́ла, потому́ что _____ .

❸ Ма́ма уста́ла, поэ́тому _____ .

❹ Когда́ ко́нчилась ле́кция, _____ .

❺ Когда́ мы гуля́ли, _____ .

❻ Е́сли у меня́ бу́дет свобо́дное вре́мя, _____ .

❼ Роди́тели сказа́ли, что _____ .

❽ Роди́тели сказа́ли, что́бы _____ .

❾ Я не зна́ю, где _____ .

17과 Ско́лько у вас бра́тьев и сестёр?   191

⓾ Ди́ма не сказа́л, когда́ _____ .

⑪ Сестра́ не сказа́ла, почему́ _____ .

⑫ Ната́ша спроси́ла Анто́на, зна́ет ли _____ .

⑬ Вот студе́нт, о кото́ром _____ .

⑭ Мы познако́мились с О́льгой, кото́рая _____ .

⑮ Это Влади́мир, у кото́рого _____ .

연습문제 2 수사 뒤에 오는 명사의 격을 다시 한번 복습해 보면 다음과 같습니다.

1, 21, 31, 41, 51, ⋯	+ 단수 주격
2, 3, 4, 22, 23, 34, 32, 33, 34, ⋯	+ 단수 생격
5~10, 11, 12, 13, 14, 15~20, 25~30, ⋯	+ 복수 생격

이를 참조하여 괄호 안에 주어진 명사를 적절한 형태로 바꾸어 보세요.

❶ В на́шем университе́те 2 (библиоте́ка) и 5 (общежи́тие).

_____

❷ В э́той аудито́рии 24 (стол) и 48 (стул).

_____

❸ Сего́дня о́чень жа́рко + 31 (гра́дус), а вчера́ бы́ло + 26 (гра́дус).

_____

❹ Ма́ша купи́ла 1 (я́блоко), 2 (апельси́н), 5 (бана́н).

_____

❺ В э́той кни́ге 157 (страни́ца).

_____

❻ На на́шем факульте́те 182 (студе́нт).

_____

❼ Сейча́с 11 (час) 45 (мину́та).

단어 бана́н 바나나 | страни́ца 쪽, 페이지

연습문제 3 시간을 확인하고 **«Ско́лько сейча́с вре́мени?»**라는 질문에 답해 보세요.

보기

- Скажи́те, ско́лько сейча́с вре́мени?
- Сейча́с четы́ре часа́ со́рок мину́т.

❶

❷

❸

❹

❺

❻

❼

❽

❾

❿

연습문제 4 [보기]와 같이 주어진 질문에 숫자를 사용하여 답해 보세요.

> [보기]　• - Ско́лько у тебя́ книг на ру́сском языке́?
> - У меня́ 2 кни́ги. (5 книг, мно́го книг, …)

❶ Ско́лько у тебя́ бра́тьев и сестёр?

_____

❷ Ско́лько у тебя́ словаре́й?

_____

❸ Ско́лько студе́нтов в ва́шей гру́ппе?

_____

❹ Ско́лько преподава́телей рабо́тает на ва́шем факульте́те?

_____

❺ Ско́лько лет ты изуча́ешь ру́сский язы́к?

_____

❻ Ско́лько у тебя́ друзе́й?

_____

❼ Ско́лько ле́кций у тебя́ бу́дет на э́той неде́ле?

_____

▶ 비슷한 질문을 만들어 옆 학생과 서로 질문해 보세요.

연습문제 5 전치사 **с**를 **без**로 바꾸어 주어진 단어 결합과 반대의 뜻이 되도록 만들어 보세요.

> 보기 • бутербро́д с сы́ром ▸ бутербро́д без сы́ра

❶ чай с са́харом ▸ _____

❷ ко́фе с молоко́м ▸ _____

❸ крем с шокола́дом ▸ _____

❹ бутербро́д с колбасо́й ▸ _____

❺ чай с лимо́ном ▸ _____

❻ хлеб с ма́слом ▸ _____

❼ сала́т с майоне́зом ▸ _____

❽ моро́женое с фру́ктами ▸ _____

╢ 알아 둘까요? ╟

러시아인들의 식사 문화

▸ 러시아인들은 여러 가지 음식을 한 상에 놓고 먹지 않고, 차례대로 먹습니다. 먼저 찬 음식을 먹고(주로 샐러드), 이어서 따뜻한 음식을 먹습니다. 따뜻한 음식 중 첫 번째 코스(пе́рвое блю́до)는 수프, 보르쉬, 쉬, 불리온 등입니다. 주요리라 할 수 있는 두 번째 코스(второ́е блю́до)는 고기, 생선, 닭고기 요리 등입니다. 주요리와 함께 한국의 밥의 역할을 하는 음식(гарни́р)을 내놓는데, 주로 감자 퓨레, 감자튀김, 쌀밥, 마카로니 등을 먹습니다. 식사를 마치고 나면 디저트로 단 음식이나 과일을 먹고 차나 커피 등을 마십니다.

▶ 다음은 러시아의 식당에서 흔히 볼 수 있는 메뉴판입니다.

МЕНЮ́

Холо́дные блю́да 찬 음식

сала́т из овоще́й 야채 샐러드
сала́т из кальма́ров 오징어 샐러드
сала́т с кра́бами 게살 샐러드
сала́т с гриба́ми 버섯 샐러드
икра́ чёрная 철갑상어알
икра́ кра́сная 연어알

Пе́рвые блю́да 첫 번째 요리

борщ 보르쉬
уха́ 우하(러시아 전통 생선 수프)
грибно́й суп 버섯 수프
кури́ный суп 닭고기 수프

Вторы́е блю́да 두 번째 요리 (main dish)

пельме́ни 펠메니(러시아식 만두)
бифште́кс 비프 스테이크
ку́рица 닭 요리
ры́ба 생선 요리
котле́ты 커틀렛

Гарни́р 곁들이는 요리(side-dish)

карто́фель 감자
рис 쌀
спаге́тти 스파게티
капу́ста 양배추

Десе́рт 디저트

шокола́д 초콜렛
моро́женое 아이스크림
пиро́жное 과자
фру́кты(бана́ны, апельси́ны, ки́ви, я́блоки, анана́сы) 과일(바나나, 오렌지, 키위, 사과)

Напи́тки 음료수

ко́фе 커피
чай 차
сок(я́блочный сок, апельси́новый сок, виногра́дный сок, анана́совый сок) 주스(사과주스, 오렌지주스, 포도주스, 파인애플주스)

САЛА́Т ИЗ ОВОЩЕ́Й vs. САЛА́Т С ГРИБА́МИ

▶ 메뉴판을 주의 깊게 본 학생이라면 샐러드의 이름에서 좀 이상한 점을 발견했을 것입니다. 어떤 샐러드는 뒤에 〈из + 생격〉을 취하고 어떤 샐러드는 〈с + 조격〉을 취하고 있습니다. 이 두 가지 표현 사이에는 어떤 차이가 있을까요? 답은 간단합니다.

만일 샐러드가 из чего́를 취하면 이는 чего́에 해당하는 것이 샐러드의 내용물을 90% 이상 채우고 있다는 뜻입니다. 예를 들어 сала́т из овоще́й는 90% 이상 야채로 만들어진 샐러드입니다.

반면 샐러드 뒤에 с чем이 왔으면 그것은 샐러드에 чем에 해당하는 것이 조금 들어 있다는 뜻입니다. 예를 들어 сала́т с кра́бами는 완전히 게살로만 만들어진 샐러드가 아니라 게살이 곁들여진 샐러드란 뜻입니다.

식사 주문을 위한 몇 가지 질문

▶ 식사 주문을 위하여 다음의 세 가지 표현을 익혀 두세요.

- Что (вы) бу́дете зака́зывать? 무엇을 주문하시겠어요?

- Что вы бу́дете на пе́рвое (на второ́е, на десе́рт)?
  첫 번째(두 번째/디저트) 코스로 무엇을 드시겠어요?

- Что вы бу́дете пить? 음료는 어떤 것을 하시겠어요?

다음의 대화를 듣고 따라 해 보세요.

1) Track 17-1

Официа́нт: Вот, пожа́луйста, меню́.
종업원 여기 메뉴 있습니다.

Татья́на: Спаси́бо. Что ты бу́дешь на пе́рвое? Есть борщ, уха́, грибно́й суп.
타티야나 감사해요. 첫 코스로 뭐 먹을래? 보르쉬, 우하, 버섯 수프가 있네.

Макси́м: Я бу́ду борщ.
막심 나는 보르쉬 먹을래.

Татья́на: А я грибно́й суп. На второ́е есть пельме́ни, карто́фель с мя́сом и́ли с
ку́рицей. Что ты бу́дешь?
나는 버섯 수프. 두 번째 코스로는 만두, 고기나 닭고기를 곁들인 감자가 있어. 너는 뭐 먹을래?

Макси́м: Я бу́ду карто́фель с ку́рицей.
나는 닭고기를 곁들인 감자 먹을래.

Татья́на: А я возьму́ пельме́ни.
나는 만두 먹을래.

Макси́м: Каки́е сала́ты есть?
샐러드는 어떤 게 있어?

Татья́на: Сала́т из овоще́й, сала́т с кра́бами, с гриба́ми.
야채 샐러드, 게살이 든 샐러드, 버섯이 든 샐러드.

Макси́м: Я возьму́ сала́т с кра́бами.
나는 게살이 든 샐러드를 먹을래.

Татья́на: А я из овоще́й.
나는 야채 샐러드를 먹을래.

Макси́м: На десе́рт дава́й возьмём фру́кты.
디저트로는 과일을 먹자.

Татья́на: Хорошо́, дава́й.
좋아, 그러자.

Макси́м: Что бу́дем пить?
뭐 마실래?

Татья́на: Я бу́ду ко́фе
커피 마실 거야.

Макси́м: А я чай.
나는 차.

2) Track 17-2

Официа́нт: Что бу́дете зака́зывать?
무엇을 주문하시겠습니까?

Татья́на: Пожа́луйста, борщ, грибно́й суп, пельме́ни, карто́фель с ку́рицей,

сала́т из овоще́й и сала́т с кра́бами.
보르쉬, 버섯 수프, 만두, 닭고기 곁들인 감자. 야채 샐러드, 게살 넣은 샐러드 주세요.

Официа́нт: Что бу́дете пить?
음료는 무엇으로 하시겠습니까?

Татья́на: Чай и ко́фе, пожа́луйста.
차와 커피 주세요.

...

Официа́нт: Вот, пожа́луйста. Прия́тного аппети́та!
여기 있습니다. 맛있게 드세요!

연습문제 6 친구와 함께 레스토랑에 가서 메뉴를 보고 2인분의 식사를 주문하는 대화문을 만들어 보세요.

연습문제 7 짧은 텍스트를 듣고 암기하여 따라 해 보세요.

❶ Track 17-3

В на́шем го́роде мно́го краси́вых зда́ний, стари́нных церкве́й, широ́ких улиц и площаде́й. В це́нтре на́шего го́рода большо́й парк, в кото́ром я люблю́ гуля́ть. Мне о́чень нра́вится мой го́род.

❷ Track 17-4

В на́шей гру́ппе 10 челове́к. Студе́нты на́шей гру́ппы изуча́ют ру́сский язы́к 2 го́да. Шесть студе́нтов неда́вно бы́ли в Москве́. Они́ учи́лись в Моско́вском университе́те.

❸ Track 17-5

В ию́ле мы с бра́том бы́ли на мо́ре. Мы отдыха́ли там 2 неде́ли. Ка́ждый день мы купа́лись в мо́ре. Я пло́хо пла́ваю, а мой брат пла́вает о́чень хорошо́.

❹ Track 17-6

Вчера́ мы с дру́гом обе́дали в но́вом кафе́. Мы е́ли борщ, пельме́ни, сала́т из овоще́й. Обе́д нам о́чень понра́вился, кафе́ то́же понра́вилось.

주어진 답을 유도할 수 있는 질문을 만들어 보세요.

❶ - _____?

   - В на́шей гру́ппе 4 де́вушки.

❷ - _____?

   - У меня́ 2 бра́та.

❸ - _____?

   - Нет, у меня́ нет сестёр.

❹ - _____?

   - Я возьму́ сала́т с гриба́ми.

❺ - _____?

   - Нет, без са́хара.

❻ - _____?

   - С мя́сом.

❼ - _____?

   - В ма́леньком кафе́ напро́тив на́шей фи́рмы.

연습문제 9 주어진 대화의 빈칸에 적절한 문장을 넣어 보세요.

❶ - Ты обе́дал?

   - _____

   - Тогда́ дава́й пообе́даем вме́сте.

   - _____?

   - Здесь недалеко́ есть хоро́шее кафе́.

❷ - Что бу́дете зака́зывать?

   - _____

- Что бу́дете пить?

- _____

❸ - _____

- А я возьму́ борщ.

- _____ ?

- Нет, я не люблю́ ры́бу, я возьму́ рис с ку́рицей.

❹ - Что ты возьмёшь на десе́рт?

- _____

- А я бу́ду моро́женое.

АУДИ́РОВАНИЕ

연습문제 1 주어진 대화문을 듣고 내용에 맞는 답을 고르세요. `Track 17-7`

❶ Како́й суп он бу́дет есть?

a) суп с ры́бой

b) суп с мя́сом

c) суп с гриба́ми

d) суп с ку́рицей

❷ Он не заказа́л _____.

a) карто́фель

b) капу́сту

c) ку́рицу

d) котле́ты

연습문제 2 지금이 몇 시인지 듣고 시와 분을 정확하게 기록하세요. `Track 17-8`

❶ _____ **❷** _____ **❸** _____ **❹** _____

❺ _____ **❻** _____

연습문제 3 먼저 텍스트를 듣고 이어 텍스트에 대한 질문을 들으세요. 각각의 질문에는 **ДА** 혹은 **НЕТ**로 답하세요. `Track 17-9`

❶ _____ **❷** _____ **❸** _____ **❹** _____

❺ _____ **❻** _____ **❼** _____

연습문제 4 먼저 텍스트를 듣고 이어 텍스트에 대한 질문을 들으세요. 각각의 질문에는 **ДА** 혹은 **НЕТ**로 답하세요. `Track 17-10`

❶ _____ **❷** _____ **❸** _____ **❹** _____

❺ _____ **❻** _____ **❼** _____

러시아 민담의 주인공들 6. 모로즈 할아버지와 눈 아가씨

아주 오래 전부터 러시아인들은 겨울을 지배하는 모로즈(Моро́з - '영하의 날씨'라는 뜻)의 존재를 믿었습니다. 이들의 상상 속에서 모로즈는 키가 작고, 긴 회색 수염을 기른 노인의 형상을 하고 있었습니다. 러시아 민간 전설에 등장하는 모로즈는 11월 경부터 아주 바쁜 나날을 보냅니다. 그가 돌아다니며 지팡이를 내리치면 숲이 꽁꽁 얼어 붙고, 강과 호수는 빙판이 되고, 사람들이 사는 집의 창문에는 눈꽃이 피어납니다. 이런 모로즈를 러시아인들은 종종 모로즈 이바노비치(Моро́з Ива́нович), 혹은 모로즈코(Моро́зко)라는 이름으로 불렀습니다. 모로즈 이바노비치는 겨울 숲에서 길을 잃은 사람들을 불쌍하게 여겨, 선량하고 부지런한 사람들에게는 후한 상을 주었고, 반대로 욕심 많고 사악한 사람들에게는 벌을 내렸습니다. 이러한 모로즈의 형상이 19세기 중엽 러시아에 유입된 산타클로스의 이미지와 결합하며 성탄에 선물을 나누어 주는 '모로즈 할아버지(Дед Моро́з)'로 변모합니다.

다른 나라에서도 모로즈 할아버지의 형상을 쉽게 찾아볼 수 있는 것에 반해, 모로즈 할아버지와 함께 다니는 눈 아가씨(Снегу́рочка)는 러시아에만 있는 형상입니다. 원래 눈 아가씨는 러시아 민담에 등장하는 인물입니다. 민담 '눈 아가씨'의 줄거리는 다음과 같습니다. 옛날에 아이를 낳지 못하는 부부가 눈으로 작은 여자아이의 형상을 만들었습니다. 그런데 그 아이가 정말로 살아나서, 부부는 이 아이를 눈 아가씨라 부르며 정성껏 키웠습니다. 착하고 예쁜 처녀로 자란 눈 아가씨는 어느 날 친구들과 함께 모닥불을 뛰어넘으며 놀다가 녹아 버려 작고 흰 구름이 되고 말았습니다.

19세기의 유명한 극작가 A. 오스트로프스키는 민담 《눈 아가씨》의 모티브를 차용하여 눈 아가씨가 모로즈 할아버지와 봄의 신의 딸로 등장하는 희곡을 씁니다. 1882년, N. 림스키-코르사코프는 오스트로프스키의 희곡에 곡을 붙여 유명한 오페라 '눈 아가씨'를 만듭니다. 그리고 이 작품이 대성공을 거두면서 모로즈 할아버지의 딸, 혹은 손녀로서의 눈 아가씨의 이미지가 굳어지게 됩니다. 러시아 성탄 명절의 가장 중요한 두 인물인 모로즈 할아버지와 눈 아가씨는 이렇게 탄생하게 되었습니다.

소비에트 시기에는 종교 축일을 거의 모두 폐지했지만, 모로즈 할아버지와 눈 아가씨의 인기는 식을 줄 몰랐고, 결국 이들은 성탄절의 주인공이 아닌 새해의 주인공으로 탈바꿈하게 됩니다.

제18과 Идти́ или ходи́ть?

идти를 쓸까요, ходить를 쓸까요?

복 습

A) 괄호 안에 주어진 단어를 알맞은 형태로 바꾸어 쓰세요. 필요한 경우는 전치사를 더하세요.

1 Ми́ша съел 2 _____ (бутербро́д) _____ (сыр и колбаса́).

2 Э́ти брю́ки сто́ят 186 _____ (рубль).

3 Сейча́с 7 _____ (час) 15 _____ (мину́та).

4 В зоопа́рке мы ви́дели мно́го _____ (медве́дь, слон, обезья́на).

5 На ры́нке Све́та купи́ла не́сколько _____ (я́блоко, гру́ша, апельси́н).

6 Я пил чай без _____ (са́хар), но с _____ (лимо́н).

7 Друзья́ заказа́ли мя́со с _____ (о́вощи).

8 В на́шем университе́те мно́го _____ (иностра́нец): _____ (америка́нец) _____ (япо́нец), _____ (англича́нин).

9 Мы вы́пили не́сколько _____ (ча́шка) _____ (зелёный чай).

10 На э́той неде́ле Ка́тя была́ _____ (Сеу́л) _____ (свои друзья́), _____ (кото́рый) она́ до́лго не ви́делась.

11 Дени́с посла́л _____ (Ли́за) _____ (откры́тка), потому́ что _____ (она́) ско́ро бу́дет _____ (день рожде́ния).

Б) 주어진 동사 중 적절한 것을 골라 알맞은 형태로 쓰세요.

спра́шивать – спроси́ть

1. Обы́чно преподава́тель _____ «Как дела́?», а сего́дня

   _____ «Каки́е но́вости?»

2. Мы прочита́ли текст, и преподава́тель _____ : «У вас есть вопро́сы?»

3. Студе́нты ча́сто _____ о ру́сской культу́ре.

4. - Ты уже́ _____ Макси́ма о пое́здке в Москву́?

   - Нет, за́втра обяза́тельно _____ .

   - _____ , пожа́луйста.

5. - Пожа́луйста, не _____ меня́ об э́том.

дава́ть – дать

6. Библиоте́карь Анна Петро́вна всегда́ _____ нам интере́сные кни́ги.

7. Вчера́ я _____ Игорю но́вый календа́рь.

8. Ма́ма _____ сы́ну и до́чери фру́кты, де́ти их с удово́льствием съе́ли.

9. Когда́ я прочита́ю э́ту кни́гу, я _____ её тебе́.

10. Ма́ма забы́ла _____ сы́ну де́ньги, поэ́тому он не купи́л хлеб.

11. Обы́чно роди́тели _____ мне хоро́шие сове́ты.

12. Ра́ньше оте́ц никогда́ не _____ сы́ну свою́ маши́ну, а тепе́рь ча́сто

    _____ .

13. Са́ша, _____ , пожа́луйста, слова́рь.

14. У Ма́ши боли́т го́рло, не _____ ей моро́женое.

단어 бутербро́д 샌드위치 | сыр 치즈 | колбаса́ 살라미 | медве́дь 곰 | слон 코끼리
| обезья́на 원숭이 | гру́ша 배 | апельси́н 오렌지 | заказа́ть 주문하다 |
япо́нец 일본인 | ско́ро 곧 | обяза́тельно 반드시 | сове́т 충고

ГОВОРИ́ТЕ ПРА́ВИЛЬНО!

A 복수 전치격

▶ 이제 복수 격변화의 마지막 격인 명사와 형용사의 복수 전치격을 살펴봅시다. 남성/여성/중성 명사의 복수 전치격 어미의 -ах와 -ях인데 그 중 기본형은 -ах입니다. 다음의 경우에만 어미 -ях를 쓰고 그 외의 경우에는 -ах를 쓰면 됩니다.

-ь로 끝나는 여성/남성 명사	тетра́дь ▶ тетра́дях, слова́рь ▶ словаря́х
-я로 끝나는 여성/남성 명사	пе́сня ▶ пе́снях, дя́дя ▶ дя́дях
-й로 끝나는 남성 명사	трамва́й ▶ трамва́ях
-е로 끝나는 중성 명사	мо́ре ▶ моря́х

▶ 복수 주격이 불규칙한 명사들은 복수 전치격 역시 불규칙합니다. 다음의 복수 전치격은 따로 암기해 두세요.

друг ▶ друзья́х	брат ▶ бра́тьях
сын ▶ сыновья́х	стул ▶ сту́льях
муж ▶ мужья́х	де́ти ▶ де́тях
лю́ди ▶ лю́дях	сосе́д ▶ сосе́дях

▶ 형용사 복수 전치격 어미는 -ых와 -их입니다. 어간의 자음이 К, Г, Х, Ж, Ч, Ш, Щ로 끝나거나 (ма́ленький – ма́леньких), 연자음 형용사인 경우(си́ний – си́них)를 제외하고는 -ых를 사용하면 됩니다.

▶ 소유 형용사, 재귀 형용사, 지시 형용사의 복수 전치격은 다음과 같습니다.

мой ▶ мои́х	ваш ▶ ва́ших
твой ▶ твои́х	свой ▶ свои́х
наш ▶ на́ших	э́тот ▶ э́тих

연습문제 1 괄호 안의 단어를 복수 전치격으로 변화시켜 빈칸에 쓰세요.

❶ Мои́ друзья́ живу́т в _____ (ра́зный) (го́род и страна́).

❷ Ма́ма расска́зывает о _____ (свой ма́ленький ребёнок).

❸ Мы прочита́ли в газе́те о _____ (ваш) (иностра́нный студе́нт).

❹ Студе́нты живу́т в _____ (прекра́сное общежи́тие).

❺ Я ча́сто ду́маю о _____ (наш) (пожило́й) (ба́бушка и де́душка).

❻ Анна Петро́вна ча́сто говори́т о _____ (сын и дочь).

❼ Молоды́е лю́ди не хотя́т жить в _____ (ма́ленькая дере́вня).

❽ Анто́н ча́сто ду́мает о _____ (брат и сестра́).

❾ Я учу́сь на _____ (ку́рсы англи́йского языка́).

단어 ра́зный 다양한 | страна́ 나라 | прекра́сный 멋진 | пожило́й 나이가 지긋한 | ку́рсы англи́йского языка́ 영어 수업(영어 코스)

Б 운동 동사

▶ 다음의 동사들은 운동 동사 혹은 동작 동사로 불리는 동사입니다. 이 책 〈1권〉 9과에서 **идти́** 동사와 **ходи́ть** 동사의 의미상의 차이만 간단하게 살폈습니다. 이제 보다 본격적으로 운동 동사에 관하여 공부해 봅시다.

идти́ / ходи́ть 걸어가다   е́хать / е́здить (교통수단을 이용하여) 가다

плыть / пла́вать 헤엄치다   лете́ть / лета́ть 날다

▶ 위에서 좌측에 있는 동사가 정태 동사, 우측에 있는 동사가 부정태 동사입니다. 정태 동사인 «идти́, е́хать, плыть, лете́ть»는 발화가 진행되는 시점에서 한 방향으로 진행되는 동작을 묘사할 때 사용됩니다.

- Де́ти иду́т в шко́лу. 아이들이 학교로 간다(가고 있다).
- Мы е́дем на мо́ре. 우리는 바다로 간다(가고 있다).
- Самолёт лети́т в Москву́. 비행기가 모스크바로 날아간다(날아가고 있다).
- Парохо́д плывёт в Пуса́н. 증기선이 부산으로 항해해 간다(항해해 가고 있다).

▶ 부정태 동사군인 «ходи́ть, е́здить, пла́вать, лета́ть»는 다음과 같은 경우에 사용됩니다.

1. 발화 순간에 여러 방향(혹은 무질서한 방향)으로 움직이는 운동을 묘사할 때

- В не́бе <u>лета́ют</u> пти́цы. 하늘에 새들이 날아다닌다.
- Ры́бы <u>пла́вают</u> в аква́риуме. 어항 속에서 물고기들이 헤엄쳐 다닌다.

2. 반복적인 움직임에 관해 이야기할 때

- Ка́ждый год мы <u>е́здим</u> в дере́вню. 매년 우리는 시골에 다닌다.
- Два ра́за в неде́лю я <u>хожу́</u> в бассе́йн. 일주일에 두 번 나는 수영장에 다닌다.

3. 왕복된 동작을 묘사할 때(과거형으로만 사용됨)

- В про́шлом году́ мы <u>е́здили</u> в Москву́. 작년에 우리는 모스크바에 갔다 왔다.
  (= В про́шлом году́ мы бы́ли в Москве́.)
- Вчера́ мы <u>ходи́ли</u> в теа́тр. 어제 우리는 극장에 갔다 왔다.
  (= Вчера́ мы бы́ли в теа́тре.)

4. 능력이나 가능성에 관하여 이야기할 때

- Ребёнок не <u>хо́дит</u>. 아기가 걸을 줄 모른다.
- У де́душки боля́т но́ги, он не мо́жет <u>ходи́ть</u>.
  할아버지는 다리가 아프셔서 걸어다니실 수 없다.
- Врач сказа́л, что ему́ нельзя́ <u>ходи́ть</u>. 의사가 그가 걸어다니면 안 된다고 했다.

5. люби́ть, нра́виться, нача́ть, учи́ться 등의 동사와 결합할 때

- Я люблю́ <u>ходи́ть</u> пешко́м. 나는 걸어다니는 것이 좋다.
- Де́ти у́чатся <u>пла́вать</u>. 아이들은 수영하는 것을 배운다.

▶ 한 가지 여러분이 혼동하면 안 되는 것은 '정태 동사-부정태 동사'의 짝은 '완료상 동사-불완료상 동사'와는 다른 범주라는 점입니다. 정태 동사와 부정태 동사는 모두 불완료상 동사입니다.

연습문제 2 주어진 동사 중 적절한 것을 골라 빈칸에 알맞은 형태로 쓰세요.

идти́ / ходи́ть

❶ - Здра́вствуй, Вади́м! Куда́ ты _____?

   - Я _____ в институ́т на ле́кцию.

❷ Ка́ждое у́тро ма́ма _____ на ры́нок.

❸ - Что ты де́лал вчера́?

   - Я _____ в бассе́йн.

❹ Я ви́жу Макси́ма и Ма́шу, они́ _____ в шко́лу.

❺ Э́тому ребёнку то́лько год, но он хорошо́ _____.

❻ Э́тот ма́льчик не лю́бит _____ пешко́м.

❼ - Где ты был в суббо́ту?

   - Я _____ на вы́ставку.

❽ Врач сказа́л, что Ива́ну Петро́вичу нельзя́ _____.

е́хать / е́здить

❾ В про́шлом году́ мы _____ В Санкт-Петербу́рг.

❿ Сейча́с оте́ц _____ на рабо́ту на авто́бусе.

⓫ Обы́чно ле́том мы ча́сто _____ на мо́ре.

⓬ - Где ты был ле́том?

   - Я _____ на о́стров Че́джу.

⓭ Смотри́, вот _____ Оле́г на свое́й но́вой маши́не.

⓮ Ра́ньше Анна всегда́ _____ на рабо́ту на авто́бусе, а тепе́рь _____ на метро́.

⓯ (в авто́бусе)

   - Куда́ ты _____?

   - Я _____ в кни́жный магази́н.

⑯ Мне нра́вится _____ на метро́.

плыть / пла́вать

⑰ Смотри́, вот Са́ша _____ к нам.

⑱ Ле́на хорошо́ _____, а я пло́хо _____.

⑲ Мы ви́дим большо́й пассажи́рский парохо́д, он _____ в Пуса́н.

⑳ В аква́риуме _____ ра́зные ры́бы.

㉑ Де́тям нра́вится _____ в бассе́йне.

лете́ть / лета́ть

㉒ Вот с за́пада на восто́к _____ пассажи́рский самолёт.

㉓ Над мо́рем _____ больши́е ча́йки.

㉔ Брат не лю́бит е́здить на по́езде, поэ́тому всегда́ _____ на самолёте.

㉕ - Ты е́здил в Пуса́н на по́езде?

   - Нет, я _____ на самолёте.

단어 вы́ставка 전시회 | кни́жный магази́н 서점 | пассажи́рский 승객의 | пассажи́рский парохо́д 여객선 | за́пад 서(西) | восто́к 동(東) | пассажи́рский самолёт 여객기 | ча́йка 갈매기

B 정태 동사와 동사의 상

▶ 앞서도 언급했듯이 정태 동사와 부정태 동사는 모두 불완료상 동사입니다. 그렇다면 이 동사들도 완료상 동사를 짝으로 가지겠지요? 먼저 정태 동사의 완료상 짝은 다음과 같습니다.

идти́ – пойти́	е́хать – пое́хать
лете́ть – полете́ть	плыть – поплы́ть

▶ 불완료상인 정태 동사와 쌍을 이루는 완료상 동사의 과거 시제를 한번 살펴봅시다. 위의 4쌍의 동사 중 идти́ – пойти́ 동사만 과거형이 불규칙합니다.

불완료상	완료상
шёл, шла, шло, шли	пошёл, пошла́, пошло́, пошли́
е́хал, е́хала, е́хало, е́хали	пое́хал, пое́хала, пое́хало, пое́хали
лете́л, лете́ла, лете́ло, лете́ли	полете́л, полете́ла, полете́ло, полете́ли
плыл, плыла́, плы́ло, плы́ли	поплы́л, поплыла́, поплы́ло, поплы́ли

▶ 이번에는 정태 동사의 완료상과 불완료상 과거형의 용법을 살펴봅시다. 두 동사는 각각 다음과 같은 경우에 사용합니다.

불완료상	완료상
1. 두 가지 동작이 동시에 일어날 때 Когда́ я шёл в институ́т, я ду́мал об экза́мене. 나는 연구소로 가는 중에 시험에 관하여 생각했다. Ве́ра е́хала на метро́ и чита́ла кни́гу. 베라는 지하철을 타고 가며 책을 읽었다. Когда́ Ви́ктор лете́л на самолёте, он спал. 빅토르는 비행기를 타고 가며 잤다.	1. 동작이 순차적으로 일어날 때 Когда́ мы пообе́дали, мы пошли́ в кино́. 우리는 점심을 먹고 나서 영화관에 갔다.

2. 불완료상 동사로 표현되는 지속적인 행위 중에 완료상 동사로 표현되는 짧은 행위가 일어날 때
Когда́ Оля шла в университе́т, она́ встре́тила Мари́ну. 올랴는 학교에 갈 때 마리나를 만났다.
Когда́ Ва́ня лете́л в Москву́, в самолёте он познако́мился с симпати́чной де́вушкой. 바냐는 모스크바를 갈 때 비행기에서 매력적인 아가씨와 인사를 했다.
	2. 과거에는 발화 지점에 있었지만 지금은 없는 사람에 관해 이야기할 때
	– Где Макси́м? 막심은 어딨니?
	– Он пошёл (ушёл) в библиоте́ку.
	  도서관에 갔어(지금 여기 없어).
	– Где па́па? 아빠 어디 계시니?
	– Он пое́хал (уе́хал) в Москву́.
	  모스크바에 가셨어(지금 여기에 안 계셔).

3. 과거에 있었던 단일 방향 동작에 관해 이야기할 때 На про́шлой неде́ле мы бы́ли в Пуса́не. В Пуса́н мы лете́ли на самолёте, обра́тно е́хали на по́езде. 지난주에 우리는 부산에 갔다 왔다. 부산으로 갈 때는 비행기를 탔고, 되돌아올 때는 기차로 왔다.	

주어진 동사 중 적절한 것을 골라 빈칸에 과거형으로 써 넣으세요.

идти́ / пойти́

❶ Когда́ ко́нчился уро́к, де́ти _____ домо́й.

❷ Когда́ де́ти _____ по у́лице, они́ е́ли моро́женое.

❸ - Алло́! Юля до́ма?

   - Нет, она́ _____ в институ́т.

❹ Тури́сты бы́ли на экску́рсии в Кремле́. Туда́ они́ _____ пешко́м, обра́тно е́хали на авто́бусе.

❺ Они́ _____ в Кремль и разгова́ривали о Москве́.

❻ Снача́ла они́ осмотре́ли Кремль, пото́м _____ на Кра́сную пло́щадь.

❼ - А где Алёша?

   - Он _____ на стадио́н.

❽ Когда́ мы _____ на вы́ставку, мы встре́тили Серге́я.

е́хать / пое́хать

❾ Ве́чером Со́фья купи́ла биле́т, се́ла в по́езд и _____ в Санкт-Петербу́рг.

❿ - Вы не зна́ете, где Со́фья?

   - Она́ _____ в Санкт-Петербу́рг.

⓫ Когда́ студе́нты _____ на экску́рсию, они́ пе́ли весёлые пе́сни.

⓬ - Ты е́здил в Москву́? На чём?

   - В Москву́ я _____ на по́езде, обра́тно лете́л на самолёте.

⓭ Оте́ц зако́нчил рабо́ту и _____ домо́й.

⓮ Когда́ Сон Ми _____ на по́езде в Пуса́н, она́ познако́милась с ру́сскими студе́нтами.

단어 моро́женое 아이스크림 | сесть 앉다, 타다 | весёлый 쾌활한

ПОЙТИ́ vs. ХОДИ́ТЬ / ПОÉХАТЬ vs. É́ЗДИТЬ

▶ пойти́ 동사와 ходи́ть 동사, поéхать 동사와 éздить 동사의 과거 시제를 혼동해서 사용하면 안
됩니다. 부정태 동사의 과거형은 왕복된 행위를 묘사할 때 사용됩니다.

- - Где Ви́ктор? 빅토르 어디에 있어?

  - Он пошёл в кино́. 그는 영화관에 갔어.

- - Ви́ктор, где ты был? 빅토르, 너는 어디 있었어?

  - Я ходи́л в кино́. 나는 영화관에 갔다 왔어.

전자의 경우는 Ви́ктор가 이곳에 없을 때, 후자의 경우는 어딘가로 갔다 돌아와서 이곳에 있을 때 사용합
니다.

연습문제 4 주어진 동사 중 적절한 것을 골라 빈칸에 알맞은 형태로 쓰세요.

пойти́ / ходи́ть

❶ - Где ба́бушка?

  - Она́ _____ в магази́н.

❷ - Ба́бушка, где ты была́ сего́дня у́тром?

  - Я _____ в магази́н.

❸ - Где вы бы́ли вчера́ ве́чером?

  - Мы _____ в теа́тр на бале́т.

❹ - А где де́ти?

  - Они́ _____ в парк.

❺ Утром Ма́ша _____ на ры́нок, она́ купи́ла фру́кты и о́вощи.

❻ Оле́га нет, он _____ в кни́жный магази́н, он хо́чет купи́ть но́вый
словáрь.

❼ - Где Ната́ша была́ сего́дня днём?

  - Она́ _____ в апте́ку.

поéхать / éздить

❽ - Вадúма нет в гóроде? А где он?

   - Он _____ отдыхáть на юг.

❾ - Пáвел, здрáвствуй! Я давнó не вúдела тебя́. Где ты был?

   - Я _____ на Чёрное мóре.

❿ Лéтом мы _____ в дерéвню, там мы óчень хорошó отдохнýли.

⓫ Брáта нет, он _____ на Сахалúн.

▶ 이제 정태 동사와 정태 동사 완료상의 미래 용법을 살펴봅시다.

   • Зáвтра я <u>пойдý</u> в теáтр.
     В суббóту мы <u>поéдем</u> в Пусáн.
   • Зáвтра я <u>идý</u> в теáтр.
     В суббóту я <u>éду</u> в Пусáн.

예문에서 볼 수 있듯이, 완료상 미래형과 불완료상 정태 동사의 현재형 간에 특별한 의미상의 차이가 없이 사용됩니다. 한국어로 '나는 내일 극장에 간다'라고 할 수도 있고, '나는 내일 극장에 갈 것이다'라고 할 수도 있지요? 또 영어에서도 소위 '왕래 발착 동사'로 분류되는 come, go 등도 미래를 나타내는 부사와 결합하면, 현재형으로 미래의 의미를 전했지요? 러시아어에서도 마찬가지입니다. '나는 내일 극장에 간다'라고 할 때, **пойдý**를 사용할 수도 있지만, **идý**를 사용해도 미래의 의미를 전할 수 있습니다. 그렇다면 정태 동사의 미래형은 언제 사용할까요? 이는 미래에 있을 한 방향으로의 행위의 지속을 표현하는 등 특수한 경우에만 사용됩니다.

   • Зáвтра я цéлых 5 часóв <u>бýду éхать</u> на пóезде.

연습문제 5 주어진 동사 중 적절한 동사를 골라 알맞은 형태로 쓰세요.

А) идтú – пойтú, ходúть

❶ Вéчером родúтели чáсто _____ в парк.

❷ - Где Любóвь Николáевна?

   - Онá _____ на пóчту.

❸ Когда́ мы бы́ли в Москве́, мы ча́сто _____ в Большо́й теа́тр.

❹ - Где ты был?

   - Я _____ в апте́ку, у меня́ боли́т живо́т.

❺ Э́тому ма́льчику то́лько год, но он хорошо́ _____.

❻ - Приве́т, И́горь, куда́ ты _____?

   - Я _____ в парк.

❼ За́втра на́ша семья́ _____ на конце́рт.

❽ - На́дя, ты _____ домо́й? Пешко́м?

   - Да, мне нра́вится _____ пешко́м.

❾ У де́душки боля́т но́ги, ему́ нельзя́ _____.

❿ - Что ты де́лал вчера́?

   Я _____ в студе́нческий клуб.

⓫ Когда́ де́ти _____ в шко́лу, они говори́ли о но́вой учи́тельнице.

⓬ Когда́ конце́рт ко́нчился, мы _____ в кафе́, кото́рое нахо́дится о́коло теа́тра.

Б) е́хать – пое́хать, е́здить

❶ Сейча́с Мин Хо в Сеу́ле. А два ме́сяца наза́д он _____ в Москву́.

❷ - Вы лю́бите _____ на по́езде?

   - Не о́чень.

❸ - Куда́ ты сейча́с _____?

   - Я _____ на стадио́н.

❹ - Где ты был в четве́рг?

   - Я _____ в Сеу́л на вы́ставку.

❺ Смотри́, вот _____ Ми́ша на свое́й но́вой маши́не.

❻ Идёт дождь, ду́маю, что за́втра мы не _____ на экску́рсию.

❼ Мы поза́втракали и _____ в Ботани́ческий сад.

❽ Когда́ Ма́ша _____ на по́езде, она́ смотре́ла в окно́.

❾ - Алло́! Са́ша до́ма?

　 - Нет, он уже́ _____ на рабо́ту.

단어 Ботани́ческий сад 식물원

Д　연도 표현

▶ 이번 과에서는 또 다른 시간 표현인 연도 표현을 익혀 봅시다. 러시아어로 연도를 표현하기 위해서는 서수와 기수를 모두 알고 있어야 합니다. 그리고 여러분이 익혀야 하는 숫자의 범위도 적어도 2000에 이르기까지 크게 늘어나게 됩니다. **별표7** 을 참조하여 서수사와 기수사를 익힌 후 연도 표현을 공부해 봅시다. 먼저 아래의 예를 볼까요?

- 1995 год : ты́сяча девятьсо́т девяно́сто пя́тый год
- 1850 год : ты́сяча восемьсо́т пятидеся́тый год

▶ 여러분이 보는 것처럼 서수는 마지막 숫자에만 사용됩니다. 또 한 가지 기억할 것은 **ты́сяча**는 품사상 수사가 아니라 여성 명사라는 점입니다. 따라서 앞에 숫자가 올 때 여성 명사와 같은 활용을 합니다.

1 (одна́)	кни́га, ты́сяча
2 (две), 3, 4	кни́ги, ты́сячи
5 ~ 20	книг, ты́сяч
2001 год	две ты́сячи пе́рвый год
2003 год	две ты́сячи тре́тий год

┤ 주의하세요! ├

2000 ГОД

▶ 그렇다면, 2000년은 어떻게 표기할까요? 2000년은 2000이 마지막 숫자이니만큼 две ты́сячи에서 파생된 서수 двухты́сячный를 사용하여 двухты́сячный год로 표기합니다.

연습문제 6 아라비아 숫자를 풀어서 연도를 표기하여 쓰세요.

❶ 1755 год _____

❷ 1841 год _____

❸ 1636 год _____

❹ 1360 год _____

❺ 1921 год _____

❻ 1973 год _____

❼ 1587 год _____

❽ 2000 год _____

❾ 2010 год _____

❿ 2012 год _____

⓫ 2020 год _____

▶ 이제는 연도와 관련된 다양한 표현을 살펴봅시다. 시간 표현을 공부할 때는 언제나 '~이다'와 '~에'를 구분하여 공부하는 것이 좋다고 했지요? '~년도에'라는 표현은 〈в + 전치격〉을 사용합니다. 이때 마지막 서수도 역시 전치격으로 바꿔야 합니다.

- • - Како́й год?
  - 1995 год(ты́сяча девятьсо́т девяно́сто пя́тый год).

- • - Когда́ (в како́м году́) брат око́нчил шко́лу?
  - В 1995 году́ (в ты́сяча девятьсо́т девяно́сто <u>пя́том</u> году́).
    В 2001 году́ (в две ты́сячи <u>пе́рвом</u> году́).
    В 2000 году́ (в <u>двухты́сячном</u> году́).

연습문제 7 아라비아 숫자로 된 부분을 풀어서 읽어 보세요.

❶ Оте́ц роди́лся в 1946 году́.

❷ Ма́ма родила́сь в 1959 году́.

❸ Алекса́ндр Пу́шкин роди́лся в 1799 и у́мер в 1837 году́.

❹ Брат поступи́л в университе́т в 2003 году́.

❺ Я е́здил в Росси́ю в 2014 году́.

❻ Сестра́ око́нчила университе́т в 2006 году́.

❼ Зи́мние Олимпи́йские и́гры бы́ли в Коре́е в 2018 году́.

▶ '한 시에', '7월에', '1987년에', '봄에', '저녁에' 등과 같이, 시간을 나타내는 다양한 명사에 '~에'라는 동일한 조사를 사용하여 시간을 표현하는 한국어와 달리 러시아어는 '~에'라는 시점을 표현하는 방식이 매우 다양합니다. 배운 표현을 한번 정리해 볼까요?

в + 대격	시간	в 2 часа́
	요일	в суббо́ту
в + 전치격	달(月)	в январе́, в э́том ме́сяце в 2005 (две ты́сячи пя́том) году́
	연도	в про́шлом году́
	세기	в XX ве́ке, в про́шлом ве́ке
на + 전치격	주(週)	на э́той неде́ле
생격	월/일/연도	пе́рвого января́ пе́рвого января́ две ты́сячи пя́того го́да cf. в сентябре́ две ты́сячи пя́того го́да

▶ 월/일/연도는 월/일만 표기하느냐, 연/월/일을 표기하느냐, 연/월을 표기하느냐에 따라 표현이 다 다릅니다. 가장 작은 시간 단위에 고유한 시간 표현을 쓰고 나머지 더 큰 시간 단위는 생격으로 표기하면 됩니다.

▶ 이 외에도, 조격으로 '~에'를 표현하는 경우도 있습니다.

весно́й, ле́том, о́сенью, зимо́й
у́тром, днём, ве́чером, но́чью

❶ У бра́та день рожде́ния _____ (7, янва́рь).

❷ Дя́дя роди́лся _____ (15, ию́нь, 1969).

❸ Мы е́дем на экску́рсию _____ (пя́тница).

❹ Экза́мен бу́дет _____ (сле́дующая неде́ля).

❺ Ле́кции начина́ются _____ (9, час) и конча́ются

_____ (15, час).

❻ Алексе́й верну́лся в Москву́ _____ (февра́ль, 1993).

❼ _____ (про́шлый ме́сяц) бы́ло о́чень хо́лодно, а

_____ (э́тот ме́сяц) о́чень тепло́.

❽ Лев Толсто́й роди́лся _____ (1828).

❾ Ю́рий Гага́рин лета́л в ко́смос _____ (12, апре́ль, 1961).

❿ Уче́бный год в Росси́и начина́ется _____ (1, сентя́брь), а в

Коре́е _____ (1, март).

⓫ _____ (суббо́та и воскресе́нье) э́тот банк не рабо́тает.

⓬ Э́ту це́рковь постро́или _____ (XVII век).

⓭ Сестра́ поступи́ла в университе́т _____ (2017).

⓮ В Росси́и ле́тние кани́кулы начина́ются _____ (ию́нь) и

конча́ются _____ (а́вгуст).

⓯ Студе́нты е́здили на пра́ктику _____ (октя́брь, 2018).

단어 сле́дующий 다음의 | сле́дующая неде́ля 다음 주 | про́шлый 지난 | ко́смос 우주 |
стро́ить 건설하다 | пра́ктика 실습

ДАВА́ЙТЕ ПОГОВОРИ́М!

연습문제 1 문장의 시작을 읽고, 마무리해 보세요.

❶ По́езд е́дет быстре́е _____.

❷ Друг написа́л, что _____.

❸ Я не понима́ю, почему́ _____.

❹ Я давно́ не ви́дел Ви́ктора, с кото́рым _____.

❺ Ма́ша не сде́лала дома́шнее зада́ние, потому́ что _____.

❻ Лари́са не лю́бит ходи́ть пешко́м, поэ́тому _____.

❼ Когда́ мы шли в теа́тр, _____.

❽ Когда́ Ира написа́ла письмо́ подру́ге, _____.

❾ Если я встре́чу Са́шу, _____.

❿ Если бы я хорошо́ сдал экза́мен, _____.

연습문제 2 빈칸에 들어갈 적절한 명사를 알맞은 형태로 쓰세요.

❶ Я спра́шиваю _____ о _____.

❷ Мы дру́жим _____.

❸ Обяза́тельно позвони́ _____.

❹ Вади́м улыбну́лся _____.

❺ Мне нужны́ _____.

❻ _____ ску́чно.

❼ Я увлека́юсь _____.

❽ Студе́нты гото́вятся _____.

❾ Де́вочка у́чит _____.

❿ _____ нра́вятся _____.

⓫ Де́тям понра́вилась _____.

⓬ Мне не понра́вились _____.

⓭ Я поздравля́ю _____ с _____.

⓮ Мы жела́ем _____ _____.

⓯ Мари́на пригласи́ла _____ в _____.

⓰ Я пил _____ с _____, но без _____.

⓱ Да́йте, пожа́луйста, бутербро́д _____.

⓲ Мне на́до посла́ть _____.

연습문제 3 괄호 안에 주어진 단어를 복수 전치격으로 바꾸어 질문에 답하세요.

> 보기
>
> - О ком вчера́ расска́зывал профе́ссор? (ру́сский писа́тель)
> - О ру́сских писа́телях.

❶ - О чём вы прочита́ли в газе́те? (экономи́ческая пробле́ма)

  - _____

❷ - О чём вы говори́ли с друзья́ми? (спорти́вная игра́)

  - _____

❸ - О ком э́та переда́ча? (интере́сный челове́к)

  - _____

❹ - О ком волну́ются роди́тели? (ма́ленький ребёнок)

  - _____

❺ - О чём вы мечта́ете? (увлека́тельное путеше́ствие)

  - _____

단어 экономи́ческий 경제의 | спорти́вный 스포츠의 | игра́ 놀이, 경기 | переда́ча (방송)프로
그램 | мечта́ть 꿈꾸다 | увлека́тельный 흥미진진한 | путеше́ствие 여행

А) **ходи́ть, е́здить** 동사의 <u>현재형</u>을 사용하여 질문에 답하세요.

❶ - Что ты обы́чно де́лаешь в свобо́дное вре́мя?

   - _____

❷ - Как ты обы́чно прово́дишь суббо́ту и воскресе́нье?

   - _____

❸ - Где ты обы́чно прово́дишь кани́кулы?

   - _____

❹ - Как роди́тели обы́чно прово́дят о́тпуск?

   - _____

❺ Вы ча́сто хо́дите в са́уну?

   - _____

❻ - Как ча́сто вы е́здите на Соракса́н?

   - _____

❼ - Как ча́сто вы быва́ете в кино́?

   - _____

❽ - Как ча́сто вы быва́ете на мо́ре?

   - _____

Б) **ходи́ть, е́здить** 동사의 <u>과거형</u>을 사용하여 질문에 답하세요.

❶ - Что вы де́лали в суббо́ту?

   - _____

❷ - Как вы провели́ воскресе́нье?

   _____

❸ - Где ты был вчера́?

\- _____

❹ - Куда́ ты ходи́л вчера́ ве́чером?

\- _____

❺ - Как вы провели́ кани́кулы?

\- _____

❻ - Где вы бы́ли ле́том?

\- _____

❼ - Ва́ша семья́ была́ на Че́джу? Когда́?

\- _____

❽ - Когда́ ты был в Москве́?

\- _____

단어   проводи́ть (시간을) 보내다 | о́тпуск 휴가 | са́уна 사우나

‖ 주의하세요! ‖

БЫВА́ТЬ

▶ быва́ть 동사는 어떤 장소에 반복적으로 일어난 행위에 대해 이야기할 때 사용됩니다.

• Я ча́сто быва́ю на стадио́не. 나는 자주 경기장에 간다(있다).

• Мы ре́дко быва́ем на мо́ре. 우리는 드물게 바닷가에 간다(있다).

▶ «Ле́том он был в Москве́.»라고 하면, 그가 여름에 모스크바에 있었던 구체적인 하나의 사건을 말하는 반면, «Он ча́сто быва́л в Москве́.»는 모스크바에 자주 갔었던 경우에 사용합니다. 그렇다고 해서 일정 기간 동안 지속된 행위를 묘사한 быть 동사가 완료상인 것은 아닙니다.

• Вчера́ я был в теа́тре.   • Ле́том мы бы́ли в Москве́.

А) **пойти́**나 **ходи́ть** 동사의 과거형을 사용하여 대화를 완성하세요.

보기
1. - Са́ша, ты не зна́ешь, где Али́на?
   - Зна́ю, она пошла́ в магази́н.
2. - Али́на, где ты была́ так до́лго?
   - Я ходи́ла в магази́н.

❶ - Ма́ма, ты не зна́ешь, где Серге́й?

   - _____

❷ - Приве́т, Ми́ла! Я жду тебя́ 40 мину́т. Где ты была́?

   - _____

❸ - Алло́!

   - Здра́вствуйте, мо́жно Ви́ку? (Ви́ка до́ма?)

   - Её нет, _____ .

❹ - Алло́!

   - Ви́ка, приве́т! Я звони́л тебе́ 2 часа́ наза́д, но тебя́ не́ было до́ма.

   - Я _____ .

Б) **пое́хать**나 **е́здить**의 과거형을 사용하여 대화를 완성하세요.

❶ - Приве́т, Юля! Прекра́сно вы́глядишь! Как провела́ кани́кулы?

   - Я _____ .

❷ - Профе́ссор Ким сейча́с в Сеу́ле?

   - Нет, _____ .

❸ - Ма́ма, а па́па до́ма?

   - Нет, он _____ .

   - А когда́ он вернётся?

- Че́рез 2~3 часа́.

❹ - Здра́вствуй, Вале́ра! Я давно́ тебя́ не ви́дел.

- Я был в о́тпуске.

- Как отдохну́л?

- Прекра́сно. Я _____ .

연습문제 6

А) **идти́**나 **е́хать** 동사를 사용하여 문장의 앞부분을 완성해 보세요.

> 보기
> • ~ , она́ о́чень волнова́лась.
> ▸ Когда́ Ли́за шла на экза́мен, она́ о́чень волнова́лась.

❶ _____ , он всю доро́гу спал.

❷ _____ , они́ ве́село разгова́ривали.

❸ _____ , она́ смотре́ла в окно́.

❹ _____ , Ви́тя расска́зывал мне о свое́й

поéздке в Япо́нию.

Б) **пойти́**나 **пое́хать** 동사를 사용하여 문장을 완성하세요.

> 보기
> • Когда́ ле́кция ко́нчилась, ~
> Когда́ ле́кция ко́нчилась, студе́нты пошли́ в столо́вую.

❶ Когда́ Макси́м сде́лал все дела́ в Москве́, _____ .

❷ Когда́ де́ти поза́втракали, _____ .

❸ Когда́ Со́ня всё купи́ла, _____ .

❹ Когда́ Же́ня и Ира встре́тились, _____ .

단어 | всю доро́гу 가는 길 내내 | спать 자다 | пое́здка 여행 | де́ло 일

어떻게 시간을 보내셨어요?

▶ 상대에게 여가 시간이나 주말, 방학 등을 어떻게 보냈는지 물을 때는 다음의 구문을 사용할 수 있습니다.

1. Что вы де́лали вчера́ / в суббо́ту и в воскресе́нье / в выходны́е (дни) / на кани́кулах? 당신은 어제/토요일과 일요일에/휴일에/방학에 무엇을 하셨나요?

2. Как вы провели́ суббо́ту и воскресе́нье / выходны́е (дни) / кани́кулы / о́тпуск? 당신은 토요일과 일요일/휴일/방학/휴가를 어떻게 보냈나요?

▶ 또 상대에게 보통 때 여가 시간, 방학, 주말을 어떻게 보내는지에 관한 일반적인 질문을 할 때는 다음의 구문을 사용할 수 있습니다.

1. Что вы обы́чно де́лаете в свобо́дное вре́мя (в выходны́е дни, на кани́кулах)? 당신은 여가 시간(휴일, 방학)에 보통 무엇을 하십니까?

2. Как вы обы́чно прово́дите свобо́дное вре́мя (выходны́е дни, кани́кулы)? 당신은 여가 시간(휴일, 방학)에 무엇을 하는 것을 좋아하십니까?

3. Что вы лю́бите де́лать в свобо́дное вре́мя (в выходны́е дни, на кани́кулах)? 당신은 보통 휴일(방학)에 무슨 일을 하십니까?

4. Чем вы обы́чно занима́етесь в выходны́е дни (на кани́кулах)? 당신은 보통 휴일(방학)에 무슨 일을 하십니까?

다음의 대화를 듣고 따라 해 보세요.

1) `Track 18-1`

- Ма́ша, как ты провела́ выходны́е? 마샤, 너는 휴일을 어떻게 보냈니?

- В суббо́ту занима́лась дома́шними дела́ми, а в воскресе́нье ходи́ла в теа́тр на бале́т. 토요일에는 집안일을 했고 일요일에는 발레를 보러 극장에 다녀왔어.

- На како́й бале́т? 어떤 발레?

- «Лебеди́ное о́зеро». 〈백조의 호수〉

- Ну и как? Понра́вился бале́т? 그래서 어땠어? 발레가 마음에 들었어?

- Да, о́чень. А что ты де́лал? 응, 아주. 너는 뭐 했어?

- В суббо́ту е́здил с друзья́ми на пикни́к, а в воскресе́нье весь день был до́ма. 토요일에는 친구들이랑 소풍을 갔다 왔고, 일요일에는 하루 종일 집에 있었어.

2) `Track 18-2`

- Приве́т, Ната́ша! Ты прекра́сно вы́глядишь! Как провела́ кани́кулы? 안녕, 나타샤! 너 근사해 보인다! 방학은 어떻게 보냈니?

- О́чень хорошо́. Я е́здила в Коре́ю. 아주 좋았어. 나는 한국에 갔다 왔어.

- Где была́? В Сеу́ле? 어디 갔었어? 서울에?

- Не то́лько. 2 неде́ли отдыха́ла в Кёнджу. А как ты провёл кани́кулы? 서울에만 갔었던 것은 아니야. 2주일 동안은 경주에서 휴가를 보냈어. 너는 방학을 어떻게 보냈어?

- То́же непло́хо. Ездил с друзья́ми на Байка́л. 나도 괜찮았어. 친구들과 바이칼 호수에 다녀왔어.

- Я давно́ мечта́ю посмотре́ть Байка́л. В сле́дующем году́ обяза́тельно пое́ду. 나는 오래 전부터 바이칼 호수를 보고 싶었어. 내년에는 꼭 갈 거야.

3) `Track 18-3`

- Юра, что ты обы́чно де́лаешь в свобо́дное вре́мя? 유라, 너는 여가 시간에 보통 뭘 하니?

- У меня́ ма́ло свобо́дного вре́мени. Но е́сли оно́ есть, я чита́ю кни́ги, игра́ю на гита́ре, хожу́ в теа́тр. А как ты прово́дишь свобо́дное вре́мя? 나는 여가 시간이 거의 없어. 하지만 시간이 나면 책을 읽고 기타를 연주하고 극장에 다녀. 너는 여가 시간을 어떻게 보내니?

- Я хожу́ в кино́, занима́юсь спо́ртом. 나는 영화 보러 다니고 운동을 해.

- Каки́м? 어떤 운동을 하니?

- Ле́том я игра́ю в бадминто́н, а зимо́й ката́юсь на лы́жах. А ты занима́ешься спо́ртом? 여름에는 배드민턴을 치고, 겨울에는 스키를 타. 너는 운동하니?

- Нет, не занима́юсь, то́лько иногда́ хожу́ в тренажёрный зал. Люблю́ футбо́л. Но не игра́ть, а смотре́ть.
  아니, 운동 안 해. 그저 가끔 헬스클럽에 다녀. 축구를 좋아해. 하지만 하는 게 아니고 보는 걸 좋아해.

- Я то́же люблю́ смотре́ть футбо́л. За кого́ ты боле́ешь?
  나도 축구 보는 것 좋아해. 너는 어떤 팀을 응원해?

- За кома́нду «Спарта́к». 나는 '스파르탁' 팀을 응원해.

- Пра́вда? Я то́же. 진짜? 나도 그런데.

연습문제 7 위의 대화를 반복하여 읽고 다음의 질문에 답해 보세요.

❶ 간접인용문을 이용하여 대화의 내용을 전해 보세요.

❷ 친구들에게 다음의 질문을 해 보세요.

　　А) Чем ты занима́ешься в свобо́дное вре́мя?

　　Б) Как ты обы́чно прово́дишь кани́кулы?

　　В) Как ты провёл (провела́) выходны́е (дни)?

　　Г) Что ты лю́бишь де́лать бо́льше всего́?

❸ 두명씩 짝을 지어 대화문을 만든 후 친구들 앞에서 발표해 보세요.

연습문제 8 짧은 텍스트를 듣고 암기하여 따라 해 보세요.

❶ Track 18-4

Ра́ньше я не уме́л пла́вать. Но в э́том году́ я научи́лся пла́вать. Около на́шего до́ма есть бассе́йн. Я хожу́ туда́ 3 ра́за в неде́лю. Мне нра́вится занима́ться пла́ванием.

В про́шлом году́ мой друг е́здил в Пари́ж. Ему́ о́чень понра́вился Пари́ж и понра́вилась Фра́нция. Он сове́тует мне пое́хать туда́. Я хочу́ пое́хать во Фра́нцию на ле́тних кани́кулах.

Е́сли бы у меня́ бы́ло свобо́дное вре́мя, я бы учи́лась игра́ть на пиани́но. Я о́чень люблю́ му́зыку. Мне нра́вится и класси́ческая му́зыка, и совреме́нная. К сожале́нию, у меня́ почти́ нет свобо́дного вре́мени.

Бо́льше всего́ я люблю́ спорт. Я занима́юсь спо́ртом постоя́нно. Ле́том мы с друзья́ми хо́дим на стадио́н, игра́ем в футбо́л и́ли в баскетбо́л. Зимо́й ката́емся на лы́жах и́ли на конька́х.

단어 туда́ 거기로 | к сожале́нию 유감스럽게 | почти́ 거의 | бо́льше всего́ 무엇보다도 | постоя́нно 항상

연습문제 9 주어진 답변을 유도할 수 있는 질문을 만들어 보세요. 밑줄 친 부분이 있는 경우는 밑줄 친 부분이 답이 될 수 있는 질문을 만들어 보세요.

❶ - _____ ?

 - В Сеу́л.

❷ - _____ ?

 - Нет, лета́л на самолёте.

❸ - _____ ?

 - 2 ра́за в неде́лю.

❹ - _____ ?

 - На вы́ставке.

❺ - _____ ?

 - Нет, не нра́вится.

❻ - _____ ?

- Да, éсли у меня бýдет врéмя.

❼ - _____ ?

- Нет, не люблю́. Мне нрáвится éздить на метрó.

❽ - _____ ?

- Я ходи́ла с млáдшим брáтом.

연습문제 10 빈칸에 적절한 문장을 넣어 대화문을 완성해 보세요.

❶ - _____ ?

- На стадиóн. Сегóдня был óчень интерéсный матч.

- _____ ?

- Комáнды «Динáмо» и «Спартáк».

❷ - _____ ?

- Игрáю на гитáре, слýшаю мýзыку.

- _____ ?

- Мне нрáвится и совремéнная, и класси́ческая мýзыка.

❸ - Ты занимáешься спóртом?

- _____ .

- А зимóй?

- _____ .

❹ - Привéт, Жéня, я давнó тебя́ не ви́дела. Где ты былá?

- _____ .

- Как дóлго ты былá там?

- _____ .

\- _____ ?

\- Да, о́чень.

❺ \- _____ ?

\- Ей год.

\- _____ ?

\- Да, она́ начала́ ходи́ть 5 дней наза́д.

연습문제 1 대화문을 듣고 주어진 질문에 답하세요. `Track 18-8`

❶ 빈칸에 들어가기에 적절하지 않은 답을 고르세요.

> В выходны́е дни она́ _____.

a) была́ на вы́ставке

b) гото́вилась к экза́мену

c) де́лала дома́шние дела́

d) встреча́лась с друзья́ми

❷ 대화의 내용에 상응하지 않는 답을 고르세요.

a) Она́ изуча́ет англи́йский язы́к.

b) В суббо́ту весь день он был в библиоте́ке.

c) В воскресе́нье он с сестро́й ходи́л в кинотеа́тр.

d) Она́ была́ на вы́ставке карти́н в суббо́ту ве́чером.

연습문제 2 대화문을 듣고 주어진 질문에 답하세요. `Track 18-9`

❶ 빈칸에 들어가기에 적절하지 않은 답을 고르세요.

> Он идёт _____.

a) на стадио́н   b) на по́чту   c) в апте́ку

❷ Кто заболе́л?

a) Ми́ла   b) брат Ми́лы   c) Юра   d) брат Юры

연습문제 3 먼저 텍스트를 듣고 이어 텍스트에 대한 질문을 들으세요. 각각의 질문에는 **ДА** 혹은 **НЕТ**로 답하세요. `Track 18-10`

❶ _____   ❷ _____   ❸ _____   ❹ _____

❺ _____   ❻ _____   ❼ _____   ❽ _____

❾ _____   ❿ _____   ⓫ _____

러시아 동화의 주인공 1. 부라티노

이제부터 러시아의 민담이 아닌 동화의 주인공들을 만나 봅시다. 여러분이 알고 있는 것처럼 구전되어 작가를 알 수 없는 민담과 달리 동화는 구체적인 작가가 쓴 작품입니다. 제일 먼저 만나게 될 동화의 주인공은 부라티노입니다.

부라티노는 알렉세이 니콜라예비치 톨스토이의 동화 '황금 열쇠, 혹은 부라티노의 모험(Золото́й клю́чик, или приключе́ния Бурати́но)'의 주인공입니다. 톨스토이가 어린 소년이었을 때 그는 이탈리아 작가 К. 콜로디의 책 '피노키오, 혹은 나무 인형의 모험'을 무척 좋아했습니다. 작가가 된 후 톨스토이는 나무 인형에 관한 자신의 이야기를 쓰기로 결심했고, 이탈리아어로 나무 인형을 뜻하는 '부라티노'를 주인공의 이름으로 정했습니다.

1935년에 출간된 알렉세이 톨스토이의 동화 내용은 다음과 같습니다. 카를로라는 이름의 가난한 목공이 나무 인형을 만들었습니다. 작업이 거의 다 끝났고 믿을 수 없을 만큼 긴 코를 다듬는 일만 남았을 때 갑자기 인형이 살아났습니다. 아주 장난꾸러기였던 그 소년은 노발대발하며 코를 자를 수 없다고 우겼습니다. 그렇게 해서 부라티노는 긴 코를 가진 나무 인형 소년이 되었습니다. 부라티노가 아빠라고 부르게 된 카를로는 부라티노를 학교에 보내기로 결심했습니다. 이때부터 나무 소년의 모험이 시작됩니다. 부라티노는 아주 착하고 순진하고 남을 잘 믿고 호기심이 많은 소년으로 놀랄 만큼 많은 모험을 겪게 됩니다. 이 동화의 인기 덕분에 부지런한 사람에게 '아빠 카를로 처럼 일한다(рабо́тает, как па́па Ка́рло)'고 하거나 코가 긴 사람에게 '코가 꼭 부라티노 같다(нос, как у Бурати́но)'는 표현은 러시아어의 일상적 표현이 되었습니다.

Гуля́я в па́рке, мы разгова́ривали.

제 19 과

공원에서 산책하며 우리는 이야기를 나누었습니다.

복 습

A) 필요한 경우 전치사를 더하여 괄호 안에 주어진 단어를 알맞은 형태로 쓰세요.

1 Неда́вно я встре́тил _____ (свой друзья́), _____ (кото́рые) я вме́сте учи́лся _____ (университе́т).

2 _____ (Влади́мир Никола́евич) понра́вилась _____ (э́та библиоте́ка), _____ (кото́рая) есть мно́го _____ (интере́сная кни́га) о _____ (Коре́я).

3 За́втра _____ (они́) бу́дет 2 _____ (уро́к) _____ (ру́сский язы́к).

4 Па́вел Ви́кторович сове́тует _____ (свой сын) занима́ться _____ (пла́вание).

5 _____ (э́та аудито́рия) не́сколько _____ (совреме́нный компью́тер).

6 Мы купи́ли _____ (ры́нок) 5 _____ (килогра́мм) _____ (рис), мно́го _____ (о́вощ и фрукт).

Б) 주어진 동사 중 적절한 것을 골라 빈칸에 알맞은 형태로 쓰세요.

идти́ / ходи́ть

1 Смотри́те, вот _____ ма́ма и па́па.

2 Вчера́ мы _____ в кино́, мы ча́сто _____ в кино́.

3 Ма́ленькая де́вочка ещё не _____.

4 Андре́й всегда́_____ на рабо́ту пешко́м.

5 Куда́ ты _____?

6 Ребёнок научи́лся _____, ему́ о́чень нра́вится _____.

éхать / éздить

7 - Куда́ ты сейча́с _____?

    - Я _____ в аэропо́рт.

8 На про́шлой неде́ле мы _____ в дере́вню.

9 Мы ча́сто _____ в Сеу́л.

10 Бра́ту не нра́вится _____ на трамва́е, он лю́бит _____ на авто́бусе.

11 Смотри́те, э́то _____ на маши́не наш оте́ц.

단어   пла́вание 수영 | совреме́нный 현대의

ГОВОРИ́ТЕ ПРА́ВИЛЬНО!

A   **불완료상 동사의 부동사**

▶ 이 책의 19과와 20과에서 우리는 형동사와 부동사에 관하여 공부하려 합니다. 먼저 부동사는 동사와 부사의 성격을 모두 지니는 품사입니다. 한국어로 예를 들자면 '먹으며 말한다'에서 '먹으며'에 해당하겠지요. 부동사도 부사처럼 변하지는 않지만, 동사의 성격도 있기 때문에 상을 구분해야 합니다. 부동사는 문어에 쓰일 뿐 구어에서는 거의 사용되지 않습니다.

▶ 먼저 불완료상 동사에서 파생되는 부동사를 살피고, 이어 완료상 동사의 부동사를 공부하도록 합시다.

1. 부동사 만들기

동사원형	동사	어미	부동사
чита́-ть	чита́-ют	-я	чита́я
нес-ти́	нес-у́т		неся́
занима́-ться	занима́-ют-ся	-я + сь	занима́ясь
слы́ша-ть	слы́ш-ат	-а(ж, ч, ш, щ 다음에)	слы́ша

| 주의하세요! |

ДАВА́Я

▶ 한 가지 주의할 것은 -авать로 끝나는 동사는 복수 3인칭이 아닌 원형을 기준으로 부동사를 만든다는 점입니다.

- дава́-ть – дава́я
- узнава́-ть – узнава́я
- встава́-ть – встава́я

연습문제 1 주어진 동사로 부동사를 만들어 보세요.

встреча́ть		встреча́ться	
ду́мать		рисова́ть	
рабо́тать		стоя́ть	
говори́ть		продава́ть	
знако́миться		танцева́ть	
сове́товать		брать	

2. 불완료상 부동사의 의미

- Мы гуля́ли и разгова́ривали.
- Когда́ мы гуля́ли, мы разгова́ривали.
  - ▶ Гуля́я, мы разгова́ривали.

▶ 불완료상 부동사는 동일한 주체의 동시 동작을 묘사할 때 사용됩니다. 동시 동작을 표현하는 만큼 '~면 서'라고 해석이 되겠지요. 또 동일 주체의 동작을 묘사하기 때문에 «Когда́ ма́ма гото́вила обе́д, па́па чита́л газе́ту.» 같이 종속절과 주절의 주어가 다른 문장은 부동사를 사용한 문장으로 바꿀 수 없습니다. 또 부동사는 동사의 성격이 있기 때문에 뒤에 다양한 활용 단어를 동반할 수 있습니다(예를 들어 «Гуля́я в па́рке, мы разгова́ривали», «Чита́я кни́гу, она́ пила́ ко́фе»).

▶ 앞서 이야기한 것처럼 부동사 자체는 부사처럼 변하지 않기 때문에 시제를 확인하려면 주절의 시제를 보아 야 합니다.

- Гуля́я, мы разгова́риваем. (현재형) 산책하면서 우리는 대화를 한다.
- Гуля́я, мы разгова́ривали. (과거형) 산책하면서 우리는 대화를 했다.
- Гуля́я, мы бу́дем разгова́ривать. (미래형) 산책하면서 우리는 대화를 할 것이다.

연습문제 2 **보기** 와 같이 부동사가 사용된 문장을 풀어 써 보세요.

> **보기**
> • Обе́дая, Серге́й слу́шал но́вости.
> ▶ Когда́ Серге́й обе́дал, он слу́шал но́вости.

❶ Расска́зывая о Москве́, Вади́м пока́зывал фотогра́фии.

▶ _____

❷ Игра́я, де́ти смею́тся.

▶ _____

❸ Идя́ в институ́т, Па́вел ду́мал об экза́мене.

▶ _____

❹ Отдыха́я на ю́ге, мы бу́дем мно́го купа́ться и загора́ть.

▶ _____

❺ Говоря́ о де́тях, ма́ма всегда́ улыба́ется.

▶ _____

❻ Уча́сь в шко́ле, Све́та занима́лась пла́ванием.

▶ _____

❼ Уча́сь в Росси́и, мы бу́дем разгова́ривать то́лько по-ру́сски.

▸ _____

❽ Де́лая дома́шнее зада́ние, Мари́на слу́шает му́зыку.

▸ _____

Б	**완료상 부동사**

▸ 불완료상 부동사가 동시 동작을 묘사한다면, 완료상 부동사는 순차적인 동작을 표현합니다. 먼저 완료상 부동사의 형태는 아래와 같습니다.

동사원형	동사	어미	완료상 부동사
прочита́-ть	прочита-л	-в	прочита́в
верну́ться	верну-л-ся	-вши + сь	верну́вшись
прий-ти́		-я	придя́
принес-ти́			принеся́

연습문제 3 빈칸에 주어진 동사의 부동사를 쓰세요.

посмотре́ть		позвони́ть	
сде́лать		познако́миться	
войти́		улыбну́ться	
верну́ться		написа́ть	
взять		посове́товать	

- Мы пообе́дали и пошли́ в кино́.
- Когда́ мы пообе́дали, мы пошли́ в кино́.
- Снача́ла мы пообе́дали, пото́м пошли́ в кино́.
  - ▸ **Пообе́дав,** мы пошли́ в кино́. 점심을 먹고 나서 우리는 영화관에 갔다.

▶ 완료상 부동사는 동일 주체가 행한 순차적인 동작을 묘사할 때 쓰입니다. 두 동작 중 먼저 일어난 동작을 묘사하는 동사를 부동사로 바꾸어 주면 됩니다.

- Когда́ Ве́ра купи́ла проду́кты, она́ пошла́ домо́й.
  ▸ Купи́в проду́кты, Ве́ра пошла́ домо́й. 식료품을 사고 나서 베라는 집으로 갔다.

▶ 완료상 부동사 역시 부사처럼 그 자체는 활용하지 않기 때문에, 주절의 동사를 보아야 해당 부동사의 시제를 판단할 수 있습니다.

- <u>Пообе́дав</u>, мы <u>пошли́</u> в кино́. (과거형) 식료품을 사고 나서 우리는 영화관에 갔다.
  <u>Пообе́дав</u>, мы <u>пойдём</u> в кино́. (미래형) 식료품을 사고 나서 우리는 영화관에 갈 것이다.

연습문제 4 **보기** 와 같이 완료상 부동사가 사용된 문장을 풀어 써 보세요.

보기
- Написа́в письмо́, Ни́на пошла́ на по́чту.
  ▸ Когда́ Ни́на написа́ла письмо́, она́ пошла́ на по́чту.

❶ Отдохну́в на мо́ре, мы верну́лись домо́й.

▸ _____

❷ Сде́лав дома́шнее зада́ние, Ко́ля позвони́т дру́гу.

▸ _____

❸ Позанима́вшись в библиоте́ке, студе́нты поу́жинают в кафе́.

▸ _____

❹ Сда́в экза́мен, мы пошли́ в бар – карао́ке.

▸ _____

❺ Придя́ домо́й, ма́ма приго́товит обе́д.

▸ _____

B 형동사

▶ 형동사는 동사와 형용사의 성격을 함께 지닙니다. '노래하는 소녀'에서 '노래하는'에 해당하는 품사이지요. 부동사가 부사의 성격을 가져 격변화하지 않았던 것과 달리 형동사는 형용사의 성격이 있기 때문에 성·수·격에 따라 그 형태가 변합니다.

형용사 + 명사	형동사 + 명사
хоро́ший челове́к	рабо́тающий челове́к
хоро́шая де́вушка	рабо́тающая де́вушка
хоро́шее ра́дио	рабо́тающее ра́дио
хоро́шие лю́ди	рабо́тающие лю́ди

또 동사의 성격도 있기 때문에 불완료상, 완료상이 나뉘고 시제도 구분되며 능동형과 피동형으로 나뉘기도 합니다. 형동사도 부동사와 마찬가지로 일차적으로 문어에서 쓰이고 일상 대화에서는 거의 사용되지 않습니다.

▶ **능동형동사 현재형**

능동형동사의 현재형은 당연히 불완료상 동사에서만 만들어집니다.

동사원형	현재 3인칭 복수	어미	능동형동사 현재
чита́ть	чита-ют	-ющ	чита́ющий (-ая, -ее, -ие)
писа́ть	пиш-ут	-ущ	пи́шущий
говори́ть	говор-ят	-ящ	говоря́щий
лежа́ть	леж-ат	-ащ	лежа́щий
учи́ться	уч-ат-ся	-ащ + ся	уча́щийся, уча́щаяся, уча́щееся, уча́щиеся

형동사의 경우는 자음 뒤에나 모음 뒤에 모두 **-ся**가 붙는다는 사실을 기억하세요.

연습문제 5 주어진 동사의 능동형동사 현재형을 쓰세요.

ду́мать		идти́	
смотре́ть		е́хать	
брать		сове́товать	
танцева́ть		встреча́ться	

улыба́ться		занима́ться	
спра́шивать		находи́ться	

▶ 형동사는 동사의 성격이 있기 때문에 격을 지배할 수도, 또 부사(구)를 동반할 수도 있습니다.

- Вот чита́ющий ма́льчик. 여기 읽고 있는 소년이 있다.
- Вот чита́ющий кни́гу ма́льчик. 여기 책을 읽고 있는 소년이 있다.
- Вот ма́льчик, чита́ющий кни́гу. 여기 책을 읽고 있는 소년이 있다.

예문을 통해 알 수 있는 것처럼 다른 단어를 동반하지 않는 형동사는 자신이 수식하는 명사의 앞에 위치하지만, 다른 단어를 동반하는 형동사는 수식하는 명사의 앞에 올 수도, 뒤에 올 수도 있습니다.

▶ 능동형동사의 현재형은 кото́рый 구문으로 바꿀 수 있습니다.

- Вот студе́нты, изуча́ющие ру́сский язы́к.
  ▶ Вот студе́нты, кото́рые изуча́ют ру́сский язы́к.
  여기 러시아어를 공부하는 학생들이 있다.
- Я говорю́ о студе́нтах, изуча́ющих ру́сский язы́к.
  ▶ Я говорю́ о студе́нтах, кото́рые изуча́ют ру́сский язы́к.
  나는 러시아어를 공부하는 학생들에 관하여 말하고 있다.

연습문제 6 보기 와 같이 능동형동사 현재형이 사용된 문장을 **кото́рый** 구문으로 바꾸어 보세요.

보기
- Я живу́ в до́ме, находя́щемся в це́нтре го́рода.
  ▶ Я живу́ в до́ме, кото́рый нахо́дится в це́нтре го́рода.

❶ Моя́ подру́га, живу́щая в Москве́, пи́шет мне интере́сные пи́сьма.

▶ _____

❷ Мы разгова́ривали со студе́нтами, изуча́ющими коре́йский язы́к.

▶ _____

❸ Вот иду́т де́ти, уча́щиеся в шко́ле.

▶ _____

❹ У Макси́ма, живу́щего в на́шем до́ме, мно́го друзе́й.

▸ _____

❺ Студе́нты, сдаю́щие экза́мен, о́чень волну́ются.

▸ _____

❻ Де́вушку, покупа́ющую ру́сско-коре́йский слова́рь, зову́т Лари́са.

▸ _____

❼ Вы зна́ете э́тих молоды́х люде́й, говоря́щих по-англи́йски?

▸ _____

▸ **능동형동사 과거형**

능동형동사의 과거형은 완료상/불완료상 동사 모두에서 파생될 수 있습니다.

동사원형	과거형	접미사	능동형동사 과거형
-ТЬ			
изуча́ть	изуча-л		изуча́-вш-ий (-ая,-ее,-ие)
изучи́ть	изучи-л	-вш-	изучи́-вш-ий
учи́ться	учи – л – ся		учи́-вш-ий-ся, учи́вшаяся
			учи́вшееся, учи́вшиеся
–ТИ, -ЧЬ			
нести́	нёс	-ш-	нёс-ш-ий
помо́чь	помо́г		помо́г-ш-ий
идти́	шёл		ше́дший

연습문제 7 다음 동사의 능동형동사 과거형을 쓰세요.

писа́ть		улыбну́ться	
спроси́ть		познако́миться	
купи́ть		взять	
рабо́тать		гото́виться	

говори́ть		стоя́ть	
сде́лать		висе́ть	
посмотре́ть		пое́хать	

단어 стоя́ть 서 있다 │ висе́ть 걸려 있다

▶ 능동형동사의 과거형 역시 'кото́рый + 동사 과거형'의 구문으로 바꿀 수 있습니다.

- Студе́нты, верну́вшиеся из Москвы́, хорошо́ говоря́т по-ру́сски.
  - ▶ Студе́нты, кото́рые верну́лись из Москвы́, хорошо́ говоря́т по-ру́сски. 모스크바에서 돌아온 학생들은 러시아어를 잘한다.
- Вчера́ мы ви́дели студе́нтов, верну́вшихся из Москвы́.
  - ▶ Вчера́ мы ви́дели студе́нтов, кото́рые верну́лись из Москвы́. 어제 우리는 모스크바에서 돌아온 학생들을 보았다.

연습문제 8 **보기** 와 같이 능동형동사 과거형이 사용된 문장을 **кото́рый** 구문으로 바꾸어 보세요.

보기
- Поэ́т, написа́вший э́ти стихи́, живёт в Аме́рике.
  - ▶ Поэ́т, кото́рый написа́л э́ти стихи́, живёт в Аме́рике.

❶ Студе́нты, учи́вшиеся в Росси́и, хорошо́ говоря́т и понима́ют по-ру́сски.

▶ _____

❷ Я говорю́ о Вади́ме, рабо́тавшем в на́шей фи́рме 2 го́да наза́д.

▶ _____

❸ Ви́ктор, око́нчивший университе́т в про́шлом году́, нашёл хоро́шую рабо́ту.

▶ _____

❹ Мы поздравля́ем на́шу баскетбо́льную кома́нду, вы́игравшую матч.

▶ _____

❺ Подру́га, позвони́вшая мне вчера́ ве́чером, живёт в друго́м го́роде.

▶ _____

❻ Молодо́й челове́к, познако́мившийся с на́ми на фестива́ле ру́сской культу́ры, у́чится в на́шем университе́те.

▶ _____

❼ Де́тям, игра́вшим в па́рке, бы́ло ве́село.

▶ _____

단어	вы́играть 이기다

ДАВА́ЙТЕ ПОГОВОРИ́М!

연습문제 1 다음 문장을 완성해 보세요.

А)

❶ Мы е́здили _____ к _____ .

❷ Вчера́ мы бы́ли _____ .

❸ Самолёт лети́т _____ .

❹ Пти́цы лета́ют _____ .

❺ Де́ти иду́т _____ .

❻ Роди́тели е́здили _____ .

❼ Я поздравля́ю _____ .

❽ Студе́нты сда́ли _____ .

❾ Это кни́га _____ .

❿ Здесь 25 _____ .

⓫ Дру́гу _____ .

⓬ Я обяза́тельно помогу́ _____ .

⓭ Мы жела́ем _____ .

⓮ _____ понра́вилось _____ .

⓯ Я приглаша́ю _____ .

⓰ Вади́м танцу́ет _____ .

⓱ Соня гото́вит _____ .

⓲ Алёша гото́вится _____ .

Б)

❶ Мы встре́тили Серге́я, с кото́рым _____ .

❷ Это мой брат, кото́рому _____ .

❸ Это студе́нтки, о кото́рых _____.

❹ Я хорошо́ зна́ю Юлю, кото́рая _____.

❺ Это наш преподава́тель, кото́рого _____.

❻ Вы по́мните де́вушку, у кото́рой _____.

В)

❶ Это Ви́ктор, рабо́тающий _____.

❷ Это студе́нты, верну́вшиеся _____.

❸ Здесь нет студе́нтов, говоря́щих _____.

❹ Это де́ти, гуля́ющие _____.

❺ Вот ба́бушка, е́дущая _____.

❻ Это спортсме́ны, занима́ющиеся _____.

❼ Это библиоте́ка, находя́щаяся _____.

❽ Это Оле́г, пригласи́вший _____.

❾ На стадио́не мы ви́дим Светла́ну, игра́ющую _____.

연습문제 2

А) 빈칸에 들어갈 적절한 단어를 알맞은 형태로 쓰세요.

❶ Костю́м сто́ит 141 _____.

❷ На мо́ре мы отдыха́ли 5 _____.

❸ В университе́те на́до учи́ться 4 _____.

❹ Вади́м живёт в Москве́ 10 _____.

❺ Мне на́до запо́мнить 12 _____.

❻ Студе́нты писа́ли тест 3 _____.

❼ У Ольги высо́кая температу́ра, 38 _____.

❽ В портфе́ле не́сколько _____ и _____.

Б) 빈칸에 명사 **гра́дус**를 알맞은 형태로 쓰세요. 단어 **«плюс (+)»**와 **«ми́нус (-)»**를 암기하세요.

❶ Сего́дня + 22 _____ .

❷ - Ты не зна́ешь, кака́я сего́дня температу́ра?

    - Зна́ю, - 11 _____ .

❸ Сего́дня о́чень хо́лодно, - 25 _____ .

❹ Я слы́шала, что за́втра бу́дет жа́рко, + 31 _____ .

❺ Сейча́с прохла́дно, + 4 _____ .

❻ Сего́дня тепло́, + 23 _____ .

❼ Вчера́ бы́ло хо́лодно, - 17 _____ .

단어   запо́мнить 기억하다, 기억해 두다 | портфе́ль 서류가방 | гра́дус 도 | прохла́дный 선선한

연습문제 3 [보기]와 같이 대화를 이어 보세요.

А)

> [보기]   - Сего́дня тепло́.
>   - Да, сего́дня тёплая пого́да

❶ - Сего́дня хо́лодно.

   - _____

❷ - Сего́дня прохла́дно.

   - _____

❸ - Сего́дня жа́рко.

   - _____

❹ - Сего́дня па́смурно.

   - _____

❺ - Сего́дня о́блачно.

 - _____

❻ - Сего́дня со́лнечно.

 - _____

Б)

보기
- Сего́дня тёплая пого́да.
- И вчера́ была́ тёплая пого́да.
- Наве́рное, за́втра то́же бу́дет тёплая пого́да.

❶ - Сего́дня холо́дная пого́да.

 - _____

 - _____

❷ - Сего́дня жа́ркая пого́да.

 - _____

 - _____

❸ - Сего́дня прохла́дная пого́да.

 - _____

 - _____

В)

보기
- Сего́дня тепло́.
- И вчера́ бы́ло тепло́.
- Я слы́шал(а), что за́втра то́же бу́дет тепло́.

❶ - Сего́дня па́смурно.

 - _____

 - _____

❷ - Сего́дня со́лнечно.

- _____

- _____

❸ - Сего́дня хо́лодно.

- _____

- _____

❹ - Сего́дня жа́рко.

- _____

- _____

단어 па́смурный 날이 흐린 | о́блачный 구름이 낀 | со́лнечный 해가 비치는 | наве́рное 아마도

연습문제 4

A) 다음의 일기예보를 읽어 보세요.

❶ В Москве́ сего́дня ожида́ется я́сная, со́лнечная пого́да. Температу́ра во́здуха днём + 24 гра́дуса. Ве́тер ю́го-за́падный, сла́бый.

❷ В Петербу́рге сего́дня о́блачно, ве́чером возмо́жен небольшо́й дождь. Температу́ра во́здуха + 15 гра́дусов. Ве́тер се́веро-восто́чный, си́льный.

❸ В суббо́ту во Владивосто́ке ожида́ется па́смурная пого́да. Утром тума́н, мо́рось, днём дождь. Температу́ра во́здуха + 21 гра́дус. Температу́ра воды́ в Аму́рском зали́ве + 17. Ве́тер ю́жный, сла́бый.

❹ За́втра в Ирку́тске ожида́ется снег, ве́тер се́верный, си́льный. Температу́ра во́здуха у́тром – 25 гра́дусов, днём -22~24 гра́дуса.

Б) 오늘의 일기예보를 만들어 보세요.

단어 ожида́ться 기다려진다, 예상되어진다 | я́сный 선명한, 맑은 | во́здух 공기 | ве́тер 바람 | ю́го-за́падный 남서의 | сла́бый 약한 | се́веро-восто́чный 북동의 | тума́н 안개 | мо́рось 이슬비 | зали́в 만(灣) | ю́жный 남쪽의 | се́верный 북쪽의 | си́льный 강한

연습문제 5 다음의 질문에 답해 보세요.

❶ - Кака́я пого́да в Коре́е зимо́й?

   - _____

❷ - Кака́я пого́да быва́ет ле́том?

   - _____

❸ - Кака́я сего́дня пого́да?

   - _____

❹ - Кака́я пого́да была́ вчера́?

   - _____

❺ - Кака́я пого́да ожида́ется за́втра?

   - _____

❻ - Кака́я пого́да вам нра́вится?

   - _____

❼ - Ча́сто ли в Коре́е идёт снег?

   - _____

❽ - Когда́ в Коре́е начина́ется и конча́ется сезо́н дожде́й?

   - _____

❾ - Како́е вре́мя го́да вам нра́вится бо́льше всего́? Почему́?

   - _____

단어 сезо́н дожде́й 우기 | вре́мя го́да 계절 | бо́льше всего́ 무엇보다도

ДИАЛО́ГИ

다음의 대화를 듣고 따라 해 보세요.

1) Track 19-1

- Дава́й пое́дем в суббо́ту на Соракса́н. 토요일에 설악산에 가자.

- Ну что ты! Сейча́с так хо́лодно! Ка́ждый день ду́ет си́льный ве́тер.
  무슨 소리야! 지금 이렇게 추운데! 매일 강풍이 불어.

- Я смотре́л прогно́з пого́ды в Интерне́те, в суббо́ту бу́дет + 15.
  인터넷으로 일기예보를 보았는데 토요일에는 영상 15도가 될 거래.

- А ве́тер бу́дет? 바람은 분대?

- Сла́бый. 약한 바람이 불 거래.

- Пра́вда? Ну, е́сли бу́дет тепло́, тогда́ дава́й пое́дем. 진짜? 만일 따뜻할 거라면, 그럼 가자.

2) Track 19-2

- Ка́тя, ты не зна́ешь, кака́я пого́да бу́дет за́втра? 카탸, 너는 내일 날씨가 어떨지 혹시 아니?

- Я слы́шала, что бу́дет тепло́. 따뜻할 거라고 들었는데.

- А дождя́ не бу́дет? 비는 안 온대?

- По ра́дио сказа́ли, что не бу́дет. А что? (А почему́ ты спра́шиваешь?)
  라디오에서는 안 올 거라고 했어. 왜? (왜 물어보는데?)

- За́втра мы е́дем на экску́рсию. 우리는 내일 견학을 가거든.

- Куда́? 어디로?

- В Ботани́ческий сад. Ты не хо́чешь пое́хать с на́ми? 식물원으로. 우리랑 같이 가고 싶지 않니?

- Хочу́. За́втра я свобо́дна. 가고 싶어. 내일 나는 자유야.

- Тогда́ за́втра в 10 часо́в встреча́емся о́коло общежи́тия. Не опа́здывай!
  그럼 10시에 기숙사 근처에서 만나자. 늦지 마!

- Хорошо́. До за́втра. 좋아. 내일 보자.

3) Track 19-3

- Приве́т, Вади́м! 안녕, 바딤!

- Приве́т, Па́вел! Как дела́? 안녕, 파벨! 어떻게 지내니?

- Всё в поря́дке. А у тебя́? 잘 지내. 너는?

- То́же хорошо́. Каки́е у тебя́ пла́ны на выходны́е? 나도 잘 지내. 휴일에 어떤 계획이 있니?

- Пока́ никаки́х. А что? 아직은 아무것도 없어. 왜?

- Дава́й пое́дем на мо́ре. У меня́ есть пала́тка. 바닷가에 가자. 나한테 텐트가 있거든.

- Дава́й. Если бу́дет хоро́шая пого́да. 가자. 날씨가 좋으면.

- Я смотре́л прогно́з в Интерне́те. В суббо́ту весь день бу́дет хоро́шая пого́да.

  В воскресе́нье днём то́же бу́дет со́лнечно, а ве́чером-дождь.
  내가 인터넷으로 예보를 봤어. 토요일에는 하루 종일 날씨가 좋을 거야. 일요일에도 낮에는 해가 나고 저녁에는 비가 올 거래.

- Тогда́ в воскресе́нье по́сле обе́да мы вернёмся домо́й.
  그럼 일요일 점심 먹고 집으로 돌아오자.

- Хорошо́. Договори́лись. 좋아. 약속한 거다.

연습문제 6 위의 대화를 보고 여러분 스스로 대화문을 만들어 이야기를 나누어 보세요.

연습문제 7 짧은 텍스트를 듣고 전체를 암기하여 따라 해 보세요.

❶ Track 19-4

Вчера́ шёл снег. Бы́ло хо́лодно, ми́нус 22 гра́дуса. Но Ге́на и Ди́ма ката́лись на лы́жах. Ге́на ката́ется на лы́жах лу́чше, чем Ди́ма.

❷ Track 19-5

Если бы сего́дня была́ хоро́шая пого́да, мы бы пое́хали в лес и́ли на мо́ре. Но сего́дня прохла́дно, весь день идёт дождь. Мо́жет быть, че́рез неде́лю бу́дет тепло́ и со́лнечно.

❸ Track 19-6

В воскресе́нье мы е́здили на о́зеро. Была́ тёплая, со́лнечная пого́да. Мы купа́лись, загора́ли, игра́ли в волейбо́л. Мы о́чень хорошо́ провели́ э́тот день и по́здно ве́чером верну́лись домо́й.

단어 ката́ться на лы́жах 스키를 타다 | купа́ться 헤엄치다 | загора́ть 일광욕하다

연습문제 8 주어진 답을 유도할 수 있는 질문을 만들어 보세요.

❶ - _____ ?

- Выходны́е? Мы е́здили на Соракса́н.

❷ - _____ ?

- В выходны́е? Мы е́здили на мо́ре.

❸ - _____ ?

- В теа́тр, на о́перу.

❹ - _____ ?

- В музе́е, на но́вой вы́ставке.

❺ - _____ ?

- Нет, не зна́ю, посмотри́ в Интерне́те.

❻ - _____ ?

- По ра́дио сказа́ли, что не бу́дет.

❼ - _____ ?

- + 25 гра́дусов.

❽ - _____ ?

- Нет, сего́дня сла́бый ве́тер.

연습문제 9 대화의 빈칸을 채워 보세요.

❶ - _____

- Дава́й, е́сли не бу́дет дождя́.

- _____

- Очень хорошо́.

② - Ты не зна́ешь, кака́я пого́да бу́дет за́втра?

- _____

- Очень жаль. А мы хоте́ли пое́хать на пикни́к.

③ - Оля, что ты де́лала в суббо́ту?

- _____ А ты?

- _____

④ - Ди́ма, како́е вре́мя го́да ты лю́бишь бо́льше всего́?

- _____

- Зи́му? Почему́?

- _____ ?

연습문제 1 텍스트를 듣고 주어진 질문에 답하세요. Track 19-7

❶ 빈칸에 들어갈 적절한 답을 고르세요.

• Ве́чером бу́дет _____.

a) мо́рось

b) дождь

c) снег

d) дождь со сне́гом

❷ 아래의 단어결합 중 텍스트에 나오지 않았던 것을 고르세요.

a) па́смурная пого́да

b) небольшо́й дождь

c) си́льный снег

d) сла́бый ве́тер

연습문제 2 ❶ 대화를 듣고 빈칸에 들어갈 적절한 답을 고르세요. Track 19-8

• Э́тот разгово́р был _____ октября́.

a) 25   b) 26   c) 27   d) 28

❷ Как они́ договори́лись провести́ вре́мя?

a) пойти́ в кино́, а в лес пое́хать че́рез неде́лю.

b) пое́хать в лес, а в кино́ пойти́ че́рез неде́лю.

c) в суббо́ту пойти́ в кино́, а в воскресе́нье пое́хать в лес.

d) в суббо́ту пое́хать в лес, а в воскресе́нье пойти́ в кино́.

연습문제 3 주어진 문장을 듣고 들은 문장과 아래 쓰여진 문장을 비교해 보세요. 서로 다른 부분이 있으면 찾아서 들은 문장과 같도록 고치세요. **Track 19-9**

❶ Ма́ше нра́вится со́лнечная, я́сная пого́да, она́ не лю́бит дождь и хо́лод.

❷ Е́сли бы в выходны́е не́ было дождя́, мы пое́хали бы на экску́рсию в Су́здаль.

연습문제 4 먼저 텍스트를 듣고 이어 텍스트에 대한 질문을 들으세요. 각각의 질문에는 **ДА** 혹은 **НЕТ**로 답하세요. **Track 19-10**

❶ _____ ❷ _____ ❸ _____ ❹ _____

❺ _____ ❻ _____ ❼ _____ ❽ _____

동화 작가 N. 노소프의 작품 '네즈나이카와 친구들의 모험(Приключéния Незнáйки и егó друзéй)'은 1954년에 출판되었습니다. 이 책의 줄거리는 다음과 같습니다. 동화 속 꽃나라에 '코로트이쉬키(Короты́шки)'라 불리는 작은 사람들이 살고 있었습니다('короты́шки' ← корóткий, невысóкий). 꽃나라에는 위대한 즈나이카(Знáйка), 기술자 쉬푼틱(Шпýнтик), 음악가 구슬랴(Гýсля) 등 많은 훌륭한 사람들이 살고 있었지만, 그래도 그 중 가장 유명한 사람은 네즈나이카(Незнáйка)였습니다('Незнáйка' ← 'не знать'). 첫째, 네즈나이카는 한 번 보면 잊을 수 없는 외모를 하고 있습니다. 입고 있는 옷도 화려하고 요란할 뿐더러, 하는 행동도 특별했습니다. 게다가 유명한 거짓말쟁이에 잘난척쟁이, 그리고 게으름뱅이였지요. 이런 단점들에도 불구하고 네즈나이카는 아주 매력적인 인물입니다. 항상 가장 우습고 기이한 상황에 처하게 되는 호기심 많고 솔직하며 정이 많은 장난꾸러기이니까요. 노소프는 자신의 아들 표트르를 보고 네즈나이카라는 캐릭터를 그려냈다고 합니다. 이 책은 대단한 인기를 누렸고, 결국 작가는 '태양의 나라에 간 네즈나이카(Незнáйка в Сóлнечном гóроде)', '달에 간 네즈나이카(Незнáйка на Лунé)'라는 두 권의 책을 더 내게 되었습니다.

현대 러시아에서 Незнáйка와 Знáйка는 이미 보통 명사처럼 사용되고 있습니다. 능력이 없고 아는 것이 없는 사람은 незнáйка라고, 아는 것이 많고 능력있는 사람은 знáйка라고 부르는 것이지요.

Магазин закрыт или открыт?

가게 문이 닫혔나요, 열렸나요?

복 습

1 Мой друг занимается _____ (плавание и шахматы).

2 Вчера мы встретили _____ (молодой человек), _____ (который) познакомились _____ (неделя, назад).

3 _____ (Дмитрий) мало _____ (свободное время).

4 _____ (свободное время) я играю _____ (теннис), встречаюсь _____ (свои друзья), езжу _____ (лес).

5 _____ (Игорь) интересно заниматься _____ (живопись).

6 _____ (Этот мальчик) 8 _____ (год), но он очень хорошо играет _____ (гитара).

7 Вчера мы ходили _____ (экскурсия) _____ (Дворец императора), находящийся _____ (центр) _____ (город).

단어 плавание 수영 | живопись 그림 | дворец 궁전 | император 황제

---

258 실속 100% 러시아어 첫걸음 2

ГОВОРИ́ТЕ ПРА́ВИЛЬНО!

A 피동형동사

▶ 19과에서 능동형동사를 살펴보았다면, 이번 과에서는 피동형동사를 살펴봅시다. '피동'의 의미를 생각해 보면 알 수 있듯이, 목적어를 지니는 타동사만이 피동형동사를 파생시킬 수 있습니다. 자동사로는 피동형 동사를 만들 수 없습니다.

▶ **피동형동사 현재형**

피동형동사의 현재형은 당연히 현재시제를 가지는 불완료상에서만 파생됩니다.

동사원형	1인칭 복수형	접미사	피동형동사 현재형
чита́ть	чита-ем	-ем	чита́-ем-ый (-ая, -ое- ые)
люби́ть	люб-им	-им	люб-и́м-ый
дава́-ть		-ем	дава́-ем-ый

> ▌ 주의하세요! ▌
>
> ### 피동형동사를 만들 수 없는 타동사
>
> ▶ знать, есть, пить, мыть, брать, ждать, писа́ть, петь 등은 불완료상 타동사이지 만, 이 동사들로는 피동형동사를 만들 수 없습니다.

연습문제 1 주어진 동사로 피동형동사 현재형을 쓰세요.

пока́зывать		продава́ть	
изуча́ть		встреча́ть	
ви́деть		уважа́ть	
реша́ть		сдава́ть	

▶ 피동형동사 현재형 역시 〈кото́рый + 현재형〉의 구문으로 풀어 쓸 수 있습니다.

▶ **능동형동사 현재형**

- Вот ма́льчик, чита́ющий кни́гу.

  ▶ Вот ма́льчик, кото́рый чита́ет кни́гу.
  여기 책을 읽고 있는 소년이 있다.

- Мы ви́дим студе́нтов, сдаю́щих экза́мен.

  ▶ Мы ви́дим студе́нтов, кото́рые сдаю́т экза́мен.
  우리는 시험을 치르고 있는 학생들을 본다.

▶ **피동형동사 현재형**

- Вот кни́га, чита́емая ма́льчиком.

  ▶ Вот кни́га, кото́рую чита́ет ма́льчик.
  여기 소년에 의하여 읽히는 책이 있다.

- Мы говори́м об экза́мене, сдава́емом студе́нтами.

  ▶ Мы говори́м об экза́мене, кото́рый сдаю́т студе́нты.
  우리는 학생들에 의하여 치러지는 시험에 관하여 말하고 있다.

▶ 영어의 수동태, 능동태를 기억하면 조금 수월하게 **кото́рый** 구문으로 바꿀 수 있을 것입니다. '책을 읽는 소년'에서 책을 읽는 주체는 소년이고 책은 그 소년에 의해 '읽히는' 피동적 관계에 있는 것이지요. 시험 역시 학생들의 입장에서는 능동적으로 치르는 대상이지만, 시험 자체는 학생들에 의해 치러지는 것이지요. 또 피동형동사를 사용할 때 영어 수동태의 〈by + 목적격〉에 해당하는 행위의 주체는 조격으로 표현합니다.

- чита́ющий кни́гу ма́льчик (책을 읽는 소년)
- кни́га, чита́емая ма́льчиком (소년에 의해 읽히는 책)

연습문제 2 **보기** 와 같이 피동형동사가 사용된 구문을 **кото́рый** 구문으로 바꾸어 보세요.

> **보기** • Вот газе́та, чита́емая отцо́м. ▶ Вот газе́та, кото́рую чита́ет оте́ц.

❶ Мы говори́м об экза́менах, сдава́емых студе́нтами.

▶ _____

② Все слу́шают интере́сные исто́рии, расска́зываемые Вади́мом.

▶ _____

③ Мне нра́вятся предме́ты, изуча́емые мной в э́том семе́стре.

▶ _____

④ На уро́ке мы чита́ли стихи́ поэ́та, люби́мого мной с де́тства.

▶ _____

⑤ В газе́те мы прочита́ли о пробле́ме, реша́емой на́шими учёными.

▶ _____

⑥ Това́ры, продава́емые э́тим магази́ном, хоро́шего ка́чества.

▶ _____

⑦ Мы обсужда́ем но́вости, сообща́емые газе́тами.

▶ _____

단어 | исто́рия 역사, 이야기 | семе́стр 학기 | пробле́ма 문제 | реша́ть 해결하다 | това́р 상품 | продава́ть 판매하다 | ка́чество 품질 | обсужда́ть 논의하다 | но́вости 뉴스 | сообща́ть 알리다, 보도하다

▶ 한 가지 주의할 것은 피동형동사의 경우 행위의 주체를 항상 명확하게 밝힐 수 있는 것은 아니라는 점입니다. 다음과 같은 문장은 행위의 주체가 불명확한 문장들입니다.

- Я ча́сто смотрю́ фи́льмы, пока́зываемые в э́том кинотеа́тре.
  나는 종종 이 영화관에서 상영되는 영화들을 본다.
- Я не покупа́ю ве́щи, продава́емые в э́том магази́не.
  나는 이 가게에서 판매되는 물건들을 사지 않는다.

▶ 이런 경우에는 피동형동사 구문을 어떻게 кото́рый 구문으로 바꾸어 줄 수 있을까요? 이때는 일반인을 지칭하는 3인칭 복수형을 사용하면 됩니다. 단 'They say~'처럼 3인칭 복수 주어를 직접 써 주는 영어의 경우와는 달리 러시아어에서는 주어인 они́를 생략해야 합니다.

- Я ча́сто смотрю́ фи́льмы, кото́рые пока́зывают в э́том кинотеа́тре.
  나는 종종 이 영화관에서 상영하는 영화들을 본다.
- Я не покупа́ю ве́щи, кото́рые продаю́т в э́том магази́не.
  나는 이 상점에서 판매하는 물건들을 사지 않는다.

연습문제 3 피동형동사가 사용된 구문을 **кото́рый** 구문으로 바꾸어 보세요.

❶ Овощи, продава́емые на ры́нке, деше́вле, чем в магази́не.

▶ _____

❷ Пробле́ма, реша́емая сейча́с, име́ет большо́е значе́ние.

▶ _____

❸ Газе́ты мно́го пи́шут о фи́льмах, пока́зываемых на кинофестива́ле.

▶ _____

❹ Из всех предме́тов, изуча́емых в университе́те, я бо́льше всего́ люблю́ ру́сскую литерату́ру.

▶ _____

❺ Ка́ждый день мы слу́шаем но́вости, сообща́емые по ра́дио.

▶ _____

단어   име́ть 가지다 | значе́ние 의미 | предме́т 과목

▶ **피동형동사 과거형**
피동형동사 과거형은 완료상 타동사에서만 만들어집니다.

동사원형	접미사	피동형동사 과거형
прочита́-ть	-нн	прочи́та-нн-ый (-ая, -ое, -ые)
изуч-и́ть	-енн	изу́ч-енн-ый

-ить로 끝나는 완료상 타동사에서 피동형동사 과거형을 만들 때는 앞서 배운 자음 교체가 일어납니다.

купи́ть 구매하다 ▸ ку́пленный

пригото́вить 준비하다 ▸ пригото́вленный

встре́тить 만나다 ▸ встре́ченный

прости́ть 용서하다 ▸ прощённый

пригласи́ть 초대하다 ▸ приглашённый

몇몇 동사의 피동형동사 과거형은 접미사 -т-를 취합니다. 이 경우는 따로 암기해 두세요.

откры́ть 열다 ▸ откры́тый	забы́ть 잊다 ▸ забы́тый
закры́ть 닫다 ▸ закры́тый	приня́ть 받다 ▸ при́нятый
поня́ть 이해하다 ▸ по́нятый	наде́ть 입히다 ▸ наде́тый
нача́ть 시작하다 ▸ на́чатый	спеть 부르다 ▸ спе́тый
взять 택하다 ▸ взя́тый	уби́ть 죽이다 ▸ уби́тый

연습문제 4 주어진 동사들의 피동형동사 과거형을 만들어 보세요.

сде́лать		прода́ть	
написа́ть		спроси́ть	
постро́ить		посла́ть	
подгото́вить		подари́ть	
рассказа́ть		нача́ть	
получи́ть		купи́ть	
забы́ть		око́нчить	

▸ 이제 피동형동사 과거형 구문을 кото́рый 구문으로 바꾸어 봅시다. 이때도 수동, 능동, 주체, 객체의 관계를 먼저 생각한 후 문장을 만들어 보세요.

● **Преподава́тель смо́трит дома́шнее зада́ние, сде́ланное Ната́шей.**
선생님은 나타샤에 의해 (행)해진 숙제를 보신다.

이 문장을 кото́рый 구문으로 바꾸면 어떻게 될까요?

- Преподава́тель смо́трит дома́шнее зада́ние, кото́рое сде́лала Ната́ша.
선생님은 나타샤가 한 숙제를 보신다.

숙제를 한 것은 나타샤이기 때문에 나타샤가 주어로 오고, 과거 피동형동사이므로 시제는 과거형을 사용해야 합니다.

연습문제 5 **보기** 와 같이 피동형동사 과거형이 사용된 구문을 **кото́рый** 구문으로 바꾸어 보세요.

> **보기**
> - Я чита́ю кни́гу, пода́ренную бра́том.
> ▸ Я чита́ю кни́гу, кото́рую подари́л брат.

❶ Де́ти с аппети́том е́ли обе́д, пригото́вленный ба́бушкой.

▸ _____

❷ На ле́кции преподава́тель расска́зывал нам о рома́не, напи́санном Достое́вским.

▸ _____

❸ Мне нра́вится карти́на, нарисо́ванная сы́ном.

▸ _____

❹ Нам понра́вился конце́рт, подгото́вленный студе́нтами пе́рвого ку́рса.

▸ _____

❺ Ира и Ле́на, встре́ченные на́ми на у́лице, спеши́ли на конце́рт.

▸ _____

❻ Макси́м прочита́л письмо́, при́сланное отцо́м.

▸ _____

❼ Преподава́тель проверя́ет упражне́ние, напи́санное И́горем.

▸ _____

❽ Мы спроси́ли писа́теля, приглашённого на́ми на фестива́ль, о его́ но́вом рома́не.

▸ _____

❾ Я уже́ прочита́л кни́гу, пода́ренную друзья́ми.

▶ _____

보기	• Я чита́ю кни́гу, пода́ренную вчера́.

▶ Я чита́ю кни́гу, кото́рую подари́ли вчера́.

❿ Вчера́ мы обе́дали в кафе́, постро́енном в про́шлом ме́сяце.

▶ _____

⓫ Студе́нты разгова́ривают с гостя́ми, приглашёнными на фестива́ль.

▶ _____

⓬ Вот матрёшка, ку́пленная в Москве́.

▶ _____

⓭ Дальневосто́чный университе́т, осно́ванный в 1899 году́, старе́йший университе́т на Да́льнем Восто́ке.

▶ _____

⓮ Нам понра́вился конце́рт ру́сской му́зыки, пока́занный по коре́йскому телеви́дению.

▶ _____

단어 с аппети́том 맛있게 | карти́на 그림 | спеши́ть 서두르다 | присла́ть 보내다 | проверя́ть 검사하다 | основа́ть 설립하다 | старе́йший 가장 오래된 | телеви́дение TV 방송

▶ **피동형동사의 단어미형**

피동형동사의 단어미형은 피동형동사 과거형의 독특한 쓰임입니다. 여러분이 이미 몇 차례 보았던 대로 러시아어의 형용사는 원래 장어미형과 단어미형으로 나뉩니다. 일반적인 형용사인 장어미형 형용사(краси́в/ый, -ая, -ое, -ые)가 서술과 수식의 역할을 다 수행하는 것(«краси́вый дом», «Дом краси́вый.»)과 달리 단어미형 형용사(краси́в, -а, -о, -ы)는 서술형으로만(«Дом краси́в.») 사용됩니다. 피동형동사의 단어미형은 형용사 단어미형과 마찬가지로 피동형동사의 장어미형(일반형)에서 파

생되고, 수식형이 아닌 서술형으로만 쓰입니다.

прочи́танный – прочитан-ный ▶ прочи́тан

- Журна́л прочи́тан. 잡지가 다 읽혀졌다.
- Кни́га прочи́тана. 책이 다 읽혀졌다.
- Письмо́ прочи́тано. 편지가 다 읽혀졌다.
- Стихи́ прочи́таны. 시가 다 읽혀졌다.

откры́тый – открыт-ый ▶ откры́т

- Магази́н откры́т. 가게가 열려 있다.
- Апте́ка откры́та. 약국이 열려 있다.
- Кафе́ откры́то. 카페가 열려 있다.
- Рестора́ны откры́ты. 레스토랑들이 열려 있다.

▶ 피동형동사 단어미형을 사용하여 행위 주체가 주어가 되는 구문을 행위의 객체가 주어가 되는 구문으로 바꿀 수 있습니다.

- Анто́н прочита́л кни́гу. 안톤이 책을 읽었다.
  - ▶ Кни́га <u>прочи́тана</u> Анто́ном. 책이 안톤에 의하여 읽혀졌다.
- Оте́ц постро́ил дом. 아버지가 집을 지으셨다.
  - ▶ Дом <u>постро́ен</u> отцо́м. 집이 아버지에 의해 지어졌다.
- Шко́лу откры́ли в э́том году́. 학교를 올해 개교했다.
  - ▶ Шко́ла <u>откры́та</u> в э́том году́. 학교는 올해 개교되었다(개교했다).
- Госте́й пригласи́ли на фестива́ль. 손님들을 페스티벌에 초대했다.
  - ▶ Го́сти <u>приглашены́</u> на фестива́ль. 손님들은 페스티벌에 초대되었다.

연습문제 6 〔보기〕 와 같이 능동태 문장을 수동태 문장으로 바꾸어 보세요.

> 〔보기〕 · Мари́на прочита́ла письмо́. ▶ Письмо́ прочи́тано Мари́ной.

❶ Оте́ц купи́л биле́ты в теа́тр.   ▶ _____

❷ Студе́нты сда́ли экза́мен.   ▶ _____

❸ Учёные реши́ли э́ту пробле́му. ▸ _____

❹ Мы изучи́ли э́ту грамма́тику. ▸ _____

❺ А́нна написа́ла упражне́ние. ▸ _____

❻ Лари́са пригото́вила у́жин. ▸ _____

보기 • Библиоте́ку уже́ постро́или. ▸ Библиоте́ка уже́ постро́ена.

❼ Магази́н закры́ли. ▸ _____

❽ Газе́ту напеча́тали. ▸ _____

❾ Ве́ру при́няли в институ́т. ▸ _____

❿ Факс получи́ли. ▸ _____

⓫ Госте́й встре́тили о́коло воро́т. ▸ _____

⓬ Э́тот дом уже́ прода́ли. ▸ _____

단어 учёный 학자 | факс 팩스 | воро́т(pl. воро́та) 정문, 대문 | прода́ть 판매하다

▸ 그런데 피동형동사 과거 단어미형이 이미 과거 시제이지만 거기에 be 동사의 과거형을 더하여 사용하기도 합니다. 이는 영어의 '대과거'와 같은 것으로 발화 시점보다 서술되는 내용이 앞서 있을 때 사용하게 됩니다. 예를 들어 «Дом постро́ен»이 발화 시점에서 '집이 다 지어졌다'는 것을 뜻한다면 «Дом был постро́ен»이라는 문장은 발화 시점보다 더 전에 '집이 이미 다 지어졌었다'는 것을 뜻하게 됩니다.

- Дом постро́ен. ▸ Дом был постро́ен.
- Шко́ла постро́ена. ▸ Шко́ла была́ постро́ена.
- Кафе́ постро́ено. ▸ Кафе́ бы́ло постро́ено.
- Дома́ постро́ены. ▸ Дома́ бы́ли постро́ены.

이렇게 사용할 때 행위 완료 시점이 발화 시점보다 앞서 있다는 사실이 강조됩니다.

- Библиоте́ка постро́ена.
  - ▶ Библиоте́ка была́ постро́ена в про́шлом году́.
- Факс полу́чен. ▶ Факс был полу́чен в пя́тницу.
- Рома́н напи́сан. ▶ Рома́н был напи́сан в 1886 году́.

연습문제 7 보기 와 같이 주어진 문장을 피동형동사 단어미형을 사용한 과거 시제 문장으로 바꾸어 보세요.

| 보기 | · Газе́та напеча́тана. | ▶ Газе́та была́ напеча́тана вчера́. |

❶ Дом ку́плен. ▶ _____

❷ После́дний экза́мен сдан. ▶ _____

❸ Обе́д пригото́влен. ▶ _____

❹ Эти стихи́ напи́саны Пу́шкиным. ▶ _____

❺ Пробле́ма решена́. ▶ _____

▶ 단어미형 피동형동사를 사용한 미래형 문장도 **быть**의 미래형을 동반하는 일반 형용사 단어미형 문장과 똑같이 만들어집니다.

- Библиоте́ка бу́дет постро́ена че́рез год. 도서관은 일 년 뒤면 완공될 것이다.
- Обе́д бу́дет пригото́влен в 2 часа́. 점심은 2시에 준비될 것이다.

연습문제 8 보기 와 같이 주어진 문장을 피동형동사 단어미형을 사용한 미래 시제 문장으로 바꾸어 보세요.

| 보기 | · Дом постро́ен. | ▶ Дом бу́дет постро́ен в сентябре́. |

❶ Эта пробле́ма решена́. ▶ _____

❷ Ужин пригото́влен. ▶ _____

❸ Упражне́ние напи́сано. ▶ _____

❹ Карти́на нарисо́вана. ▶ _____

❺ Магази́н откры́т.　　　　　　　▶ _____

❻ Э́та рабо́та сде́лана.　　　　　　▶ _____

운동 동사 приходи́ть – прийти́, приезжа́ть – прие́хать

▶ 앞선 과에서 운동 동사 идти́ – пойти́, ходи́ть; éхать – поéхать, éздить에 관하여 자세하게 공부했습니다. 이제 이 운동 동사에 접두사가 붙은 형태를 살펴보려고 합니다. 운동 동사에는 входи́ть – войти́, выходи́ть – вы́йти, уходи́ть – уйти́ 등 다양한 형태의 접두사가 붙게 되지만, 이 과에서는 접두사 при-가 붙어 '~로 오다, 도착하다'는 뜻의 운동 동사인 приходи́ть – прийти́, приезжа́ть – прие́хать만을 살펴도록 하겠습니다. 먼저 이 동사들의 동사 변화를 살펴봅시다.

	불완료상	완료상	불완료상	완료상
현재	приходи́ть	прийти́	приезжа́ть	прие́хать
	прихожу́		приезжа́ю	
	прихо́дишь		приезжа́ешь	
	прихо́дят		приезжа́ют	
과거	приходи́л	пришёл	приезжа́л	прие́хал
	приходи́ла	пришла́	приезжа́ла	прие́хала
	приходи́ли	пришли́	приезжа́ли	прие́хали
미래	бу́ду приходи́ть	приду́	бу́ду приезжа́ть	прие́ду
	бу́дешь приходи́ть	придёшь	бу́дешь приезжа́ть	прие́дешь
	бу́дут приходи́ть	приду́т	бу́дут приезжа́ть	прие́дут

▶ **현재형의 활용**

현재형은 종종 «Как ча́сто?»라는 질문에 대한 답, 즉 규칙적으로 일어나는 행위를 묘사할 때 사용됩니다.

- Оте́ц всегда́ прихо́дит домо́й в 7 часо́в.
  아버지는 항상 7시에 집에 오신다.

- Обы́чно я прихожу́ в университе́т в 8 часо́в 50 мину́т.
  보통 나는 대학에 8시 50분에 도착한다.

- На́ши де́душка и ба́бушка ча́сто приезжа́ют к нам.
  우리 할아버지와 할머니는 우리 집에 자주 오신다.

- Ка́ждый год в наш университе́т приезжа́ют студе́нты из Росси́и.
  매년 우리 대학으로 러시아에서 학생들이 온다.

▶ 과거형의 활용

완료상/불완료상 동사를 모두 포함하는 과거형은 다음과 같은 경우에 사용됩니다.

1. 첫 번째 활용은 완료상/불완료상 동사의 일반적인 특징에 따른 것입니다. 즉, 과거에 반복적으로 일어난 행위를 묘사할 때는 불완료상 과거를 사용합니다.

- Ра́ньше оте́ц всегда́ приходи́л домо́й в 8 часо́в, а сейча́с прихо́дит в 7 часо́в. 전에 아버지는 항상 8시에 집에 오셨는데, 지금은 7시에 오신다.
- Ра́ньше к нам ча́сто приезжа́ли дя́дя и тётя, а тепе́рь ре́дко приезжа́ют. 전에 우리 집에 삼촌과 고모가 자주 오셨었는데, 이제는 드물게 오신다.

또 과거에 구체적으로 한 번 있었던 사실을 묘사할 때는 완료상 과거형을 사용합니다.

- Вчера́ оте́ц пришёл домо́й в 7 часо́в. 어제 아버지는 7시에 집에 오셨다.
- Вчера́ я опозда́л на ле́кцию, я пришёл в 9 часо́в 15 мину́т. 어제 나는 강의에 늦었다. 나는 9시 15분에 도착했다.
- Вчера́ к нам прие́хал де́душка из Пуса́на. 어제 할아버지가 부산에서 우리 집에 오셨다.
- В ма́рте в наш университе́т прие́хали студе́нты из Москвы́, они́ бу́дут учи́ться здесь 6 ме́сяцев. 3월에 학생들이 모스크바에서 우리 대학으로 왔다. 그들은 여기서 6개월 간 공부할 것이다.

2. 두 번째 활용은 완료상/불완료상 동사의 일반적인 특징이라기보다는, **이 동사의 특징적인 활용**입니다. 과거에 일어난 행위가 왕복의 의미를 지닐 때는 불완료상 과거형을 사용합니다.

- Вчера́ ве́чером к нам приходи́ли го́сти. (손님들이 우리 집에 와서 잠시 시간을 보내고 되돌아간 것을 의미)
- В наш университе́т приезжа́ли студе́нты из Москвы́, они́ бы́ли здесь 2 ме́сяца. (학생들이 우리 학교에 와서 두 달 간 공부한 후 모스크바로 되돌아간 것을 의미)

▶ 반면, 완료상 과거 동사는 한 방향으로의 움직임만을 의미합니다.

- К нам пришли́ го́сти. (손님들이 지금도 우리 집에 있을 때 사용)
- В наш университе́т прие́хали студе́нты из Москвы́, они́ бу́дут здесь 2 ме́сяца. (학생들이 현재 우리 학교에 있고, 두 달 후에 떠나는 상황일 때 사용)

주어진 문장을 읽고 주체가 어디에 있는지 생각한 후, **«Да»**와 **«Нет»** 중 알맞은 답을 고르세요.

❶ Сейча́с шко́льники в на́шем университе́те? (Да / Нет)

В наш университе́т пришли́ шко́льники, кото́рые изуча́ют ру́сский язы́к.

❷ Сейча́с го́сти в на́шем университе́те? (Да / Нет)

В наш университе́т на фестива́ль ру́сской культу́ры приходи́ли го́сти.

❸ Сейча́с ба́бушка в Кёнджу? (Да / Нет)

К нам прие́хала ба́бушка из Кёнджу.

❹ Сейча́с теа́тр в Сеу́ле? (Да / Нет)

В Сеу́л приезжа́л изве́стный росси́йский теа́тр.

❺ Сейча́с подру́га в Аме́рике? (Да / Нет)

На про́шлой неде́ле ко мне приезжа́ла подру́га из Аме́рики.

❻ Сейча́с друг в Росси́и? (Да / Нет)

На про́шлой неде́ле ко мне прие́хал мой друг из Росси́и.

приходи́ть / прийти́

❶ В на́шу библиоте́ку _____ ру́сский профе́ссор. Сейча́с мы пока́зываем ему́ но́вый ру́сско-коре́йский слова́рь.

❷ Ни́на и Ве́ра _____ в столо́вую в 12 часо́в. Сейча́с они́ обе́дают.

❸ В 12 часо́в в на́шу столо́вую _____ ру́сские студе́нты, им понра́вился коре́йский обе́д. Они́ бы́ли в столо́вой 30 мину́т.

❹ Мин Хо опозда́л, он _____ на ле́кцию в 9:15. Сейча́с преподава́тель спра́шивает его́, почему́ он опозда́л.

❺ Вчера́ ко мне _____ мой друг Анто́н. Мы весь ве́чер разгова́ривали, игра́ли в ша́хматы.

приезжа́ть / прие́хать

❻ Неда́вно в Сеу́л _____ изве́стный писа́тель из Росси́и, он был здесь 5дней.

❼ Неда́вно в Сеу́л _____ изве́стный росси́йский певе́ц, он бу́дет здесь 5 дней.

❽ К нам _____ ста́ршая сестра́ с му́жем, они́ бы́ли у нас 2 неде́ли.

❾ К нам _____ ба́бушка и де́душка из дере́вни, они́ бу́дут у нас ме́сяц и́ли два.

❿ - А меня́ зову́т Анна.

  - Очень прия́тно. Отку́да вы _____?

▶ 그런데, 여기서 한 가지 생각해 볼 사항이 있습니다. 〈1권〉에서 배웠던 동사 ходи́л과 е́здил 역시 왕복된 동작을 의미합니다.

- Вчера́ я ходи́л в кино́. 나는 어제 극장에 갔다 왔다.
- Ле́том мы е́здили на Байка́л. 여름에 우리는 바이칼에 다녀왔다.

그렇다면, 동사 приходи́л과 ходи́л, приезжа́л과 е́здил의 차이는 무엇일까요? 핵심은 화자의 위치입니다. 다음의 문장을 볼까요?

- В наш университе́т приезжа́ли студе́нты из Росси́и.

이때 «наш»는 화자가 해당 학교에서 일하거나 공부한다는 사실을 알려 줍니다. 화자는 말을 하면서 자기를 그 대학 안에 위치시키는 것이지요. 그리고 приезжа́ли라는 동사는 두 단계의 움직임, 즉 화자를 향해 오는 움직임(сюда́)과 화자에게서 멀어지는 움직임(туда́) 두 가지를 표현하게 됩니다. 반면, 다음의 문장을 봅시다.

- Студе́нты на́шего университе́та е́здили в Москву́.

이 경우도 «наш»는 화자가 자신을 대학에 위치시키는 것을 알려 줍니다. 그런데 해당 대학은 모스크바에 있지 않습니다. 즉, 이 행위는 두 단계의 움직임, 즉 화자에게서 멀어지는 움직임(туда́)과 화자에게로 오는 움직임(сюда́)의 두 가지 움직임을 포함하게 됩니다.

이번에는 이 두 문장을 한국어로 번역해 봅시다. 첫 번째 문장 «В наш университе́т приезжа́ли студе́нты из Росси́и»을 번역하면, '우리 학교로 러시아의 학생들이 왔다 갔다'가 되고, 두 번째 문장 «Студе́нты на́шего университе́та е́здили в Москву́»을 번역하면 '우리 학교 학생들이 모스크바에 갔다 왔다'가 됩니다.

приходи́л, приезжа́л	왔다 갔다	화자에게로 왔다(сюда́) 화자로부터 멀어짐(туда́)
ходи́л, е́здил	갔다 왔다	화자로부터 멀어졌다(туда́) 화자에게로 돌아옴(сюда́)

연습문제 11 주어진 문장을 읽고 각각의 문장에서 사용된 운동 동사의 쓰임을 설명해 보세요.

❶ Вчера́ я ходи́л к Анто́ну. Вчера́ Анто́н приходи́л ко мне.

❷ Мы живём в Сеу́ле. Ле́том мы е́здили к ба́бушке и де́душке в Пуса́н. Ле́том к нам в Сеу́л приезжа́ли ба́бушка и де́душка из Пуса́на.

❸ Мы живём в Коре́е. В про́шлом ме́сяце в Коре́ю приезжа́ли изве́стные ру́сские арти́сты. В про́шлом ме́сяце изве́стные коре́йские арти́сты е́здили в Москву́.

주어진 동사 중 적절한 것을 골라 과거형으로 쓰세요.

ходи́ть / приходи́ть

❶ Вчера́ мы _____ в го́сти к друзья́м.

❷ Вчера́ у меня́ был день рожде́ния, поэ́тому ко мне _____ все мои́ друзья́.

❸ Де́душка заболе́л, поэ́тому вчера́ он _____ в поликли́нику.

❹ Я рабо́таю в поликли́нике. Вчера́ в на́шу поликли́нику _____ де́душка.

❺ Я учу́сь в университе́те Кёнхи. Вчера́ в наш университе́т _____ студе́нты из университе́та Коре́.

❻ Я учу́сь в университе́те Ёнсэ. Вчера́ на́ши студе́нты _____ в Сеу́льский университе́т.

е́здить / приезжа́ть

❼ Мы живём в Пуса́не. Неда́вно к нам _____ ро́дственники из Сеу́ла.

❽ Я живу́ в Сеу́ле . На про́шлой неде́ле я _____ в Пуса́н.

❾ Я живу́ в Москве́. На про́шлой неде́ле я _____ в Коре́ю, я был в Сеу́ле и в Пуса́не.

❿ Мы живём в Аме́рике. Ле́том к нам _____ мла́дшая сестра́ из Коре́и.

⓫ Я живу́ в Япо́нии. Неда́вно я _____ в Кита́й к дру́гу.

⓬ Я живу́ в Кита́е. Неда́вно ко мне _____ друг из Япо́нии.

▶ 미래형의 활용

1. 불완료상의 미래형은 화자가 규칙적으로 오는 것을 표현하는 경우에만 사용됩니다.

- Я бу́ду приходи́ть к вам ча́сто. 저는 당신을 자주 방문할 것입니다.

- Я бу́ду приезжа́ть к вам ка́ждое воскресе́нье.
  저는 매주 일요일 당신을 방문할 것입니다.

하지만 자주 사용되는 표현은 아닙니다.

2. 반면 일회적인 사실을 묘사하는 완료상 미래형은 자주 사용됩니다.

- За́втра ве́чером к нам приду́т го́сти. 내일 저녁 우리집에 손님들이 오실 거다.

- На сле́дующей неде́ле в Коре́ю прие́дут арти́сты Большо́го теа́тра.
  다음 주에 볼쇼이 극장의 배우들이 한국에 올 것이다.

연습문제 1 주어진 문장의 시작을 읽고 문장을 마무리해 보세요.

❶ Преподава́тель посове́товал _____ .

❷ В де́тстве я ча́сто _____ .

❸ Оте́ц подари́л _____ .

❹ Еле́на была́ в _____ у _____ .

❺ Нам о́чень нужны́ _____ .

❻ Брат пое́дет в _____ к _____ .

❼ Мы спроси́ли _____ .

❽ Дочь всегда́ помога́ет _____ .

❾ Роди́телям не на́до _____ .

❿ Как вы чу́вствуете _____ ?

⓫ Вы должны́ _____ .

⓬ Мы гото́вимся _____ .

⓭ О чём _____ ?

⓮ С кем _____ ?

⓯ У кого́ _____ ?

⓰ Кому́ _____ ?

⓱ К кому́ _____ ?

⓲ Кого́ _____ ?

연습문제 2 주어진 문장의 시작을 읽고 문장을 마무리해 보세요.

❶ Серге́й пое́дет в Москву́, е́сли _____ .

❷ Макси́м вы́ше, чем _____ .

❸ Когда́ Та́ня око́нчит институ́т, _____.

❹ Когда́ Сон Ми бу́дет учи́ться в Москве́, _____.

❺ Ве́чером у нас бу́дут го́сти, поэ́тому _____.

❻ Я пригласи́ла госте́й, потому́ что _____.

❼ Андре́й сказа́л, что _____.

❽ Ми́ша сказа́л, что́бы _____.

❾ Преподава́тель расска́зывает о писа́теле, кото́рый _____.

❿ Познако́мьтесь с Мари́ей, о кото́рой _____.

⓫ Это наш но́вый студе́нт, кото́рого _____.

⓬ Я не зна́ю, ско́лько _____.

⓭ Мы спроси́ли преподава́теля, когда́ _____.

⓮ Я не зна́ю, пое́дет ли _____.

⓯ Если ты помо́жешь мне, _____.

⓰ Если бы ты помо́г мне, _____.

연습문제 3 보기 와 같이 **наза́д** 와 **че́рез**를 사용한 문장을 만들어 보세요.

보기
- Шко́ла постро́ена.
  - Шко́ла была́ постро́ена 2 го́да наза́д.
  - Шко́ла бу́дет постро́ена че́рез 2 го́да.

❶ Докла́д напи́сан.

- _____

❷ Кафе́ откры́то.

- _____

❸ Экза́мен сдан.

- _____

❹ Институ́т око́нчен.

- _____

❺ За́втрак пригото́влен.

- _____

❻ Кинотеа́тр постро́ен.

- _____

ДИАЛОГИ

다음의 대화를 듣고 따라 해 보세요.

1) `Track 20-1`

- Это Кра́сная пло́щадь. Вот Кремль. 이게 붉은 광장이야. 이건 크렘믈린이고.

- А что э́то? 그럼 이건 뭐야?

- Это Храм Васи́лия Блаже́нного. 이것은 바실리 블라젠느이 사원이야.

- Како́й краси́вый! Когда́ он был постро́ен? 너무나 아름답다! 이 사원은 언제 건축되었어?

- В 1561 году́ мастера́ми Ба́рмой и По́стником.
  1561년에 바르마와 포스트닉이라는 장인들에 의해 지어졌어.

- А что нахо́дится в э́том хра́ме? 이 사원에는 무엇이 있어?

- Истори́ческий музе́й. 역사 박물관.

- Он откры́т? 열려 있나?

- Дава́й посмо́трим. Сейча́с 8 часо́в. К сожале́нию, музе́й уже́ закры́т.
  한번 보자. 지금 8시지. 안타깝게도 박물관은 이미 닫혔네.

- Да, о́чень жаль. 그래, 정말 안타깝다.

- Если хо́чешь, мы придём сюда́ за́втра. 만일 원하면 내일 여기에 오자.

- Коне́чно, хочу́. 물론 원하지.

- Посмотри́ напра́во. Ви́дишь высо́кое зда́ние?

Это Моско́вский госуда́рственный университе́т, ко́ротко – МГУ.
오른쪽을 봐봐. 높은 건물이 보이지? 그게 모스크바국립대학, 줄여서 말하면 엠게우야.

- Како́е большо́е и краси́вое зда́ние! 정말 크고 아름다운 건물이네!

- Оно́ бы́ло постро́ено в 1953 году́. 저 건물은 1953년에 완공되었어.

- МГУ был осно́ван в 1953 году́? 엠게우가 1953년에 설립되었다고?

- Нет, университе́т был осно́ван гора́здо ра́ньше, в 1755 году́.
아니, 대학은 훨씬 먼저, 1755년에 설립되었어.

- А кто основа́л университе́т? 누가 대학을 설립했어?

- Моско́вский университе́т осно́ван вели́ким ру́сским учёным Михаи́лом

Васи́льевичем Ломоно́совым.
모스크바대학은 위대한 러시아의 학자인 미하일 바실리예비치 로모노소프에 의해 설립되었어.

- Я чита́л кни́гу о Ломоно́сове. Это выдаю́щийся учёный.
나는 로모노소프에 관한 책을 읽은 적이 있어. 그는 위대한 학자지.

- Да, Ломоно́сов был и матема́тиком, и фи́зиком, и хи́миком, и фило́логом.
응. 로모노소프는 수학자이자 물리학자, 화학자이자 인문학자였어.

- Ско́лько факульте́тов в МГУ? 엠게우에는 단과대학이 몇 개가 있어?

- 34 факульте́та и 12 институ́тов. 34개의 단과대학과 12개의 연구소가 있어.

- А ско́лько студе́нтов у́чится в МГУ? 엠게우의 재학생은 몇 명이야?

- Приме́рно 30 ты́сяч. 대략 삼만 명.

- Наве́рное, э́то са́мый большо́й росси́йский университе́т?
아마도 이 대학이 러시아의 가장 큰 대학이겠지?

- Ду́маю, да. 아마도 그럴 거야.

짧은 텍스트를 듣고 전체를 암기하여 따라 해 보세요.

❶ Track 20-3

Москва́ осно́вана в 1147 году́. Это са́мый большо́й го́род Росси́и, столи́ца Росси́йской Федера́ции. Москва́ – кру́пный полити́ческий, экономи́ческий, нау́чный и культу́рный центр страны́.

❷ Track 20-4

Санкт-Петербу́рг – второ́й по величине́ го́род Росси́и. Он был осно́ван в 1703 году́ Петро́м Пе́рвым – вели́ким ру́сским царём. Петербу́рг располо́жен на острова́х, их 101. Эти острова́ соединя́ют 363 моста́.

❸ Track 20-5

Владивосто́к, находя́щийся на берегу́ Ти́хого океа́на, называ́ют Восто́чными воро́тами Росси́и. Владивосто́к моло́же Москвы́ и Петербу́рга, он осно́ван в 1860 году́. Это экономи́ческий, нау́чный и культу́рный центр Да́льнего Восто́ка.

단어   столи́ца 수도 | Росси́йская Федера́ция 러시아 연방 | кру́пный 거대한 |
полити́ческий 정치의 | экономи́ческий 경제의 | нау́чный 학문의 | культу́рный 문화의
| по величине́ 크기에 따르면, 크기로는 | располо́женный ~에 위치하다 | соединя́ть 연결하다
| мост 다리 | Ти́хий океа́н 태평양

연습문제 5

❶ 한국의 수도인 서울에 관한 글을 준비하세요. 서울이 언제, 누가 세운 도시인지, 서울의 명소로 들 수 있는 곳은 어디인지, 흥미로운 점은 어떤 것인지 등에 관해 써 보세요.

❷ 여러분이 살고 있는 도시에 흥미로운 장소나 건물, 기념비 등이 있다면 그 중 하나를 택해 이야기해 보세요.

❸ 여러분의 학교에 러시아 학생들이 공부하러 왔다고 가정해 봅시다. 여러분은 그 학생들에게 학교를 안내해야 합니다. 누가, 언제 이 학교를 세웠는지, 여러분이 속한 단과대학의 건물이나 도서관, 기숙사 등은 언제 건축된 것인지 이야기해 보세요.

연습문제 6 주어진 문장을 읽고, 이 문장에 대해 던질 수 있는 최대한의 질문을 만들어 보세요.

Эти фотогра́фии я сде́лал в Пуса́не.

가능한 질문들

1. Когда́ вы е́здили в Пуса́н?
2. С кем вы е́здили?
3. Вы е́здили на авто́бусе, на по́езде и́ли лета́ли на самолёте?
4. Как до́лго вы е́хали (лете́ли) в Пуса́н?
5. Как до́лго вы бы́ли в Пуса́не?
6. В како́й гости́нице вы жи́ли (остана́вливались)?
7. Вам понра́вился Пуса́н?
8. Что вам понра́вилось бо́льше всего́?
9. Когда́ вы верну́лись из Пуса́на?
10. Вы увлека́етесь фотогра́фией?
11. С како́го вре́мени вы увлека́етесь фотогра́фией?
12. Како́й у вас фотоаппара́т?
13. Что вы лю́бите фотографи́ровать?
14. У вас мно́го фотогра́фий?

---

❶ Санкт-Петербу́рг – большо́й, краси́вый го́род.

❷ Я о́чень хорошо́ провёл ле́тние кани́кулы.

❸ Я люблю́ отдыха́ть на мо́ре.

❹ Ско́ро я пое́ду в свой родно́й го́род.

❺ Наш университе́т осно́ван в 1962 году́.

❻ Мне нра́вится ру́сская литерату́ра.

❼ Вади́м хорошо́ игра́ет на гита́ре.

❽ Неда́вно в наш университе́т приезжа́ли студе́нты из Росси́и.

АУДИ́РОВАНИЕ

연습문제 1 텍스트를 듣고 주어진 질문에 답하세요. `Track 20-6`

❶ - ❷ 텍스트의 내용에 상응하는 답을 고르세요.

❶ Новосиби́рский госуда́рственный университе́т был осно́ван

_____.

a) в конце́ девятна́дцатого ве́ка   b) в середи́не двадца́того ве́ка

❷ Мно́гие изве́стные росси́йские учёные _____.

a) учи́лись в Новосиби́рском университе́те.

b) преподаю́т в Новосиби́рском университе́те.

c) приезжа́ют в Новосиби́рский университе́т.

❸ 텍스트의 내용과 맞지 않는 답을 고르세요.

На гуманита́рном факульте́те НГУ изуча́ют _____ Кита́я,
Коре́и, Япо́нии.

a) исто́рию   b) культу́ру   c) иску́сство   d) тра́диции

연습문제 2 주어진 문장을 들으세요. 듣고 들은 문장과 아래 쓰여진 문장을 비교해 보세요. 서로 다른 부분
이 있으면 찾아서 들은 문장과 같도록 고치세요. `Track 20-7`

❶ Мы хоти́м пое́хать на экску́рсию в Су́здаль на э́той неде́ле, в
пя́тницу.

❷ Ру́сские студе́нты ча́сто прихо́дят в наш студе́нческий клуб, и мы
разгова́риваем о Росси́и, о ру́сской культу́ре.

연습문제 3 먼저 텍스트를 듣고 이어 텍스트에 대한 질문을 들으세요. 각각의 질문에는 **ДА** 혹은 **НЕТ**로
답하세요. `Track 20-8`

❶ _____   ❷ _____   ❸ _____   ❹ _____

❺ _____   ❻ _____

연습문제 4 먼저 텍스트를 듣고 이어 텍스트에 대한 질문을 들으세요. 각각의 질문에는 **ДА** 혹은 **НЕТ**로
답하세요. `Track 20-9`

❶ _____   ❷ _____   ❸ _____   ❹ _____

러시아 동화의 주인공들 3. 체부라쉬카

1966년, 동화 작가 E. 우스펜스키는 '악어 게나와 친구들(Крокоди́л Ге́на и его́ друзья́)'이라는 동화책을 출판했습니다. 체부라쉬카(Чебура́шка)는 이 동화에 나오는 매력적인 인물 중의 하나입니다. 원래 «чебура́шка»는 오뚜기를 지칭하는 러시아 방언입니다. 다른 이름으로는 «Ва́нька-вста́нька»라고도 부르지요. 세월이 흐르며 «чебура́шка»라는 단어는 점차 사라져갔지만, 우스펜스키의 작품 덕분에 동화 속 등장인물의 이름으로 기억되고 있습니다. 동화 속의 체부라쉬카는 종을 구분하기 어려운 동물입니다. 개도 아니고, 고양이도 아니고, 토끼도 아닌 동물이지요. 체부라쉬카와 그의 가장 좋은 친구 게나의 이야기는 체부라쉬카가 오렌지 상자 속에서 발견되며 시작됩니다. 1968년에는 우스펜스키의 동화를 바탕으로 만화 영화를 제작하였습니다. 큰 귀에 사랑스러운 눈을 가진 털북숭이 동물이라는 체부라쉬카의 이미지를 만들어 낸 것은 만화 작가들입니다. 체부라시카 이모티콘이 제작되고, 유명 의류 브랜드에서 체부라시카 캐릭터로 시즌 상품을 제작하기도 하는 등 체부라시카는 이미 국제적인 명성을 얻은 캐릭터이기도 합니다.

[별표 1] -ь으로 끝나는 남성 명사와 여성 명사

▶ 남성 명사

автомоби́ль 자동차 / го́спиталь 병원 / гость 손님 / день 낮, 날 / дождь 비 / зверь 짐승 / календа́рь 달력 / ка́мень 돌 / карто́фель 감자 / ко́рень 뿌리 / медве́дь 곰 / нуль(ноль) 0 / ого́нь 불 / портфе́ль 서류가방 / путь 길 / роя́ль 피아노 / рубль 루블 / слова́рь 사전 / спекта́кль 연극 / фестива́ль 축제 / фона́рь 가로등

＊ 달(月)의 명칭

янва́рь, февра́ль, апре́ль, ию́нь, ию́ль, сентя́брь, октя́брь, ноя́брь, дека́брь

▶ 여성 명사

боле́знь 병 / боль 고통 / власть 권력 / грудь 가슴 / дверь 문 / жизнь 삶 / крова́ть 침대 / кровь 피 / ло́шадь 말 / любо́вь 사랑 / мать 어머니 / ме́бель 가구 / морко́вь 당근 / мысль 생각 / о́бувь 신발 / о́сень 가을 / па́мять 기억 / по́весть 중편소설 / пло́щадь 광장 / роль 역할 / смерть 죽음 / соль 소금 / тетра́дь 공책 / цель 목표 / часть 부분

＊ жь, шь, чь, щь로 끝나는 명사

вещь 물건 / дочь 딸 / молодёжь 젊은이 / ночь 밤 / по́мощь 도움

[별표 2] 의문사의 격변화표

주격	생격	여격	대격	조격	전치격
кто?	кого́?	кому́?	кого́?	кем?	(о) ком?
что?	чего́?	чему́?	что?	чем?	(о) чём?

[별표 3] 상시 단수 명사와 상시 복수 명사

1. 상시 단수 명사

① 물질 - зо́лото 금, серебро́ 은, желе́зо 철, у́голь 석탄, нефть 석유

② 음식 - мя́со 고기, ры́ба 생선, сыр 치즈, ма́сло 기름, са́хар 설탕, соль 소금, хлеб 빵, колбаса́ 살라미, рис 쌀

③ 음료 - вода́ 물, сок 주스, молоко́ 우유, вино́ 포도주, пи́во 맥주

④ 야채- **карто́фель** 감자, **лук** 양파, **морко́вь** 당근, **капу́ста** 양배추, **чесно́к** 마늘, **горо́х** 완두콩, **свёкла** 비트

⑤ 과일과 열매- **виногра́д** 포도, **клубни́ка** 딸기, **мали́на** 산딸기

⑥ 운동- **баскетбо́л** 야구, **футбо́л** 축구, **те́ннис** 테니스

⑦ 행위 명사- **убо́рка** 청소, **пла́вание** 수영, **чте́ние** 독서, **учёба** 학업, **рисова́ние** 그림그리기

⑧ 집합명사- **молодёжь** 젊은이, **интеллиге́нция** 인텔리겐치아, **крестья́нство** 농민, **челове́чество** 인류, **посу́да** 식기, **оде́жда** 의복, **о́бувь** 신발

⑨ 추상명사- **внима́ние** 주의, **добро́ (доброта́)** 선(善), **де́тство** 유년시절, **ю́ность** 청춘, **мо́лодость** 젊음, **ста́рость** 노년, **любо́вь** 사랑, **по́мощь** 도움, **сла́ва** 명예, **го́лод** 기아, **темнота́** 비좁음, **шум** 소음

2. 상시 복수 명사

но́жницы 가위 / **очки́** 안경 / **брю́ки** 바지 / **консе́рвы** 통조림 식품 / **весы́** 저울 / **духи́** 향수 / **де́ньги** 돈 / **су́тки** 1주야 / 24시간 / **часы́** 시계 / **ша́хматы** 서양 장기 / **воро́та** 대문

[별표 4] 전치사 **B**를 취하는 명사 **vs.** 전치사 **HA**를 취하는 명사

B		HA	
апте́ка 약국	банк 은행	вокза́л 역	заво́д 공장
бассе́йн 수영장	библиоте́ка 도서관	по́чта 우체국	ры́нок 시장
больни́ца 병원	гости́ница 호텔	стадио́н 운동장	фа́брика 공장
институ́т 연구소	кафе́ 카페	рабо́та 직장	ро́дина 조국
магази́н 가게	музе́й 박물관	факульте́т 단과대학	уро́к 수업
общежи́тие 기숙사	о́фис 사무실	заня́тие 수업	ле́кция 강의
парк 공원	поликли́ника 병원	экза́мен 시험	бале́т 발레
рестора́н 레스토랑	санато́рий 요양원	конце́рт 콘서트	о́пера 오페라
теа́тр 극장	университе́т 대학	спекта́кль 공연	вы́ставка 전시회
фи́рма 회사	центр 시내	экску́рсия 견학	собра́ние 모임
цирк 서커스	шко́ла 학교	пло́щадь 광장	

[별표 5] 장소 표현에서 제2 전치격 -у를 취하는 명사

주격	장소 전치격	주격	장소 전치격
сад 정원	в саду́	аэропо́рт 공항	в аэропорту́
лес 숲	в лесу́	бе́рег 기슭	на берегу́
пол 바닥	на полу́	мост 다리	на мосту́
шкаф 옷장	в (на) шкафу́	у́гол 구석	в (на) углу́
порт 항구	в порту́		

[별표 6] 연자음 형용사

ле́тний 여름의 / зи́мний 겨울의 / весе́нний 봄의 / осе́нний 가을의 / ве́рхний 위의 / ни́жний 아래의 / бли́жний 가까운 / да́льний 먼 / у́тренний 아침의 / вече́рний 저녁의 / ра́нний 이른 / по́здний 늦은 / вчера́шний 어제의 / сего́дняшний 오늘의 / за́втрашний 내일의 / сосе́дний 이웃의 / сре́дний 가운데의 / после́дний 마지막의 / дре́вний 오래된 / дома́шний 집(안)의 / ли́шний 잉여적인 / си́ний 푸른

[별표 7] 1~100까지의 기수사/서수사

	СКО́ЛЬКО?	КОТО́РЫЙ (КАКО́Й?)
1	оди́н (одна́, одно́, одни́)	пе́рвый, пе́рвая, пе́рвое, пе́рвые
2	два (две)	второ́й, втора́я, второ́е, вторы́е
3	три	тре́тий, тре́тья, тре́тье, тре́тьи
4	четы́ре	четвёртый, -ая, -ое, -ые
5	пять	пя́тый, -ая, -ое, ые
6	шесть	шесто́й, -а́я, -о́е, -ы́е
7	семь	седьмо́й, -а́я, -о́е, -ы́е
8	во́семь	восьмо́й, -а́я, -о́е, -ы́е
9	де́вять	девя́тый, -ая, -ое, ые
10	де́сять	деся́тый, -ая, -ое, ые
11	оди́ннадцать	оди́ннадцатый, -ая, -ое, ые
12	двена́дцать	двена́дцатый, -ая, -ое, ые
13	трина́дцать	трина́дцатый, -ая, -ое, ые

	СКО́ЛЬКО?	КОТО́РЫЙ (КАКО́Й?)
14	четы́рнадцать	четы́рнадцатый, -ая, -ое, ые
15	пятна́дцать	пятна́дцатый, -ая, -ое, ые
16	шестна́дцать	шестна́дцатый, -ая, -ое, ые
17	семна́дцать	семна́дцатый, -ая, -ое, ые
18	восемна́дцать	восемна́дцатый, -ая, -ое, ые
19	девятна́дцать	девятна́дцатый, -ая, -ое, ые
20	два́дцать	двадца́тый, -ая, -ое, ые
21	два́дцать оди́н	два́дцать пе́рвый
22	два́дцать два	два́дцать второ́й
30	три́дцать	тридца́тый, -ая, -ое, ые
40	со́рок	сороково́й, -ая, -ое, ые
50	пятьдеся́т	пятидеся́тый, -ая, -ое, ые
60	шестьдеся́т	шестидеся́тый, -ая, -ое, ые
70	се́мьдесят	семидеся́тый, -ая, -ое, ые
80	во́семьдесят	восьмидеся́тый, -ая, -ое, ые
90	девяно́сто	девяно́стый, -ая, -ое, ые
100	сто	со́тый, -ая, -ое, ые
200	две́сти	двухсо́тый, -ая, -ое, ые
300	три́ста	трёхсо́тый, -ая, -ое, ые
400	четы́реста	четырёхсо́тый, -ая, -ое, ые
500	пятьсо́т	пятисо́тый, -ая, -ое, ые
600	шестьсо́т	шестисо́тый, -ая, -ое, ые
700	семьсо́т	семисо́тый, -ая, -ое, ые
800	восемьсо́т	восьмисо́тый, -ая, -ое, ые
900	девятьсо́т	девятисо́тый, -ая, -ое, ые
1000	ты́сяча * 천(千)은 숫자이지만, 수사가 아니라 명사임	ты́сячный, -ая, -ое, ые

[별표 8] 불완료상–완료상

1. ви́деть – уви́деть   плати́ть – заплати́ть
   гуля́ть – погуля́ть   пла́кать – попла́кать
   дари́ть – подари́ть   проси́ть – попроси́ть

де́лать – сде́лать

ду́мать – поду́мать

есть – съесть

е́хать – пое́хать

ждать – подожда́ть

занима́ться – позанима́ться

звони́ть – позвони́ть

за́втракать – поза́втракать

знако́мить – познако́мить

знако́миться – познако́миться

игра́ть – сыгра́ть (поигра́ть)

идти́ – пойти́

интересова́ться – поинтересова́ться

кури́ть – покури́ть

мечта́ть – помечта́ть

мочь – смочь

нра́виться – понра́виться

обе́дать – пообе́дать

петь – спеть

пить – вы́пить

писа́ть – написа́ть

рабо́тать – порабо́тать

рисова́ть – нарисова́ть

слу́шать – послу́шать

слы́шать – услы́шать

смотре́ть – посмотре́ть

ста́вить – поста́вить

сове́товать – посове́товать

спать – поспа́ть

спеши́ть – поспеши́ть

смея́ться – посмея́ться

стира́ть – постира́ть

учи́ть – вы́учить

хоте́ть – захоте́ть

чита́ть – прочита́ть

чи́стить – почи́стить

чу́вствовать – почу́вствовать

танцева́ть – потанцева́ть

фотографи́ровать – сфотографи́ровать

2. ве́шать – пове́сить

выступа́ть – вы́ступить

встреча́ть – встре́тить

вспомина́ть – вспо́мнить

запомина́ть – запо́мнить

напомина́ть-напо́мнить

изуча́ть – изучи́ть

конча́ть – ко́нчить

конча́ться – ко́нчиться

остана́вливать – останови́ть

остана́вливаться – останови́ться

отправля́ть – отпра́вить

предлага́ть – предложи́ть

поздравля́ть – поздра́вить

получа́ть – получи́ть

посеща́ть – посети́ть

реша́ть – реши́ть

разреша́ть – разреши́ть

отвеча́ть – отве́тить

объявля́ть – объяви́ть

объясня́ть – объясни́ть

покупа́ть – купи́ть

3. крича́ть – кри́кнуть   пры́гать – пры́гнуть
   отдыха́ть – отдохну́ть   улыба́ться-улыбну́ться

4. дава́ть – дать   устава́ть – уста́ть
   сдава́ть – сдать   встава́ть – встать
   продава́ть – прода́ть   одева́ться – оде́ться
   умыва́ться – умы́ться

5. забыва́ть – забы́ть   пока́зывать – показа́ть
   закрыва́ть – закры́ть   переска́зывать – пересказа́ть
   называ́ть – назва́ть   расска́зывать – рассказа́ть
   осма́тривать – осмотре́ть   спра́шивать – спроси́ть
   открыва́ть – откры́ть

6. начина́ть – нача́ть   понима́ть – поня́ть
   начина́ться – нача́ться   собира́ть – собра́ть
   посыла́ть – посла́ть   собира́ться – собра́ться
   убира́ть – убра́ть

7. брать – взять   ложи́ться – лечь
   говори́ть – сказа́ть   станови́ться – стать
   класть – положи́ть

[별표 9] 동사 변화

주요 동사의 동사 변화를 '동사원형, 동사 현재형 변화(1인칭 단수, 2인칭 단수, 3인칭 복수), 명령형(**ты**형, **вы**형)' 순으로 수록하였습니다. 단, 불규칙한 변화를 하는 동사의 경우 현재형(완료상의 경우 미래형) 변화를 모두 기재하였습니다.

동사원형	1인칭 단수	2인칭 단수	3인칭 복수	명령형_ты형	명령형_вы형
брать 보다	беру́	берёшь	беру́т	бери!	бери́те!
взять 취하다	возьму́	возьмёшь	возьму́т	возьми!	возьми́те!
ве́шать 걸다	ве́шаю	ве́шаешь	ве́шают	ве́шай!	ве́шайте!
пове́сить	пове́шу	пове́сишь	пове́сят	пове́сь!	пове́сьте!

동사원형	1인칭 단수	2인칭 단수	3인칭 복수	명령형_ты형	명령형_вы형
ви́деть	ви́жу	ви́дишь	ви́дят		
уви́деть	уви́жу	уви́дишь	уви́дят		
включа́ть	включа́ю	включа́ешь	включа́ют	включа́й!	включа́йте!
включи́ть	включу́	включи́шь	включа́т	включи́!	включи́те!
верну́ться(완료상)	верну́сь	вернёшься	верну́тся	верни́сь!	верни́тесь!
вспомина́ть	вспомина́ю	вспомина́ешь	вспомина́ют	вспомина́й!	вспомина́йте!
вспо́мнить	вспо́мню	вспо́мнишь	вспо́мнят	вспо́мни!	вспо́мните!
встава́ть	встаю́	встаёшь	встаю́т	встава́й!	встава́йте!
встать	вста́ну	вста́нешь	вста́нут	встань!	вста́ньте!
встреча́ть	встреча́ю	встреча́ешь	встреча́ют	встреча́й!	встреча́йте!
встре́тить	встре́чу	встре́тишь	встре́тят	встре́ть!	встре́тьте!
встреча́ться	встреча́юсь	встреча́ешься	встреча́ются	встреча́йся!	встреча́йтесь!
встре́титься	встре́чусь	встре́тишься	встре́тятся	встре́ться!	встре́тьтесь!
выступа́ть	выступа́ю	выступа́ешь	выступа́ют	выступа́й!	выступа́йте!
вы́ступить	вы́ступлю	вы́ступишь	вы́ступят	вы́ступи!	вы́ступите!
говори́ть	говорю́	говори́шь	говоря́т	говори́!	говори́те!
сказа́ть	скажу́	ска́жешь	ска́жут	скажи́!	скажи́те!
гото́вить	гото́влю	гото́вишь	гото́вят	гото́вь!	гото́вьте!
приготóвить	приготóвлю	приготóвишь	приготóвят	приготóвь!	приготóвьте!
гото́виться	гото́влюсь	гото́вишься	гото́вятся	гото́вься!	гото́вьтесь!
подготóвиться	подготóвлюсь	подготóвишься	подготóвятся	подготóвься!	подготóвьтесь!
гуля́ть	гуля́ю	гуля́ешь	гуля́ют	гуля́й!	гуля́йте!
погуля́ть	погуля́ю	погуля́ешь	погуля́ют	погуля́й!	погуля́йте!
дава́ть	даю́	даёшь	даю́т	дава́й!	дава́йте!
дать	дам	дашь	даст		
	дади́м	дади́те	даду́т	дай!	да́йте!
дари́ть	дарю́	да́ришь	да́рят	дари́!	дари́те!
подари́ть	подарю́	пода́ришь	пода́рят	подари́!	подари́те!
де́лать	де́лаю	де́лаешь	де́лают	де́лай!	де́лайте!
сде́лать	сде́лаю	сде́лаешь	сде́лают	сде́лай!	сде́лайте!
ду́мать	ду́маю	ду́маешь	ду́мают	ду́май!	ду́майте!
поду́мать	поду́маю	поду́маешь	поду́мают	поду́май!	поду́майте!
есть	ем	ешь	ест		
	еди́м	еди́те	едя́т	ешь!	е́шьте!

동사원형	1인칭 단수	2인칭 단수	3인칭 복수	명령형_ты형	명령형_вы형
съесть	съем	съешь	съест		
	съеди́м	съеди́те	съедя́т	съешь!	съе́шьте!
е́хать	е́ду	е́дешь	е́дут	поезжа́й!	поезжа́йте!
пое́хать	пое́ду	пое́дешь	пое́дут	поезжа́й!	поезжа́йте!
ждать	жду	ждёшь	ждут	жди!	жди́те!
подожда́ть	подожду́	подождёшь	подожду́т	подожди́!	подожди́те!
жела́ть	жела́ю	жела́ешь	жела́ют	жела́й!	жела́йте!
пожела́ть	пожела́ю	пожела́ешь	пожела́ют	пожела́й!	пожела́йте!
жить	живу́	живёшь	живу́т	живи́!	живи́те!
забыва́ть	забыва́ю	забыва́ешь	забыва́ют	забыва́й!	забыва́йте!
забы́ть	забу́ду	забу́дешь	забу́дут	забу́дь!	забу́дьте!
за́втракать	за́втракаю	за́втракаешь	за́втракают	за́втракай!	за́втракайте!
поза́втракать	поза́втракаю	поза́втракаешь	поза́втракают	поза́втракай!	поза́втракайте!
закрыва́ть	закрыва́ю	закрыва́ешь	закрыва́ют	закрыва́й!	закрыва́йте!
закры́ть	закро́ю	закро́ешь	закро́ют	закро́й!	закро́йте!
занима́ться	занима́юсь	занима́ешься	занима́ются	занима́йся!	занима́йтесь!
позанима́ться	позанима́юсь	позанима́ешься	позанима́ются	позанима́йся!	позанима́йтесь!
запомина́ть	запомина́ю	запомина́ешь	запомина́ют	запомина́й!	запомина́йте!
запо́мнить	запо́мню	запо́мнишь	запо́мнят	запо́мни!	запо́мните!
звони́ть	звоню́	звони́шь	звоня́т	звони́!	звони́те!
позвони́ть	позвоню́	позвони́шь	позвоня́т	позвони́!	позвони́те!
знако́миться	знако́млюсь	знако́мишься	знако́мятся	знако́мься!	знако́мьтесь!
познако́миться	познако́млюсь	познако́мишься	познако́мятся	познако́мься!	познако́мьтесь!
знать	зна́ю	зна́ешь	зна́ют	знай!	зна́йте!
игра́ть	игра́ю	игра́ешь	игра́ют	игра́й!	игра́йте!
сыгра́ть	сыгра́ю	сыгра́ешь	сыгра́ют	сыгра́й!	сыгра́йте!
идти́	иду́	идёшь	иду́т	иди́!	иди́те!
пойти́	пойду́	пойдёшь	пойду́т	пойди́!	пойди́те!
изуча́ть	изуча́ю	изуча́ешь	изуча́ют	изуча́й!	изуча́йте!
изучи́ть	изучу́	изу́чишь	изу́чат	изучи́!	изучи́те!
интересова́ться	интересу́юсь	интересу́ешься	интересу́ются	интересу́йся!	интересу́йтесь!
поинтересова́ться	поинтересу́юсь	поинтересу́ешься	поинтересу́ются	поинтересу́йся!	поинтересу́йтесь!
иска́ть	ищу́	и́щешь	и́щут	ищи́!	ищи́те!
поиска́ть	поищу́	пои́щешь	пои́щут	поищи́!	поищи́те!

동사원형	1인칭 단수	2인칭 단수	3인칭 복수	명령형_ты형	명령형_вы형
класть	кладу́	кладёшь	кладу́т	клади́!	клади́те!
положи́ть	положу́	поло́жишь	поло́жат	положи́!	положи́те!
конча́ть	конча́ю	конча́ешь	конча́ют	конча́й!	конча́йте!
ко́нчить	ко́нчу	ко́нчишь	ко́нчат	ко́нчи!	ко́нчите!
конча́ться	конча́ется	конча́ются			
ко́нчиться	ко́нчится	ко́нчатся			
крича́ть	кричу́	кричи́шь	крича́т	кричи́!	кричи́те!
кри́кнуть	кри́кну	кри́кнешь	кри́кнут	кри́кни!	кри́кните!
кури́ть	курю́	ку́ришь	ку́рят	кури́!	кури́те!
покури́ть	покурю́	поку́ришь	поку́рят	покури́!	покури́те!
лежа́ть	лежу́	лежи́шь	лежа́т	лежи́!	лежи́те!
ложи́ться	ложу́сь	ложи́шься	ложа́тся	ложи́сь!	ложи́тесь!
лечь	ля́гу	ля́жешь	ля́гут	ляг!	ля́гте!
люби́ть	люблю́	лю́бишь	лю́бят	люби́!	люби́те!
мечта́ть	мечта́ю	мечта́ешь	мечта́ют	мечта́й!	мечта́йте!
помечта́ть	помечта́ю	помечта́ешь	помечта́ют	помечта́й!	помечта́йте!
мочь	могу́	мо́жешь	мо́жет		
	мо́жем	мо́жете	мо́гут		
смочь	смогу́	смо́жешь	смо́жет		
	смо́жем	смо́жете	смо́гут		
мыть	мо́ю	мо́ешь	мо́ют	мой!	мо́йте!
вы́мыть	вы́мою	вы́моешь	вы́моют	вы́мой!	вы́мойте!
надева́ть	надева́ю	надева́ешь	надева́ют	надева́й!	надева́йте!
наде́ть	наде́ну	наде́нешь	наде́нут	наде́нь!	наде́ньте!
называ́ть	называ́ю	называ́ешь	называ́ют	называ́й!	называ́йте!
назва́ть	назову́	назовёшь	назову́т	назови́!	назови́те!
напомина́ть	напомина́ю	напомина́ешь	напомина́ют	напомина́й!	напомина́йте!
напо́мнить	напо́мню	напо́мнишь	напо́мнят	напо́мни!	напо́мните!
начина́ть	начина́ю	начина́ешь	начина́ют	начина́й!	начина́йте!
нача́ть	начну́	начнёшь	начну́т	начни́!	начни́те!
начина́ться	начина́ется	начина́ются			
нача́ться	начнётся	начну́тся			
находи́ться	нахожу́сь	нахо́дишься	нахо́дятся	находи́сь!	находи́тесь!
нести́	несу́	несёшь	несу́т	неси́!	неси́те!

동사원형	1인칭 단수	2인칭 단수	3인칭 복수	명령형_ты형	명령형_вы형
понести́	понесу́	понесёшь	понесу́т	понеси́!	понеси́те!
обе́дать	обе́даю	обе́даешь	обе́дают	обе́дай!	обе́дайте!
пообе́дать	пообе́даю	пообе́даешь	пообе́дают	пообе́дай!	пообе́дайте!
объявля́ть	объявля́ю	объявля́ешь	объявля́ют	объявля́й!	объявля́йте!
объяви́ть	объявлю́	объя́вишь	объя́вят	объяви́!	объяви́те!
объясня́ть	объясня́ю	объясня́ешь	объясня́ют	объясня́й!	объясня́йте!
объясни́ть	объясню́	объясни́шь	объясня́т	объясни́!	объясни́те!
одева́ться	одева́юсь	одева́ешься	одева́ются	одева́йся!	одева́йтесь!
оде́ться	оде́нусь	оде́нешься	оде́нутся	оде́нься!	оде́ньтесь!
отдыха́ть	отдыха́ю	отдыха́ешь	отдыха́ют	отдыха́й!	отдыха́йте!
отдохну́ть	отдохну́	отдохнёшь	отдохну́т	отдохни́!	отдохни́те!
отвеча́ть	отвеча́ю	отвеча́ешь	отвеча́ют	отвеча́й!	отвеча́йте!
отве́тить	отве́чу	отве́тишь	отве́тят	отве́ть!	отве́тьте!
открыва́ть	открыва́ю	открыва́ешь	открыва́ют	открыва́й!	открыва́йте!
откры́ть	откро́ю	откро́ешь	откро́ют	откро́й!	откро́йте!
отправля́ть	отправля́ю	отправля́ешь	отправля́ют	отправля́й!	отправля́йте!
отпра́вить	отпра́влю	отпра́вишь	отпра́вят	отпра́вь!	отпра́вьте!
осма́тривать	осма́триваю	осма́триваешь	осма́тривают	осма́тривай!	осма́тривайте!
осмотре́ть	осмотрю́	осмо́тришь	осмо́трят	осмотри́!	осмотри́те!
оставля́ть	оставля́ю	оставля́ешь	оставля́ют	оставля́й!	оставля́йте!
оста́вить	оста́влю	оста́вишь	оста́вят	оста́вь!	оста́вьте!
остана́вливать	остана́вливаю	остана́вливаешь	остана́вливают	остана́вливай!	остана́вливайте!
останови́ть	остановлю́	остано́вишь	остано́вят	останови́!	останови́те!
остана́вливаться	остана́вливаюсь	остана́вливаешься	остана́вливаются	остана́вливайся!	остана́вливайтесь!
останови́ться	остановлю́сь	остано́вишься	остано́вятся	останови́сь!	останови́тесь!
переводи́ть	перевожу́	перево́дишь	перево́дят	переводи́!	переводи́те!
перевести́	переведу́	переведёшь	переведу́т	переведи́!	переведи́те!
переска́зывать	переска́зываю	переска́зываешь	переска́зывают	переска́зывай!	переска́зывайте!
пересказа́ть	перескажу́	переска́жешь	переска́жут	перескажи́!	перескажи́те!
петь	пою́	поёшь	пою́т	пой!	по́йте!
спеть	спою́	споёшь	спою́т	спой!	спо́йте!
писа́ть	пишу́	пи́шешь	пи́шут	пиши́!	пиши́те!
написа́ть	напишу́	напи́шешь	напи́шут	напиши́!	напиши́те!
пить	пью	пьёшь	пьют	пей!	пе́йте!

동사원형	1인칭 단수	2인칭 단수	3인칭 복수	명령형_ты형	명령형_вы형
вы́пить	вы́пью	вы́пьешь	вы́пьют	вы́пей!	вы́пейте!
пла́кать	пла́чу	пла́чешь	пла́чут	плачь!	пла́чьте!
попла́кать	попла́чу	попла́чешь	попла́чут	попла́чь!	попла́чьте!
плати́ть	плачу́	пла́тишь	пла́тят	плати́!	плати́те!
заплати́ть	заплачу́	запла́тишь	запла́тят	заплати́!	заплати́те!
повторя́ть	повторя́ю	повторя́ешь	повторя́ют	повторя́й!	повторя́йте!
повтори́ть	повторю́	повтори́шь	повторя́т	повтори́!	повтори́те!
поздравля́ть	поздравля́ю	поздравля́ешь	поздравля́ют	поздравля́й!	поздравля́йте!
поздра́вить	поздра́влю	поздра́вишь	поздра́вят	поздра́вь!	поздра́вьте!
пока́зывать	пока́зываю	пока́зываешь	пока́зывают	пока́зывай!	пока́зывайте!
показа́ть	покажу́	пока́жешь	пока́жут	покажи́!	покажи́те!
покупа́ть	покупа́ю	покупа́ешь	покупа́ют	покупа́й!	покупа́йте!
купи́ть	куплю́	ку́пишь	ку́пят	купи́!	купи́те!
получа́ть	получа́ю	получа́ешь	получа́ют	получа́й!	получа́йте!
получи́ть	получу́	полу́чишь	полу́чат	получи́!	получи́те!
понима́ть	понима́ю	понима́ешь	понима́ют	понима́й!	понима́йте!
поня́ть	пойму́	поймёшь	пойму́т	пойми́!	пойми́те!
по́мнить	по́мню	по́мнишь	по́мнят	по́мни!	по́мните!
посеща́ть	посеща́ю	посеща́ешь	посеща́ют	посеща́й!	посеща́йте!
посети́ть	посещу́	посети́шь	посетя́т	посети́!	посети́те!
поступа́ть	поступа́ю	поступа́ешь	поступа́ют	поступа́й!	поступа́йте!
поступи́ть	поступлю́	посту́пишь	посту́пят	поступи́!	поступи́те!
посыла́ть	посыла́ю	посыла́ешь	посыла́ют	посыла́й!	посыла́йте!
посла́ть	пошлю́	пошлёшь	пошлю́т	пошли́!	пошли́те!
предлага́ть	предлага́ю	предлага́ешь	предлага́ют	предлага́й!	предлага́йте!
предложи́ть	предложу́	предло́жишь	предло́жат	предложи́!	предложи́те!
принима́ть	принима́ю	принима́ешь	принима́ют	принима́й!	принима́йте!
приня́ть	приму́	при́мешь	при́мут	прими́!	прими́те!
приходи́ть	прихожу́	прихо́дишь	прихо́дят	приходи́!	приходи́те!
прийти́	приду́	придёшь	приду́т	приди́!	приди́те!
продава́ть	продаю́	продаёшь	продаю́т	продава́й!	продава́йте!
прода́ть	прода́м	прода́шь	прода́ст	продади́м	продади́те
	продаду́т	прода́й!	прода́йте!		
проверя́ть	проверя́ю	проверя́ешь	проверя́ют	проверя́й!	проверя́йте!

동사원형	1인칭 단수	2인칭 단수	3인칭 복수	명령형_ты형	명령형_вы형
прове́рить	прове́рю	прове́ришь	прове́рят	прове́рь!	прове́рьте!
проси́ть	прошу́	про́сишь	про́сят	проси́!	проси́те!
попроси́ть	попрошу́	попро́сишь	попро́сят	попроси́!	попроси́те!
пры́гать	пры́гаю	пры́гаешь	пры́гают	пры́гай!	пры́гайте!
пры́гнуть	пры́гну	пры́гнешь	пры́гнут	пры́гни!	пры́гните!
рабо́тать	рабо́таю	рабо́таешь	рабо́тают	рабо́тай!	рабо́тайте!
порабо́тать	порабо́таю	порабо́таешь	порабо́тают	порабо́тай!	порабо́тайте!
разгова́ривать	разгова́риваю	разгова́риваешь	разгова́ривают	разгова́ривай!	разгова́ривайте!
разреша́ть	разреша́ю	разреша́ешь	разреша́ют	разреша́й!	разреша́йте!
разреши́ть	разрешу́	разреши́шь	разреша́т	разреши́!	разреши́те!
расска́зывать	расска́зываю	расска́зываешь	расска́зывают	расска́зывай!	расска́зывайте!
рассказа́ть	расскажу́	расска́жешь	расска́жут	расскажи́!	расскажи́те!
реша́ть	реша́ю	реша́ешь	реша́ют	реша́й!	реша́йте!
реши́ть	решу́	реши́шь	реша́т	реши́!	реши́те!
рисова́ть	рису́ю	рису́ешь	рису́ют	рису́й!	рису́йте!
нарисова́ть	нарису́ю	нарису́ешь	нарису́ют	нарису́й!	нарису́йте!
сдава́ть	сдаю́	сдаёшь	сдаю́т	сдава́й!	сдава́йте!
сдать	сдам	сдашь	сдаст	сдади́м	сдади́те
	сдаду́т	сдай!	сда́йте!		
сиде́ть	сижу́	сиди́шь	сидя́т	сиди́!	сиди́те!
слу́шать	слу́шаю	слу́шаешь	слу́шают	слу́шай!	слу́шайте!
послу́шать	послу́шаю	послу́шаешь	послу́шают	послу́шай!	послу́шайте!
слы́шать	слы́шу	слы́шишь	слы́шат		
услы́шать	услы́шу	услы́шишь	услы́шат		
смея́ться	смею́сь	смеёшься	смею́тся	сме́йся!	сме́йтесь!
посмея́ться	посмею́сь	посмеёшься	посмею́тся	посме́йся!	посме́йтесь!
смотре́ть	смотрю́	смо́тришь	смо́трят	смотри́!	смотри́те!
посмотре́ть	посмотрю́	посмо́тришь	посмо́трят	посмотри́!	посмотри́те!
собира́ть	собира́ю	собира́ешь	собира́ют	собира́й!	собира́йте!
собра́ть	соберу́	соберёшь	соберу́т	собери́!	собери́те!
собира́ться	собира́юсь	собира́ешься	собира́ются	собира́йся!	собира́йтесь!
собра́ться	соберу́сь	соберёшься	соберу́тся	собери́сь!	собери́тесь!
сове́товать	сове́тую	сове́туешь	сове́туют	сове́туй!	сове́туйте!
посове́товать	посове́тую	посове́туешь	посове́туют	посове́туй!	посове́туйте!

동사원형	1인칭 단수	2인칭 단수	3인칭 복수	명령형_ты형	명령형_вы형
спать	сплю	спишь	спят	спи!	спи́те!
поспа́ть	посплю́	поспи́шь	поспя́т	поспи́!	поспи́те!
спеши́ть	спешу́	спеши́шь	спеша́т	спеши́!	спеши́те!
поспеши́ть	поспешу́	поспеши́шь	поспеша́т	поспеши́!	поспеши́те!
спо́рить	спо́рю	спо́ришь	спо́рят	спорь!	спо́рьте!
поспо́рить	поспо́рю	поспо́ришь	поспо́рят	поспо́рь!	поспо́рьте!
спра́шивать	спра́шиваю	спра́шиваешь	спра́шивают	спра́шивай!	спра́шивайте!
спроси́ть	спрошу́	спро́сишь	спро́сят	спроси́!	спроси́те!
ста́вить	ста́влю	ста́вишь	ста́вят	ставь!	ста́вьте!
поста́вить	поста́влю	поста́вишь	поста́вят	поста́вь!	поста́вьте!
станови́ться	становлю́сь	стано́вишься	стано́вятся	станови́сь!	станови́тесь!
стать	ста́ну	ста́нешь	ста́нут	стань!	ста́ньте!
стира́ть	стира́ю	стира́ешь	стира́ют	стира́й!	стира́йте!
постира́ть	постира́ю	постира́ешь	постира́ют	постира́й!	постира́йте!
стоя́ть	стою́	стои́шь	стоя́т	стой!	сто́йте!
стро́ить	стро́ю	стро́ишь	стро́ят	строй!	стро́йте!
постро́ить	постро́ю	постро́ишь	постро́ят	постро́й!	постро́йте!
танцева́ть	танцу́ю	танцу́ешь	танцу́ют	танцу́й!	танцу́йте!
потанцева́ть	потанцу́ю	потанцу́ешь	потанцу́ют	потанцу́й!	потанцу́йте!
убира́ть	убира́ю	убира́ешь	убира́ют	убира́й!	убира́йте!
убра́ть	уберу́	уберёшь	уберу́т	убери́!	убери́те!
у́жинать	у́жинаю	у́жинаешь	у́жинают	у́жинай!	у́жинайте!
поу́жинать	поу́жинаю	поу́жинаешь	поу́жинают	поу́жинай!	поу́жинайте!
улыба́ться	улыба́юсь	улыба́ешься	улыба́ются	улыба́йся!	улыба́йтесь!
улыбну́ться	улыбну́сь	улыбнёшься	улыбну́тся	улыбни́сь!	улыбни́тесь!
′умыва́ться	умыва́юсь	умыва́ешься	умыва́ются	умыва́йся!	умыва́йтесь!
умы́ться	умо́юсь	умо́ешься	умо́ются	умо́йся!	умо́йтесь!
устава́ть	устаю́	устаёшь	устаю́т	(не) устава́й!	(не) устава́йте!
уста́ть	уста́ну	уста́нешь	уста́нут		
учи́ть	учу́	у́чишь	у́чат	учи́	учи́те!
вы́учить	вы́учу	вы́учишь	вы́учат	вы́учи	вы́учите!
учи́ться	учу́сь	у́чишься	у́чатся	учи́сь!	учи́тесь!
фотографи́ровать	фотографи́рую	фотографи́руешь	фотографи́руют	фотографи́руй!	фотографи́руйте!
сфотографи́ровать	сфотографи́рую	сфотографи́руешь	сфотографи́руют	сфотографи́руй!	сфотографи́руйте!

동사원형	1인칭 단수	2인칭 단수	3인칭 복수	명령형_ты형	명령형_вы형
ходи́ть	хожу́	хо́дишь	хо́дят	ходи́!	ходи́те!
хоте́ть	хочу́	хо́чешь	хо́чет		
	хоти́м	хоти́те	хотя́т		
захоте́ть	захочу́	захо́чешь	захо́чет		
	захоти́м	захоти́те	захотя́т		
чита́ть	чита́ю	чита́ешь	чита́ют	чита́й!	чита́йте!
прочита́ть	прочита́ю	прочита́ешь	прочита́ют	прочита́й!	прочита́йте!
чу́вствовать	чу́вствую	чу́вствуешь	чу́вствуют	чу́вствуй!	чу́вствуйте!
почу́вствовать	почу́вствую	почу́вствуешь	почу́вствуют	почу́вствуй!	почу́вствуйте!

[별표 10] 전치사

▶ 생격 지배 전치사

о́коло, у, во́зле, недалеко́ от, посреди́ (посреди́не), вокру́г, напро́тив, из, с, от, для, до, из-за, из-под, без, кро́ме, по́сле, вдоль, ми́мо, в тече́ние, в продолже́ние, всле́дствие

▶ 여격 지배 전치사

к, по, благодаря́, вопреки́

▶ 대격 지배 전치사

в, на, че́рез, сквозь, про, за, несмотря́ на

▶ 조격 지배 전치사

с, за, пе́ред, под, над, ме́жду, ря́дом с

▶ 전치격 지배 전치사

в, на, о (об), при

[별표 11] 생격 (**роди́тельный паде́ж**)

1. МОДЕЛЬ:

У кого́?	есть	кто? что?
Где?	был, -а, -о, -и	
	бу́дет	

- У меня́ есть маши́на.
- Ра́ньше у бра́та была́ маши́на, а тепе́рь нет маши́ны.
- Ско́ро у меня́ бу́дет маши́на, потому́ что па́па пода́рит мне её.

2. МОДЕЛЬ:

У кого́?	нет	кого́? чего́?
Где?	не́ было	
	не бу́дет	

- У меня́ нет свобо́дного вре́мени.
- Ра́ньше у меня́ не́ было свобо́дного вре́мени, но тепе́рь оно́ есть.
- Сейча́с кани́кулы, поэ́тому у меня́ есть вре́мя. Но когда́ начнётся семе́стр, у меня́ не бу́дет свобо́дного вре́мени.
- В го́роде нет теа́тра. Ра́ньше в го́роде не́ было теа́тра. В го́роде не бу́дет теа́тра.

3. МОДЕЛЬ:

У кого́?	боли́т/ боля́т что?

- У ма́мы боли́т спина́.
- У бра́та боля́т зу́бы.

4. 명사 + 명사 (чей?)

- кни́га сестры́   - Чья э́то кни́га?   - Это кни́га сестры́.
- слова́рь профе́ссора   - Чей э́то слова́рь?   - Это слова́рь профе́ссора.
- стихи́ Пу́шкина   - Чьи э́то стихи́?   - Это стихи́ Пу́шкина.

- Это **кни́га** сестры́. Я говорю́ **о кни́ге** сестры́. Я чита́ю **кни́гу** сестры́.

5. 명사 + 명사 (како́й?)

- остано́вка <u>авто́буса</u>   - Кака́я э́то остано́вка? - Э́то остано́вка авто́буса.
- уро́к <u>исто́рии</u>   - Како́й сейча́с уро́к? - Сейча́с уро́к исто́рии.

- Это **остано́вка** <u>авто́буса</u>. Я иду́ на **остано́вку** <u>авто́буса</u>. Я говорю́ **об остано́вке** <u>авто́буса</u>.

6. 명사 + 명사 (чего́?)

- килогра́мм <u>ри́са</u>   килогра́мм (чего́?)   Мы купи́ли килогра́мм <u>ри́са</u>.
- паке́т молока́   паке́т (чего́?)   Вот паке́т <u>молока́</u>.

7. 숫자

① 2, 3, 4, 22, 23, 24, ··· + 단수 생격
- У меня́ два <u>бра́та</u> и две <u>сестры́</u>. Сейча́с три <u>часа́</u>.
  Я купи́л четы́ре <u>ру́чки</u>.

② 5~10, 11, 12, 13, 14~ 20, 25~30, ··· + 복수 생격
- Я получи́л пять <u>пи́сем</u>. Бра́ту четы́рнадцать <u>лет</u>. В на́шем го́роде во́семь <u>теа́тров</u>.

8. мно́го/ немно́го

```
ма́ло/нема́ло ┐
ско́лько     ├ + 생격(단수 или 복수)
не́сколько   ┘
```

①

- У меня́ мно́го книг   кни́га 단수 주격 / кни́ги 복수 주격
  (복수 생격)

- В на́шем го́роде ма́ло <u>теа́тров</u>   теа́тр 단수 주격 / теа́тры 복수 주격
  (복수 생격)

- Ско́лько у тебя́ <u>сестёр</u>?   сестра́ 단수 주격 / сёстры 복수 주격
  (복수 생격)

②

- Де́ти пьют мно́го <u>молока́</u>.   молоко́ 단수 주격 / 복수 주격 없음
  (단수 생격)

- Я ем ма́ло <u>мя́са</u>.   мя́со 단수 주격 / 복수 주격 없음
  (단수 생격)

- Ско́лько <u>виногра́да</u> ты купи́л?   виногра́д 단수 주격 / 복수 주격 없음
  (단수 생격)

9. 비교급 + 생격

- Брат **ста́рше** сестры́.

- Анто́н у́чится **лу́чше** Вади́ма.

10. 동사 + 생격 (без предлога)

- жела́ть   Я жела́ю тебе́ здоро́вья, сча́стья, успе́хов.

11. 전치사 + 생격

① быть / находи́ться   О́КОЛО / НАПРО́ТИВ + 생격

- Библиоте́ка (нахо́дится) о́коло шко́лы. Рестора́н напро́тив ба́нка.

② добра́ться

   дойти́   ДО + 생격

   дое́хать

- Как дое́хать до стадио́на?

③ верну́ться   ОТКУ́ДА? ОТ КОГО́?

   приходи́ть – прийти́

   приезжа́ть – прие́хать   ИЗ / С / ОТ + 생격

   получа́ть – получи́ть (что?)

- Брат верну́лся из Москвы́ от дру́га. Оте́ц прие́хал с вокза́ла на такси́.

- Ба́бушка верну́лась от врача́. Мы получи́ли откры́тку из Москвы́ от дру́га.

④ БЕЗ + 생격

- Я пью чай без са́хара / ко́фе без молока́.

⑤ ПО́СЛЕ + 생격

- Мы пойдём в парк по́сле обе́да / по́сле уро́ка / по́сле экза́мена.

- По́сле пра́здника я пое́ду в Москву́. / По́сле Но́вого го́да я пое́ду в Москву́.

[별표 12] 여격 (да́тельный паде́ж)

▶ 여격(да́тельный падеж) - кому́?

глаго́л	вопро́с	приме́р
дава́ть – дать	кому́? что?	Ма́ма дала́ сы́ну журна́л.
дари́ть – подари́ть	кому́? что?	Мы подари́ли ма́ме цветы́.

глаго́л	вопро́с	приме́р
говори́ть – сказа́ть	кому́? о ком? о чём?	Ма́ма сказа́ла па́пе о де́тях. Профе́ссор сказа́л нам об экза́мене.
звони́ть – позвони́ть	кому́? (куда?)	Ира позвони́ла Юле. Я позвони́л в Москву́ Игорю.
отвеча́ть – отве́тить	кому́? на что?	Я отве́тил дру́гу на вопро́с/на письмо́.
писа́ть – написа́ть	кому́? что?	Я написа́ла дру́гу письмо́.
пока́зывать – показа́ть	кому́? что?	Сын показа́л ма́ме но́вую фотогра́фию.
покупа́ть – купи́ть	кому́? что?	Ма́ма купи́ла сы́ну брю́ки и руба́шку.
помога́ть – помо́чь	кому́? что де́лать? что сде́лать	Я всегда́ помога́ю мла́дшему бра́ту. Я всегда́ помога́ю ма́ме гото́вить у́жин. Вчера́ я помо́г бра́ту перевести́ текст.
посыла́ть – посла́ть	(что?) кому́? (куда́?)	Я посла́л фотогра́фию ба́бушке. Я посла́ла откры́тки подру́гам в Москву́.
преподава́ть	(что?) кому́?	Анна преподаёт шко́льникам исто́рию.
расска́зывать – рассказа́ть	кому́? о ком? о чём?	Учи́тель расска́зывает нам о Че́хове. Он рассказа́л де́тям о Москве́.
сове́товать – посове́товать	кому́? что де́лать? что сде́лать?	Преподава́тель сове́тует нам ка́ждый день учи́ть но́вые слова́. Брат сове́тует мне купи́ть маши́ну.
улыба́ться – улыбну́ться	кому́?	Анто́н всегда́ улыба́ется мне.

▶ 여격(дательный падеж) – к кому́? к чему́?

глаго́л	вопро́с	приме́р
гото́виться – подгото́виться	к чему́?	Сейча́с я гото́влюсь к экза́мену. Студе́нты хорошо́ подгото́вились к фестива́лю.
идти́ – пойти́, ходи́ть	(куда́?) к кому́	Я иду́ (в больни́цу) к врачу́.
е́хать – пое́хать, е́здить	(куда́?) к кому́?	Мы е́дем в Пуса́н к ба́бушке.
приезжа́ть – прие́хать	(куда́?) к кому́?	К нам в Сеу́л прие́хала ба́бушка из Пуса́на.

глаго́л	вопро́с	приме́р
приходи́ть – прийти́	(куда́?) к кому́?	За́втра к нам на ле́кцию придёт изве́стный писа́тель.

▶ 여격(дательный падеж) - по чему?

глаго́л	вопро́с	приме́р
путеше́ствовать	по чему́?	Ру́сские студе́нты путеше́ствуют по Коре́е.

МОДЕЛИ:

1. кому́? нра́виться – понра́виться   кто? что?
                                      что де́лать?

- Мне нра́вится Анто́н. Мне нра́вится ру́сская литерату́ра. Мне нра́вится чита́ть кни́ги.
- Нам понра́вился этот фильм.

2. кому́? на́до/ну́жно   что де́лать? / что сде́лать?

- Мне ну́жно чита́ть ка́ждый день. Мне ну́жно прочита́ть э́ту кни́гу.

3. кому́? ну́жен/нужна́/ну́жно/нужны́   что? 주격

- Мне ну́жен слова́рь / нужна́ кни́га / ну́жно пальто́ / нужны́ брю́ки.

4. кому́? ···год, го́да, лет

- Мне 20 лет.

5. кому́? 부사

- Мне хо́лодно. Нам интере́сно изуча́ть ру́сский язы́к.

6. кому́? мо́жно/нельзя́ + 동사원형

- Ба́бушке нельзя́ пить ко́фе. Здесь мо́жно кури́ть?

7. кому́?   **мал, мала́, мало́, малы́**   +주격

                 вели́к, велика́, велико́, велики́

                 как раз

                 идёт

- Тебе́ мала́ э́та ю́бка. Бра́ту велико́ э́то пальто́. Тебе́ идёт э́тот костю́м.
- Эти брю́ки мне как раз. Ма́ме идёт си́ний цвет.

[별표 13] 대격 (**вини́тельный паде́ж**)

▶ 대격 (вини́тельный паде́ж) – кого́? что?

глаго́л	вопро́с	приме́р
боле́ть	за кого́?	Мои́ друзья́ боле́ют за кома́нду «Спарта́к»
брать – взять	что? (где?)	Ма́ша взяла́ кни́гу в библиоте́ке. В столо́вой мы взя́ли рис и ку́рицу.
ви́деть – уви́деть	кого́? что?	Мы ви́дим Анто́на, Ни́ну, дете́й. Я ви́жу дом, маши́ну, о́зеро.
волнова́ться	за кого́? за что? (о ком? о чём?)	Роди́тели волну́ются за сы́на. Они́ волну́ется за здоро́вье сы́на. (Роди́тели волну́ются о сы́не. Они́ волну́ются о здоро́вье сы́на.)
встреча́ть – встре́тить	кого́?	Мы встре́тили дру́га и подру́гу.
вызыва́ть – вы́звать	кого́?	Сын заболе́л, и ма́ма вы́звала врача́.
выполня́ть – вы́полнить	что?	Ты хорошо́ вы́полнил дома́шнее зада́ние.
гото́вить – пригото́вить	что?	Ма́ма пригото́вила суп и ры́бу.
дава́ть – дать	что? (кому́?)	Преподава́тель дал слова́рь Ива́ну.
дари́ть – подари́ть	что? (кому́?)	Сын подари́л цветы́ ма́ме.
де́лать – сде́лать	что?	Де́ти сде́лали дома́шнее зада́ние.
есть – съесть	что?	Утром мы е́ли рис и о́вощи. Ма́льчик съел весь суп.
ждать – подожда́ть	кого́?	Мы ждём Анну 20 мину́т.
забыва́ть – забы́ть	что?	Ира забы́ла до́ма очки́.

глаго́л	вопро́с	приме́р
зака́зывать – заказа́ть	что?	В рестора́не мы заказа́ли пельме́ни. Нам на́до заказа́ть гости́ницу. Я хочу́ заказа́ть такси́.
закрыва́ть – закры́ть	что?	Закро́йте, пожа́луйста, окно́! Он закры́л дверь (кни́гу, су́мку, шкаф, рот)
запи́сывать – записа́ть	что?	Запиши́ мой а́дрес: у́лица Пу́шкина, дом 2, кварти́ра 17.
запомина́ть – запо́мнить	что?	Студе́нты должны́ запо́мнить но́вые слова́. Я не запо́мнил и́мя и фами́лию но́вого студе́нта.
знать	кого́? что?	Я зна́ю студе́нтов, кото́рые у́чатся на на́шем факульте́те. Я зна́ю англи́йский язы́к.
игра́ть – сыгра́ть, поигра́ть	во что?	Мы игра́ем в футбо́л.
изуча́ть – изучи́ть	что?	Студе́нты изуча́ют ру́сский язы́к.
конча́ть – ко́нчить	что?	Профе́ссор ко́нчил ле́кцию в 2 часа́.
люби́ть	кого́? что?	Мы лю́бим ма́му и па́пу. Де́ти лю́бят бана́ны.
начина́ть – нача́ть	что?	Учи́тель начина́ет уро́к в 9 часо́в.
нести́ – понести́	что? куда́? кому́?	Я несу́ ноутбу́к в университе́т. Сын купи́л цветы́ и несёт их ма́ме.
осма́тривать – осмотре́ть	что? кого́?	Тури́сты осмотре́ли Кремль. Врач осмотре́л пацие́нта.
основа́ть	что?	Михаи́л Ломоно́сов основа́л Моско́вский университе́т.
открыва́ть – откры́ть	что?	Он откры́л окно́ (дверь, шкаф, портфе́ль, рот)
отправля́ть – отпра́вить	что? куда́? кому́?	Мы отпра́вили откры́тки в Москву́ друзья́м.
переводи́ть – перевести́	что?	Студе́нт перевёл текст.

глаго́л	вопро́с	приме́р
писа́ть – написа́ть	что? (кому́?) (чем?)	Брат написа́л письмо́ дру́гу. Я пишу́ тест ру́чкой.
пить – вы́пить	что?	Де́ти пьют молоко́.
повторя́ть – повтори́ть	что?	Мне на́до повтори́ть грамма́тику. Повтори́те, пожа́луйста, ещё раз ва́ше и́мя.
поздравля́ть – поздра́вить	кого́? (с чем?)	Я поздра́вил Та́ню с Но́вым го́дом.
пока́зывать – показа́ть	что? (кому́?)	Учи́тель показа́л карти́ну де́тям.
покупа́ть – купи́ть	что? (кому́?)	Ба́бушка купи́ла о́вощи. Ма́ма купи́ла брю́ки сы́ну.
получа́ть – получи́ть	что? (от кого́?) (отку́да?)	Сего́дня брат получи́л письмо́. Студе́нт получи́л «5». Я получи́л фотогра́фию от дру́га. Я получи́л письмо́ из Москвы́.
по́мнить	кого́? что? (о ком?о чём?)	Я по́мню пе́рвую учи́тельницу. Я по́мню ру́сскую грамма́тику. Я всегда́ по́мню о роди́телях. Ты по́мнишь о про́сьбе отца́?
понима́ть – поня́ть	кого́? что?	Студе́нты понима́ют преподава́теля. Студе́нты понима́ют грамма́тику.
посыла́ть – посла́ть	что? кому́? куда́?	Я посла́л фотогра́фию ба́бушке. Я посла́л письмо́ в Моско́вский университе́т.
преподава́ть	что? (кому́?) (где?)	Юрий преподаёт фи́зику в институ́те. Анна преподаёт исто́рию шко́льникам.
приглаша́ть – пригласи́ть	кого́? куда́?	Я пригласи́л Ни́ну в рестора́н.
примеря́ть – приме́рить	что?	Яне понра́вилось пальто́, и она́ его́ приме́рила.
проверя́ть – прове́рить	что?	Учи́тель прове́рил моё дома́шнее зада́ние и сказа́л, что я сде́лал мно́го оши́бок.

глаго́л	вопро́с	приме́р
проводи́ть – провести́	что?	Я хорошо́ провёл кани́кулы/ суббо́ту и воскресе́нье/ле́то…
продава́ть – прода́ть	что?	Этот челове́к продаёт свою́ маши́ну.
проси́ть – попроси́ть	кого́? что де́лать? что сде́лать?	Сын попроси́л ма́му пригото́вить пельме́ни.
реша́ть – реши́ть	что?	Учёные реши́ли ва́жную пробле́му.
рисова́ть – нарисова́ть	кого́? что? (чем?)	Де́ти нарисова́ли мо́ре, па́пу, ма́му. Ва́ня рису́ет мо́ре си́ним карандашо́м.
сдава́ть – сдать	что?	Студе́нты хорошо́ сда́ли экза́мен.
слу́шать – послу́шать	что? кого́?	Я слу́шаю му́зыку. Де́ти слу́шают учи́тельницу.
слы́шать – услы́шать	что? кого́?	Мы услы́шали хоро́шую но́вость. Ты слы́шишь меня́?
смотре́ть – посмотре́ть	что? на кого́? на что?	Мы посмотре́ли интере́сный фильм. Де́ти смо́трят на ма́му и слу́шают её. Па́па посмотре́л на часы́ и сказа́л: «Сейча́с 2 часа́».
спра́шивать – спроси́ть	кого́? (о ком? о чём?)	Мы спроси́ли преподава́теля о Пу́шкине / об экза́мене.
стро́ить – постро́ить	что?	Па́па постро́ил но́вый дом.
убира́ть – убра́ть	что?	Я убира́ю ко́мнату.
учи́ть – вы́учить	что?	Де́ти вы́учили стихи́/но́вые слова́.
фотографи́ровать – сфотографи́ровать	кого́? что?	Я сфотографи́ровал ма́му. Я сфотографи́ровал краси́вое о́зеро.
чи́стить – почи́стить	что? (чем?)	Ма́ма чи́стит о́вощи. Мла́дший брат чи́стит зу́бы де́тской зубно́й щёткой.
чита́ть – прочита́ть	что?	Я прочита́ла кни́гу.

▶ 대격 (винительный падеж) - куда?

Глагол	вопрос куда?	Пример
идти́ – пойти́, ходи́ть	куда́?	Де́ти иду́т в шко́лу.
		Вчера́ мы ходи́ли в теа́тр.
	к кому́?	Де́душка идёт к врачу́.
е́хать – пое́хать, е́здить	куда́?	Сейча́с мы е́дем в Сеу́л.
	к кому́?	Ле́том мы е́здили в Аме́рику к дру́гу.
лете́ть – полете́ть, лета́ть	куда́?	Э́тот самолёт лети́т в Москву́.
нести́ – понести́	что?	Студе́нт несёт кни́ги в библиоте́ку.
	куда́?	Он несёт слова́рь профе́ссору.
	кому?	
опа́здывать – опозда́ть	куда́?	Он опозда́л на ле́кцию.
плыть – поплы́ть, пла́вать	куда́?	Мы плывём на парохо́де на о́стров Чёджу.
приезжа́ть – прие́хать	куда́?	В наш университе́т прие́хали ру́сские студе́нты.
	к кому́?	К нам прие́хала ба́бушка из Пуса́на.
приноси́ть – принести́	что?	Юля принесла́ в университе́т большо́й слова́рь.
	куда́?	
	кому́?	Па́па принёс де́тям игру́шки.
приходи́ть – прийти́	куда́?	В наш университе́т пришёл изве́стный писа́тель.
	к кому́?	За́втра ко мне приду́т друзья́.
спеши́ть – поспеши́ть	куда́?	- Куда́ ты так спеши́шь?
		- В кино́. Че́рез 10 мину́т начнётся фильм.

▶ **ЧЕ́РЕЗ, НАЗА́Д** + 대격

• Я пое́ду в Москву́ че́рез год.

• Па́па был в Москве́ год наза́д.

[별표 14] 조격 (**Твори́тельный паде́ж**)

▶ 조격 (Твори́тельный падеж) чем?

Глагол	вопрос	пример
есть (먹다)	чем? что? чем?	Коре́йцы едя́т па́лочками. Он ест суп ло́жкой.
писа́ть – написа́ть	что? чем?	Он написа́л письмо́ чёрной ру́чкой.
ре́зать – отре́зать	что? чем?	Я ре́жу хлеб ножо́м. Он ре́жет бума́гу но́жницами.
расчёсывать – расчеса́ть	что? чем?	Оля расчёсывает во́лосы ма́ленькой расчёской.
рисова́ть – нарисова́ть	что? чем?	Он рису́ет мо́ре си́ним карандашо́м.
чи́стить – почи́стить	что? чем?	Я чи́щу ры́бу ножо́м. Мы чи́стим я́блоки ножо́м. Де́ти чи́стят зу́бы зубно́й щёткой и зубно́й па́стой. Ма́ма чи́стит пальто́ щёткой. Ты чи́стишь ковёр пылесо́сом?

▶ 조격 (Твори́тельный паде́ж) (кем?) чем?

Глагол	вопрос	пример
боле́ть – заболе́ть	чем?	Брат боле́ет/ заболе́л гри́ппом.
занима́ться	чем?	Я занима́юсь спо́ртом/ му́зыкой.
увлека́ться	чем?	Он увлека́ется спо́ртом/му́зыкой.
интересова́ться	чем? кем?	Он интересу́ется поли́тикой. Он интересу́ется краси́выми де́вушками.

▶ 조격 (Твори́тельный падеж) кем? каки́м?

Глагол	вопрос	пример
быть	кем?	Анто́н – врач (주격) Ра́ньше де́душка был врачо́м. Анто́н ско́ро бу́дет врачо́м. Анто́н хо́чет быть врачо́м. Анна краси́вая. Сего́дня она́ весёлая. (주격)

Глагол	вопрос	пример
	каки́м/ како́й/ каки́ми?	В мо́лодости де́душка был краси́вым. Вчера́ Анна была́ весёлой. Я ду́маю, что пра́здник бу́дет весёлым. Анна хо́чет всегда́ быть краси́вой.
становиться – стать (되다)	кем?	Анто́н стал врачо́м. Анто́н ско́ро ста́нет врачо́м. Анто́н хо́чет стать врачо́м.
	каки́м/ како́й/ каки́ми?	Анна ста́ла красиво́й. Де́ти ско́ро ста́нут больши́ми. Он хо́чет стать бога́тым.
рабо́тать	кем?	Оте́ц рабо́тает инжене́ром. (= Оте́ц – инжене́р)

▶ 조격 (Твори́тельный паде́ж) с кем? – с чем?

Глагол	вопрос	пример
ви́деться – уви́деться	с кем?	Я давно́ не ви́делась с Ма́шей.
встреча́ться – встре́титься	с кем?	Я встре́тился с дру́гом.
догова́риваться – договори́ться	с кем? что де́лать? что сде́лать? о чём?	Я договори́лся с Ни́ной пойти́ в кино́. / Мы с Ни́ной договори́лись пойти́ в кино́. Мы с Ни́ной договори́лись всю суббо́ту занима́ться в библиоте́ке. Мы с Ни́ной договори́лись о встре́че.
дружи́ть	с кем?	Я дружу́ с Ве́рой. Мы с Ве́рой дру́жим.
здоро́ваться – поздоро́ваться	с кем?	Профе́ссор поздоро́вался со студе́нтами и на́чал ле́кцию.
знако́миться – познако́миться	с кем? с чем?	Я познако́мился с но́вым студе́нтом. Мы познако́мились с Эрмита́жем.
перепи́сываться	с кем?	Я два го́да перепи́сываюсь с ру́сской де́вушкой Та́ней.
поздравля́ть – поздра́вить	кого́? с чем?	Я поздра́вил дру́га с Рождество́м.

Глагол	вопрос	пример
разгова́ривать	с кем? о ком? о чём?	Я разгова́риваю с отцо́м о пробле́мах. Я разгова́риваю с отцо́м о бра́те.
сове́товаться – посове́товаться	с кем? о чём?	Я всегда́ сове́туюсь с роди́телями. Мы хоти́м посове́товаться с профе́ссором о пое́здке в Москву́.
ссо́риться – поссо́риться	с кем?	Я поссо́рилась с подру́гой./ Мы с подру́гой поссо́рились.

▶ 전치사　　**C, РЯ́ДОМ C···, ВМÉСТЕ C··· + 조격**

Я пью ко́фе с молоко́м. Я иду́ в кино́ с мла́дшим бра́том. / Я иду́ в кино́ вме́сте с мла́дшим бра́том. Стол ря́дом с окно́м.

[별표 15] 전치격(**Предло́жный паде́ж**)

▶ 전치격(Предло́жный паде́ж) где?

Глагол	вопрос	пример
быть	где? (у кого́?)	Вчера́ мы бы́ли в теа́тре. Ле́том мы бы́ли в Пуса́не у бра́та.
гуля́ть-погуля́ть	где?	Де́ти гуля́ют в па́рке.
жить	где?	Он живёт в Росси́и, в Москве́.
за́втракать – поза́втракать	где?	Обы́чно я за́втракаю в общежи́тии.
занима́ться – позанима́ться	где?	Он занима́ется в библиоте́ке.
находи́ться	где?	Аудито́рия 201 нахо́дится на второ́м этаже́.
обе́дать – пообе́дать	где?	Студе́нты обе́дают в кафе́.
отдыха́ть – отдохну́ть	где?	Мы отдыха́ли на ю́ге 10 дней.
рабо́тать – порабо́тать	где?	Оте́ц рабо́тает в ба́нке.
роди́ться	где?	Де́душка роди́лся в дере́вне.
у́жинать – поу́жинать	где?	Семья́ у́жинает в рестора́не.
учи́ться	где?	Брат у́чится в шко́ле.

▶ 전치격(Предло́жный паде́ж) о ком? о чём?

Глаго́л	вопро́с	приме́р
волнова́ться	о ком?- о чём? (за кого́? за что?)	Роди́тели волну́ются о сы́не. Они́ волну́ются о здоро́вье сы́на. (Роди́тели волну́ются за сы́на. Они волну́ются за здоро́вье сы́на.)
ду́мать – поду́мать	о ком? о чём?	Она́ ду́мает о сестре́. Она́ ду́мает об уро́ке.
говори́ть – сказа́ть	о ком? о чём? (кому́?)	Ма́ма говори́т мне о па́пе. Профе́ссор говори́т студе́нтам об экза́мене.
мечта́ть – помечта́ть	о чём? что де́лать? что сде́лать?	Я мечта́ю о пое́здке в Евро́пу. Я мечта́ю пое́хать в Евро́пу.
по́мнить	о ком? о чём? (кого́? что?)	Я всегда́ по́мню о свои́х роди́телях. Ты по́мнишь о про́сьбе отца́? (Я по́мню пе́рвую учи́тельницу. Ты по́мнишь телефо́н Серге́я?)
расска́зывать – рассказа́ть	о ком? о чём? (кому́?)	Преподава́тель расска́зывает студе́нтам о ру́сском поэ́те. Брат расска́зывает нам о своём путеше́ствии.
спра́шивать – спроси́ть	о ком? о чём?(кого́?)	Профе́ссор спра́шивает студе́нта о писа́теле / о рома́не.

▶ 전치격(Предло́жный паде́ж) на чём?

Глаго́л	вопро́с	приме́р
е́хать – пое́хать, е́здить	на чём?	Мы е́дем на авто́бусе.
игра́ть – сыгра́ть, поигра́ть	на чём?	Брат игра́ет на гита́ре.
ката́ться – поката́ться	на чём?	Брат лю́бит ката́ться на лы́жах и конька́х.
лете́ть – полете́ть, лета́ть	на чём?	Мы лети́м на самолёте в Петербу́рг.
плыть – поплы́ть, пла́вать	на чём?	Мы плывём на парохо́де в Пуса́н.

연습문제 정답

※ 다양한 답이 가능한 질문에 대한 모범답안에는 *표시 하였습니다.

제 12과

복습

1 смотрят　　**2** смотрел(а), смотрю

3 смотрели　　**4** смотрели

5 посмотрели　　**6** посмотрели

7 смотрел　　**8** спрашивали

9 спросил　　**10** спрашиваю

11 спросил(а)　　**12** взяла

13 беру　　**14** берёт

15 рассказывал　　**16** рассказывал

17 рассказывает　　**18** рассказала

ГОВОРИ́ТЕ ПРА́ВИЛЬНО!

연습문제 1

❶ говорить　　**❷** говорить

❸ сказать　　**❹** говорить

❺ говорить　　**❻** писать, писать

❼ написать　　**❽** писать

❾ писать　　**❿** писать

⓫ купить　　**⓬** покупать

연습문제 2

работать – буду работать, будешь работать, будет работать, будем работать, будете работать, будут работать

посмотреть – посмотрю, посмотришь, посмотрит, посмотрим, посмотрите, посмотрят

сделать – сделаю, сделаешь, сделает, сделаем, сделаете, сделают

изучать – буду изучать, будешь изучать, будет изучать, будем изучать, будете изучать, будут изучать

изучить – изучу́, изу́чишь, изу́чит, изу́чим, изу́чите, изу́чат

говорить – буду говорить, будешь говорить, будет говорить, будем говорить, будете говорить, будут говорить

поужинать – поужинаю, поужинаешь, поужинает, поужинаем, поужинаете, поужинают

брать – буду брать, будешь брать, будет брать, будем брать, будете брать, будут брать

петь – буду петь, будешь петь, будет петь, будем петь, будете петь, будут петь

спеть – спою, споёшь, споёт, споём, споёте, споют

연습문제 3

рассказать – расскажу́, расска́жешь, расска́жут

встретить – встре́чу, встре́тишь, встре́тят

попросить – попрошу́, попро́сишь, попро́сят

увидеть – увижу, увидишь, увидят

простить – прощу, простишь, простят

написать – напишу, напишешь, напишут

поставить – поставлю, поставишь, поставят

показать – покажу́, пока́жешь, пока́жут

пригласить – приглашу́, пригласи́шь, приглася́т

полюбить – полюблю́, полю́бишь, полю́бят

연습문제 4

❶ будем отдыхать　　**❷** приглашу

❸ приготовит　　**❹** будет заниматься

❺ куплю　　**❻** будем играть

❼ напишу　　**❽** расскажешь

❾ отвечу　　**❿** пойдёт

⓫ поедете, поеду

연습문제 5

❶ будет рассказывать　　**❷** расскажет

❸ будет рассказывать　　**❹** будет рассказывать

❺ расскажет　　**❻** буду читать

❼ прочитаем　　**❽** (буду) читать

❾ приготовлю　　**❿** будет готовить

⓫ приготовит

연습문제 6

❶ волнуются, волновались

❷ танцует, танцевала

❸ потанцуем

❹ советует, советовал

❺ чувствовал, чувствует

❶ Когда Костя смотрел в окно, он увидел очень симпатичную девушку. (Когда Костя ехал на автобусе, он увидел очень симпатичную девушку.)

❷ Когда мы гуляли в парке, мы встретили преподавателя русской литературы. (Когда мы шли на лекцию, мы встретили преподавателя русской литературы.)

❸ Когда мы вечером смотрели фильм, позвонила наша бабушка.

❹ Когда я спал, я вдруг услышал громкие звуки. (Когда я работал в офисе, я вдруг услышал громкие звуки.)

❺ Когда мальчик бежал, он упал. (Когда мальчик играл в бадминтон, он упал).

❻ Когда Лена и Лёша отдыхали на море, они поссорились. (Когда Лена и Лёша вместе ужинали, они поссорились. Когда Лена и Лёша разговаривали об этой проблеме, они поссорились.)

ДАВА́ЙТЕ ПОГОВОРИ́М!

연습문제 1

❶ Мы каждый день говорим по-русски.

❷ В детстве Соня часто играла на пианино.

❸ Студенты обычно обедают в 12 часов.

❹ Раньше он редко смотрел спортивные программы.

❺ Дети каждую субботу гуляют в парке.

❻ Иногда наша семья обедает в этом ресторане.

❼ В прошлом году Денис всегда брал книги в нашей библиотеке.

연습문제 2

❶ Наша семья живёт в Сеуле 4 года.

❷ Софья долго жила в Сеуле.

❸ Виктор учил новые слова 3 часа.

❹ Ирина гуляет в парке всё утро.

❺ Студенты отдыхали на юге все каникулы.

❻ Настя делает домашнее задание весь вечер.

연습문제 3

❶ В детстве мы каждый день играли в бадминтон, а теперь редко играем.

❷ Когда Наташа училась в школе, она часто говорила по-английски, а теперь редко говорит.

❸ Раньше Света часто брала учебники в библиотеке, а теперь не берёт / а теперь она покупает учебники.

❹ Раньше Вадим звонил домой каждый вечер, а теперь редко звонит.

연습문제 4*

❶ Когда я смотрел фотографии, я думал о поездке в Россию.

❷ Когда дети позавтракали, они пошли в парк./ Когда дети позавтракают, они пойдут в парк.

❸ Когда Павел шёл на стадион, он думал о футбольном матче.

❹ Когда туристы ехали на автобусе, они увидели красивую церковь.

❺ Когда мальчик приготовил домашнее задание, он позвонил другу./ Когда мальчик приготовит домашнее задание, он позвонит другу.

❻ Когда мама купила овощи и фрукты, она поехала домой./ Когда мама купил овощи и фрукты, она поедет домой.

❼ Когда мама готовила обед, Юля рассказала ей о своём экзамене.

연습문제 5

Б)

❶ Антон вчера писал письма.

❷ Он писал письма в Корею.

❸ Да, он любит писать письма.

❹ Он писал письма 2 часа.

❺ Он начал писать в 5 часов.

❻ Он кончил писать в 7 часов.

❼ Он написал три письма.

❽ Когда Антон писал письма, мама готовила ужин.

❾ Когда Антон написал все письма, он поужинал.

❶ А завтра они сыграют в баскетбол.

❷ А завтра он позвонит в 7 часов.

❸ А завтра я приготовлю суп.

❹ А завтра он расскажет о Сибири.

❺ А завтра он начнёт лекцию в 10 часов.

❻ А завтра он кончит работу в 7 часов.

❶ В субботу я пойду в бассейн. / В субботу я поеду на экскурсию.

❷ В воскресенье я ходил(а) в музей. В воскресенье я ездил(а) на море.

❸ Утром я ходил(а) в библиотеку. Утром я ездил(а) в поликлинику.

❹ Завтра я пойду на стадион. Завтра я поеду в театр.

❶ Ты любишь играть в бадминтон?

❷ Где ты будешь отдыхать летом (всё лето)?

❸ Как долго ты будешь отдыхать в деревне?

❹ – Ты уже купил словарь?
   – Нет, завтра обязательно куплю.

❺ Почему ты не готовишь обед (суп и рыбу)?

❻ Когда Вадим начал играть на скрипке?

❼ Что ты будешь делать завтра (в субботу)?

❶ Дети не любят кофе. (Дети не любят читать книги.)

❷ Сергей начал работу. (Сергей начал изучать французский язык.)

❸ Вы не забыли об экзамене? (Вы не забыли купить фрукты?)

❹ Младший брат научился рисовать.

❺ Завтра мы будем заниматься в библиотеке.

❻ В субботу я пойду в театр.

❼ Олег часто спрашивает меня о Корее.

❽ Я куплю новую машину.

❾ Мы всегда берём книги в студенческой библиотеке. (Мы всегда берём пельмени в ресторане).

❿ В прошлом году мы всё лето отдыхали на море.

⓫ Кто весь день играет в теннис?

⓬ У него есть сестра. (У него нет сестры.)

АУДИ́РОВАНИЕ

❶ d)   ❷ b)

듣기 대본

- Надя, ты всё купила?

- Да, я купила лук, морковь, капусту, яблоки и виноград.

- А помидоры ты забыла купить?

- Ой, совсем забыла! Сейчас я пойду на рынок и куплю.

- Нет, я пойду на рынок, а ты приготовишь борщ. Хорошо?

- Хорошо, Игорь.

b)

듣기 대본

Она: Как долго ты едешь в университет?

Он: На метро час десять минут, а потом 30 минут на автобусе.

Она: Так долго!? А я еду 20 минут. Когда я еду на трамвае, обычно слушаю музыку.

Он: Когда я еду на метро, тоже слушаю музыку или читаю.

❶ да   ❷ да

❸ да   ❹ нет

❺ да   ❻ нет

❼ да   ❽ нет

듣기 대본

Вся наша семья – папа, мама, старший брат и я - любит спорт. Папа очень хорошо играет в баскетбол. Он начал играть в баскетбол, когда учился в школе. А мама в детстве играла в волейбол, но сейчас не играет. Она любит плавать, каждый вторник и четверг она ходит в бассейн. Брат Женя работает в большой фирме, он менеджер, но в свободное время часто играет в теннис. А меня зовут Саша. В детстве я тоже играл в теннис, но сейчас больше всего люблю футбол, и все мои друзья тоже. Каждую субботу мы играем в футбол на школьном стадионе.

❶ В этой семье 4 человека?

❷ У Жени есть младший брат?

❸ Папа играет в баскетбол?

❹ В детстве мама начала плавать?

❺ Мама ходит в бассейн 2 раза в неделю?

❻ Женя играет в волейбол, когда есть свободное время?

❼ Раньше Саша играл в теннис, но сейчас не играет?

❽ Саша и его друзья играют в футбол каждую среду?

제 13 과

복 습

А)

❶ вкусный обед

❷ на уроке, о русской литературе

❸ в небольшой деревне

❹ У Ларисы, словарь, у Ольги, словаря

❺ всю субботу и всё воскресенье

❻ на Байкале

❼ на Байкал

❽ французский язык, каждый вторник и каждую пятницу

❾ о новом преподавателе, которого, в библиотеке

❿ о которой, меня, в субботу

Б)

❶ отдыхали

❷ отдохнул(а)

❸ отдыхал

❹ отдохнула

❺ отдыхать.

❻ играть, играть, играли

❼ сыграли

❽ играть

❾ играла

❿ сыграла

ГОВОРЙТЕ ПРÁВИЛЬНО!

연습문제 1

❶ у этого студента   ❷ у нашего отца

❸ у моей бабушки   ❹ у твоей подруги

❺ у его друга

연습문제 2

❶ У нашей старшей сестры нет красивого платья.

❷ У этого нового студента нет хорошего учебника.

❸ У нашего отца нет свободного времени.

❹ У твоего друга нет интересной книги.

❺ У этой симпатичной девушки нет близкой подруги.

❻ На нашей улице нет современного кинотеатра.

❼ В новой библиотеке нет хорошего корейско-русского словаря.

❽ В этой аудитории нет новой мебели.

❾ В этом маленьком магазине нет свежей рыбы.

연습문제 3

❶ 문학 수업   ❷ 러시아어 선생님

❸ 요일   ❹ 생일

❺ 쌀 1킬로그램   ❻ 맥주 한 병

❼ 잼 한 캔   ❽ 우유 한 팩

❾ 주스 한 잔   ❿ 차 한 잔

연습문제 4

❶ стола, стула

❷ картофеля, молока, сока

❸ У Анны Викторовны

❹ Сергея, Маши

❺ русского языка

❻ У нашего дедушки

❼ молока

❽ большого стадиона

⑨ международного аэропорта

⑩ новой гостиницы

⑪ чая, сахара, лимона.

연습문제 5

❶ Дедушка вернулся из больницы.

❷ Михаил Николаевич вернулся из Кореи, из Сеула.

❸ Родители вернулись из театра с концерта.

❹ Студенты вернулись из университета с лекции.

❺ Павел вернулся из Америки от друга.

❻ Лариса вернулась из Парижа от своей подруги.

❼ Мы вернулись с острова Чеджу от дедушки и бабушки.

❽ Я вернулся от дяди и тёти из Пусана.

연습문제 6

❶ второе марта

❷ двенадцатое сентября

❸ шестое апреля

❹ девятнадцатое августа

❺ седьмое мая

❻ двадцатое февраля

❼ третье июля

❽ двадцать седьмое ноября

❾ пятнадцатое июня

❿ тридцать первое октября

⑪ восьмое декабря

⑫ десятое января

연습문제 7

❶ Сегодня десятое апреля. Вчера было девятое апреля. Завтра будет одиннадцатое апреля.

❷ Сегодня восьмое февраля. Вчера было седьмое февраля. Завтра будет девятое февраля.

❸ Сегодня двадцатое июля. Вчера было девятнадцатое июля. Завтра будет двадцать первое июля.

❹ Сегодня двадцать третье октября. Вчера было двадцать второе октября. Завтра будет двадцать четвёртое октября.

연습문제 8

❶ Если я не забуду, (я) позвоню вечером.

❷ Если мы купим билеты, (мы) завтра пойдём в театр.

❸ Если у меня будет время, я напишу письмо.

❹ Если у нас будут деньги, мы летом купим машину.

❺ Если бабушка будет себя хорошо чувствовать, (она) поедет в деревню.

❻ Если ты попросишь Максима, он расскажет о своей поездке на Урал.

❼ Если ты хочешь, мы пойдём в ресторан.

ДАВА́ЙТЕ ПОГОВОРИ́М!

연습문제 1*

❶ Мы пьём горячий (чёрный, зелёный, вкусный) чай.

❷ Маленький мальчик нарисовал большую (красивую, белую) машину.

❸ У него есть старшая (младшая) сестра.

❹ Мама готовит вкусные (русские) пельмени.

❺ Идёт сильный (мелкий) дождь.

❻ Мы говорили о новой (старой, интересной, известной) книге.

❼ Студенты живут в новом (большом, современном) общежитии.

연습문제 2*

❶ Мама вкусно (невкусно, хорошо, плохо) готовит.

❷ Брат хорошо (плохо, успешно) учится.

❸ Мин Хо хорошо (плохо, быстро, медленно) говорит по-русски.

❹ Виктор успешно (хорошо, плохо) сдал экзамены.

❺ Вадим интересно (неинтересно) рассказывает.

❻ Дети быстро (медленно, хорошо, плохо) едят.

❼ Машина быстро(медленно) едет.

연습문제 3*

❶ У меня один словарь.

❷ В нашем университете одна библиотека.

❸ У мамы одни перчатки.

❹ В институте одно общежитие.

❺ В комнате один компьютер. (У нас один компьютер).

❻ У сестры одно пальто.

❼ У Нины одна сумка.

❽ У Анны Николаевны одни туфли.

연습문제 4

❶ два словаря   ❷ три журнала

❸ два окна   ❹ четыре рубашки

❺ две машины   ❻ два театра

❼ три яблока   ❽ четыре рубля

❾ две картины   ❿ два брата

⓫ две сестры

연습문제 5

А)

❶ тетрадь Нины

❷ пальто Сергея

❸ учебники нового студента

❹ дом нашего дедушки.

Б)

❶ килограмм риса

❷ чашку чая

❸ килограмм лука и килограмм клубники

❹ пакет молока и банка майонеза

❺ стакан апельсинового сока.

В)

❶ урок русской литературы

❷ урок английского языка

❸ остановка троллейбуса

❹ здание университета

❺ праздник победы

❻ кабинет физики.

연습문제 6

❶ Сколько стоит эта книга?

❷ Сколько стоит свитер?

❸ Сколько стоят очки?

❹ Сколько стоит пальто?

❺ Сколько стоит рис?

❻ Сколько стоит эта рубашка?

❼ Сколько стоят эти часы?

❽ Сколько стоит этот словарь?

❾ Сколько стоит это платье?

❿ Сколько стоят брюки?

⓫ Сколько стоит банка кофе?

⓬ Сколько стоит пакет молока?

연습문제 8*

❶ Если будет тепло, я поеду на море.

❷ Если ты быстро сделаешь домашнее задание, мы пойдём в парк.

❸ Если будешь хорошо знать русский язык, хорошо сдашь экзамен (найдёшь хорошую работу).

❹ Мы поедем на море, если ты хочешь (если будет хорошая погода)

❺ Он хорошо сдаст экзамен, если будет много заниматься (если не будет волноваться).

❻ Мама приготовит пельмени, если ты попросишь её (если у неё будет время).

❼ Мы посмотрим балет, если купим билеты (если будут билеты).

연습문제 10

Дима спросил Олю, почему она такая грустная. Оля ответила (сказала), что у неё болит горло, наверное, она простудилась. Дима спросил Олю, куда она сейчас идёт. Оля ответила (сказала), что в аптеку, она хочет купить лекарство и спросила Диму, не знает ли он, где здесь аптека. Дима ответил (сказал), что знает, (аптека) около кафе «Весна».

연습문제 12*

❶ Скажите, пожалуйста, где здесь банк? (Где находится банк?)

❷ Сколько стоит сок?

❸ На чём (как) ты едешь в университет?

❹ У тебя одна сестра? (У тебя есть брат?)

❺ Что ты будешь делать завтра (в воскресенье?)

❻ Ты будешь (пить) чай без сахара?

❼ Ты поедешь завтра на море?

❽ Какой урок будет завтра? (Какой урок был вчера? Какой урок сейчас идёт?)

연습문제 13*

❶ - Извините, где здесь банк?
  - Там, напротив почты.
  - Спасибо.
  - Пожалуйста. (Не за что)

❷ - Скажите, пожалуйста, как доехать до парка?
  - На троллейбусе № 5.
  - А где остановка троллейбуса?
  - Видите магазин? Остановка около него.

❸ - Сколько стоит эта тетрадь?
  - 21 рубль.
  - Дайте, пожалуйста, две тетради.
  - 42 рубля.

❹ - Дайте, пожалуйста, пакет молока и бутылку сока.
  - Пожалуйста, что ещё?
  - Это всё.
  - 143 рубля.

연습문제 14*

❶ Мама часто готовит борщ и рыбу.

❷ Оля думает о матери и об отце (об экзамене).

❸ Куда ты идёшь? (Куда ты поедешь летом? Куда ты ходил вчера?)

❹ Откуда вы вернулись?

❺ Саша учится в университете, он изучает математику.

❻ Это дети Веры Антоновны и Вадима Васильевича.

❼ Раньше Иван Сергеевич любил чёрный чай. (Раньше Иван Сергеевич любил играть в теннис).

❽ Он видит Максима и Таню (новую библиотеку).

❾ Брат смотрит фильм (телевизор, на меня, на часы, в окно).

❿ В магазине мама купила килограмм мяса.

⓫ У Наташи нет дедушки и бабушки.

⓬ Завтра мы пойдём в бассейн.

⓭ Вчера родители были в деревне. (Вчера родители ходили в театр).

⓮ Кого вы видели вчера? (Кого вы любите?)

⓯ О ком ты думаешь? (О ком ты волнуешься?)

⓰ Я был в Москве у друга.

⓱ Мы вернулись из Москвы от друга.

⓲ Друг вернулся с Сахалина от бабушки.

АУДИ́РОВАНИЕ

연습문제 1

❶ b)   ❷ b)

듣기 대본

Он: Сколько стоит эта открытка?
Она: 21 рубль.
Он: А этот карандаш?
Она: 4 рубля.
Он: Дайте, пожалуйста, две открытки и три карандаша.
Она: Вот, пожалуйста. ··· 54 рубля.

연습문제 2

❶ c)   ❷ b)

듣기 대본

- Марина, ты не знаешь, как доехать до магазина «Центр-книга»?
- Знаю. На автобусе № 20 до стадиона, а потом на метро 10 минут.
- А где здесь остановка автобуса?
- Недалеко. Вон видишь ресторан «Азия»?
- Да, вижу.
- Остановка напротив него.

연습문제 3

❶ да   ❷ да
❸ нет   ❹ да
❺ да   ❻ да
❼ нет

듣기 대본

Сегодня у бабушки болят ноги, поэтому она весь день была дома, а Света ходила в магазин, на рынок и готовила ужин. Сначала Света пошла в магазин, там она купила 2 килограмма риса, килограмм мяса, пакет молока и банку кофе. Потом Света пошла на рынок. Там было много разных овощей и фруктов. Она купила картофель, огурцы, лук. Когда Света купила овощи, она увидела свежие, недорогие фрукты:

яблоки, груши, виноград. Она купила яблоки и виноград. Когда Света вернулась домой, она сделала домашнее задание. Потом приготовила ужин. В 7 часов старший брат Светы вернулся из университета, и они поужинали.

❶ Света ходила в магазин и на рынок?

❷ Она купила килограмм мяса?

❸ Она купила банку молока?

❹ На рынке она купила овощи: лук, огурцы, картофель?

❺ Света не купила груши?

❻ Когда Света вернулась домой, она приготовила домашнее задание?

❼ Они поужинали в 7 часов, когда сестра Светы вернулась из университета?

제 14 과

복 습

А)

❶ бутылку виноградного сока и банку чёрного кофе

❷ этого здания

❸ младшей сестры

❹ молока, сахара

❺ автобуса или трамвая

❻ остановки автобуса или трамвая

❼ истории, в Московском университете

❽ в этом городе, театра

❾ два брата, две сестры, о них

❿ у этой немолодой женщины, сердце, в поликлинику.

Б)

❶ говорит

❷ говорит, сказал

❸ будем говорить

❹ скажу

❺ говорить

❻ сказать

❼ говорить

❽ сказала.

❾ возьму

❿ беру

⓫ взял

⓬ взять.

⓭ поехала

⓮ поеду

⓯ ехал

⓰ ехал

⓱ поехал

ГОВОРИ́ТЕ ПРА́ВИЛЬНО!

연습문제 1

❶ им

❷ ему

❸ мне

❹ вам

❺ тебе

❻ нам

❼ вам

❽ им

연습문제 2

❶ подруге Ларисе

❷ дедушке и бабушке

❸ Марии Ивановне

❹ преподавателю

❺ сыну и дочери

❻ Василию Александровичу

❼ брату и сестре

❽ Максиму и Тане

연습문제 3

❶ моей старшей сестре

❷ нашему старому дедушке

❸ этой красивой девушке

❹ вашему новому преподавателю Сергею Ивановичу

❺ новому студенту Максиму

❻ маленькому сыну

❼ своему младшему брату

❽ своей бабушке

연습문제 4

❶ Олегу 21 год.

❷ Татьяне 15 лет.

❸ Саше 12 лет.

❹ Егору Алексеевичу 44 года.

❺ Бабушке 86 лет.

❻ Брату 28 лет.

❼ Сестре 33 года.

❽ Отцу 51 год.

❾ Матери 48 лет.

❿ Марии Семёновне 67 лет.

연습문제 5

❶ Ему нравятся эти песни.

❷ Нам нравятся эти салаты.

❸ Ей нравятся эти платья.

❹ Преподавателю нравятся эти учебники.

❺ Сергею нравятся эти рубашки.

❻ Бабушке нравятся эти пальто.

연습문제 6*

❶ Мне нравится играть в бадминтон (рисовать, петь песни, танцевать).

❷ Мне не нравится делать домашнее задание.

❸ В детстве мне нравилось читать сказки (смотреть мультфильмы).

❹ Моей подруге нравится смотреть мелодрамы.

❺ Моему брату не нравится читать.

❻ Да, мне нравится гулять в лесу. (Нет, мне не нравится гулять в лесу.)

❼ Да, мне нравится изучать русский язык. (Нет, мне не нравится изучать русский язык.)

연습문제 7

❶ понравился, понравились, понравился, понравилась, понравилось.

❷ понравился, понравилась, понравились, понравилось.

❸ понравилось, понравились, понравилась.

연습문제 8

❶ Сегодня Ларисе нужно приготовить обед.

❷ Завтра Анатолию Алексеевичу надо будет поехать в Сеул.

❸ Вчера старшей сестре нужно было встретить подругу.

❹ Сегодня мне нужно написать тест.

❺ Завтра Марии Петровне надо будет купить продукты.

❻ Вчера этому студенту нужно было перевести текст.

연습문제 9

❶ купить

❷ покупать

❸ купить

❹ покупать

❺ покупать

❻ отдыхать

❼ отдохнуть

❽ отдыхать

❾ отдыхать

❿ отдыхать

연습문제 10

❶ нужен

❷ нужны

❸ нужно

❹ нужна

❺ нужен

❻ нужна

❼ нужны

연습문제 11

❶ Виктору скучно (неинтересно) читать эту книгу.

❷ Светлане легко работать.

❸ Нам неприятно говорить об этом.

❹ Ребёнку холодно.

❺ Мне весело.

❻ У тебя не болят ноги, поэтому тебе можно играть в футбол.

연습문제 12

❶ в Москву к бабушке

❷ к врачу

❸ в Англию к другу

❹ в больницу к дедушке

❺ в Сеул к подруге

❻ в институт

❼ к профессору

연습문제 13

❶ сдают, сдавали

❷ встаёт, вставала

❸ уставала, устаёт

❹ преподаёт, преподавал

ДАВА́ЙТЕ ПОГОВОРИ́М!

연습문제 1*

❶ У Анны нет старшего (младшего) брата.

❷ Сегодня у нас будет урок русской (корейской) литературы.

❸ Я буду учиться в новом (Московском) университете.

❹ Завтра мы поедем в маленькую (небольшую, большую) деревню.

❺ Это новое (старое) платье старшей (младшей) сестры.

❻ Дайте, пожалуйста, большую (маленькую) чашку зелёного (чёрного) чая.

❼ Вчера мы видели известного (популярного) артиста.

연습문제 3

А)

❶ Ему нравится кофе.

❷ Им нравятся бананы.

❸ Им нравится русская песня.

❹ Мне нравится классическая музыка.

❺ Нам нравится русский язык.

❻ Тебе нравятся эти туфли?

Б)

❶ Мише и Маше нравится цирк.

❷ Нашему новому преподавателю нравится русская литература.

❸ Этому ребёнку не нравятся яблоки.

❹ Дедушке и бабушке нравится гулять в лесу.

❺ Раньше старшей сестре нравилось готовить.

❻ Раньше этой маленькой девочке нравилось танцевать.

연습문제 4

❶ Вам понравился Пекин?

❷ Вам понравился балет?

❸ Им понравилась опера?

❹ Ему понравился новый стадион?

❺ Вам понравился новый американский фильм?

❻ Вам понравилась новая преподавательница? (Вам понравилась лекция?)

❼ Ей понравилось новое кафе?

연습문제 5

❶ Вчера ей тоже надо было купить хлеб. Завтра ей тоже надо будет купить хлеб.

❷ Вчера ему тоже нужно было перевести текст. Завтра ему тоже нужно будет перевести текст.

❸ Вчера ей тоже надо было приготовить ужин. Завтра ей тоже надо будет приготовить ужин.

❹ Вчера ему тоже нужно было весь день готовиться к экзамену. Завтра ему тоже нужно будет весь день готовиться к экзамену.

❺ Вчера ей тоже нужно было вернуться с работы в 5 часов. Завтра ей тоже нужно будет вернуться с работы в 5 часов.

❻ Вчера ей тоже надо было позвонить матери и отцу. Завтра ей тоже надо будет позвонить матери и отцу.

연습문제 12

❶ Я еду в Пусан к другу.

❷ Я еду на Сахалин к Юрию.

❸ Я еду в Санкт-Петербург к Марии Сергеевне.

❹ Я еду в Америку к брату.

❺ Я еду в Японию к подруге.

❻ Я еду во Францию к Сергею.

연습문제 13

❶ Кому нравится Лариса?

❷ Кто нравится Виктору?

❸ Что тебе (вам) нравится делать?

❹ Что вам нужно сделать?

❺ Что вам нужно перевести?

❻ Тебе (вам) весело?

❼ Кому жарко?

❽ Кому ты позвонил?

❾ Сколько лет Алексею Владимировичу?

연습문제 14*

- Здравствуйте, как вас зовут?

- Сон Ми, а вас?

- Дмитрий.

- Очень приятно.

- Мне тоже. Сколько вам лет?

- Мне 20 лет. А вам?

- Мне 25 лет. Вы учитесь или работаете?

- Я учусь.

- Где вы учитесь?

- В университете на филологическом факультете.

- Что вы изучаете?

- Русский язык.

- Вам нравится русский язык? (Вам нравится изучать русский язык?)

연습문제 정답

연습문제 16*

A)

❶ Ларисе понравился Сеул.

❷ Владимиру Антоновичу нужно поехать в Москву. (Владимиру Антоновичу нужно пальто).

❸ Виктор позвонил другу.

❹ Нам интересно изучать русский язык.

❺ Кафе находится около общежития.

❻ Как добраться до вокзала?

❼ Мне нравится русская литература. (Мне нравится играть на гитаре).

❽ Я советую тебе приготовить корейский суп.

❾ Мама купила одежду сыну и дочери.

❿ Мне нужен словарь.

⓫ Мне нужна рубашка.

⓬ Тебе нужны новые брюки.

Б)

❶ Когда студенты писали(НСВ) тест, они волновались(НСВ). (Когда студенты писали(НСВ) тест, преподаватель проверял(НСВ) домашнее задание. Когда студенты писали(НСВ) тест, в аудиторию вошёл(СВ) декан.)

❷ Когда студенты написали тест, они пошли в столовую. (Когда студенты написали тест, преподаватель пошёл в свой кабинет.)

❸ Студент плохо сдал экзамен, потому что не подготовился к экзамену.

❹ Студент плохо сдал экзамен, поэтому ему грустно.

❺ Я не знаю, где работает брат (Я не знаю, где находится цирк.)

❻ Мы не знаем, когда будет фестиваль.

❼ Преподаватель спросил Иру, почему она опоздала.

❽ Если я поеду в Пусан, я скажу тебе об этом.

❾ Игорь сказал, что завтра у него будет экзамен.

АУДИ́РОВАНИЕ

연습문제 1

❶ a)   ❷ b)

듣기 대본

Он: Покажите, пожалуйста, эти серые кроссовки.

Она: Какой размер вам нужен?

Он: Сорок два с половиной.

Она: Вот, пожалуйста, примерьте. …

Он: Нет, они мне велики. Дайте, пожалуйста, сорок второй размер.

Она: Извините, но есть только синие и чёрные.

Он: Мне не нравятся чёрные, пожалуйста, покажите синие.

Она: Пожалуйста … Ну, как?

Он: Эти как раз. Я возьму их.

연습문제 2

❶ a)   ❷ a)

❸ b)

듣기 대본

Летом Марина отдыхала в деревне, там живут её дяди и тётя. Раньше дядя и тётя сначала 9 лет жили в Москве, потом 2 года в Петербурге, а в прошлом году они купили небольшой дом в деревне, которая находится недалеко от старинного города Владимира. Марина отдыхала 2 месяца и вернулась вчера. Марина позвонила мне и сказала, что ей очень понравилась деревня и понравился отдых. В следующем году она обязательно поедет ещё раз.

연습문제 3

❶ нет   ❷ нет

❸ да   ❹ нет

❺ да   ❻ нет

❼ да.

듣기 대본

- Вера, ты не забыла, что скоро у Наташи будет день рождения?

- Помню-помню, Андрей, на следующей неделе во вторник.

- Не во вторник, а в среду. А ты уже купила подарок?

- Нет, я всю неделю думаю, что подарить.

- А я уже приготовил свой подарок – билет в Большой театр. Наташа не очень любит оперу, поэтому я купил билет на балет.

- Прекрасно! А я подарю ей красивый зонт. Наташе нужен новый зонт.
- Нет-нет, Соня подарит зонт. Вчера она позвонила мне и сказала об этом.
- Ну, тогда я не знаю...
- А ты позвони сестре Наташи и спроси, что подарить.
- Хорошо, я так и сделаю, сегодня и позвоню ей вечером.

❶ Вера помнит, когда у Наташи день рождения?
❷ День рождения Наташи будет в субботу?
❸ Андрей подарит Наташе билет в Большой театр на балет?
❹ Наташе нужен зонт, поэтому Вера подарит ей зонт?
❺ Соня уже купила подарок Наташе?
❻ Вчера Андрей позвонил Соне?
❼ Вечером Вера позвонит сестре Наташи?

제 15 과

복습

A)

1️⃣ нашему новому студенту
2️⃣ о нашем новом студенте
3️⃣ нашего нового студента
4️⃣ нашего нового студента
5️⃣ наш новый студент
6️⃣ нашему новому студенту
7️⃣ нашему новому студенту
8️⃣ у нашего нового студента.
9️⃣ об этом большом городе
🔟 в этом большом городе
⓫ в этом большом городе
⓬ этого большого города
⓭ в этот большой город
⓮ этот большой город.

Б)

1️⃣ забывает 2️⃣ забыл
3️⃣ забывает 4️⃣ забыла
5️⃣ забыла 6️⃣ забыл(а)

---

❼ показывала ❽ показала
❾ показать 🔟 показывал

ГОВОРИ́ТЕ ПРА́ВИЛЬНО!

연습문제 1

❶ говорить ❷ сказать
❸ говорить ❹ говорить.
❺ позвонить ❻ звонить
❼ звонить

연습문제 2

❶ не хочу готовить ❷ хотим пойти
❸ хотят играть ❹ хочу написать
❺ хочешь рисовать, не хотят рисовать

연습문제 3

думать – думай, думайте
посмотреть – посмотри, посмотрите
взять – возьми, возьмите
брать – бери, берите
умываться – умывайся, умывайтесь
забыть – забудь, забудьте
советовать – советуй, советуйте

연습문제 4

рассказать – расскажи, расскажите
любить – люби, любите
купить – купи, купите
приготовить – приготовь, приготовьте
встретить – встреть, встретьте
показать – покажи, покажите

연습문제 5

❶ расскажите ❷ купи
❸ забудь ❹ ответьте
❺ помогай ❻ вернись
❼ приходите ❽ почисти***
❾ не готовь 🔟 заполните
⓫ скажите ⓬ позвони.

*** 현재 러시아에서는 가족 관계에서는 할머니나 할아버지일 지라도 вы가 아니라 ты로 대화합니다. 이는 가족 관계의 친밀함을 나타내는 것입니다.

❶ Мама, не думай, пожалуйста, об этом.

❷ Наташа, покажи, пожалуйста, новые фотографии.

❸ Александр Михайлович, помогите мне, пожалуйста, перевести текст.

❹ Лена, напиши, пожалуйста, письмо бабушке и дедушке.

❺ Алексей, кончи, пожалуйста, эту работу сегодня.

❻ Оля и Саша, не опаздывайте, пожалуйста.

❼ Андрей, спой, пожалуйста, русскую народную песню.

❽ Анна Владимировна, проверьте, пожалуйста, упражнение.

❾ Виктор, встань, пожалуйста, завтра пораньше.

❿ Людмила Валерьевна, дайте, пожалуйста, словарь.

⓫ Сергей, подожди, пожалуйста, минуту.

⓬ Вадим, пей, пожалуйста, лекарство 3 раза в день.

❶ посмотри

❷ говори

❸ скажите

❹ приходи

❺ отдыхай

❻ берите; возьмите

❼ входите

❽ позвони

❾ прочитайте, переведите, запомните

❿ выпей, пей

❶ давайте поговорим

❷ давайте познакомимся

❸ давайте смотреть

❹ давайте танцевать

❺ давайте заниматься

А)

❶ Да, давайте танцевать.

❷ Да, давай говорить по-русски

❸ Да, давайте погуляем.

❹ Да, давай купим фрукты.

❺ Да, давайте пойдём на выставку.

❻ Да, давайте поедем в Петербург.

❼ Да, давай позвоним в поликлинику.

Б)

❶ Нет, давайте не будем изучать французский язык.

❷ Нет, давай не будем обедать в этом кафе.

❸ Нет, давайте не будем слушать музыку.

❹ Нет, давай не будем готовить борщ.

❺ Нет, давайте не будем вызывать врача.

❻ Нет, давай не будем брать пельмени.

В)

❶ Нет, давайте не поедем на Чеджу.

❷ Нет, давай не пойдём на стадион.

❸ Нет, давайте не поедем в Сеул.

❹ Нет, давай не пойдём в музей.

❶ с нами

❷ с ней

❸ с ним

❹ с вами

❺ с ними

❻ с тобой

❼ со мной

❶ Натальей Сергеевной и её дочерью

❷ Анатолием Ивановичем

❸ Вадимом

❹ преподавателем Владимиром Алексеевичем

❺ подругой

❻ Машей

❼ отцом и матерью

❽ учительницей

❾ курицей; лимоном

❿ остановкой автобуса

❶ этим иностранным студентом

❷ моей младшей сестрой

❸ нашим отцом и нашей матерью

❹ детским врачом

❺ русским студентом

⑥ известным корейским писателем

⑦ своим новым преподавателем русского языка

⑧ твоим младшим братом

⑨ вашим старшим братом

⑩ своей дочерью

⑪ молоком; сахаром

⑫ подругой

연습문제 13

❶ чёрной ручкой **❷** жёлтым карандашом

❸ ключом **❹** чистым полотенцем

❺ маленькой ложкой **❻** ножом

❼ зубной щёткой **❽** расчёской

연습문제 14

❶ Михаил работает строителем.

❷ Лариса работает журналистом.

❸ Максим работает экономистом.

❹ Светлана работает диктором.

❺ Ольга работает воспитателем детского сада.

연습문제 15

❶ Дедушка Виктора был бизнесменом. Наверное, Виктор тоже будет бизнесменом.

❷ Бабушка Ирины была учительницей. Наверное, Ирина тоже будет учительницей.

❸ Дедушка Андрея был инженером. Наверное, Андрей тоже будет инженером.

❹ Бабушка Нины была артисткой. Наверное, Нина тоже будет артисткой.

❺ Дедушка Сергея был продавцом. Наверное, Сергей тоже будет продавцом.

연습문제 16

❶ учится, изучает

❷ учится, занимается

❸ занимаетесь, занимаюсь

❹ учится

❺ учит

❻ учитесь (учились)

❼ изучаете (изучали, учите, учили)

❽ научились

❾ занимаешься

❿ учу

ДАВА́ЙТЕ ПОГОВОРИ́М!

연습문제 1*

A)

❶ Юрию понравился синий костюм.

❷ Наташе нравится эта белая юбка.

❸ Новому студенту надо купить корейско-русский словарь.

❹ Лене нужно купить красивую блузку.

❺ Младшему брату 13 лет.

❻ Маленькой девочке холодно.

❼ Я советую старшей сестре посмотреть исторический фильм.

Б)

❶ Они красиво (громко, тихо, весело) поют.

❷ Здесь есть большое (маленькое, небольшое) озеро.

❸ Это новый (большой, университетский, школьный) стадион.

❹ Они хорошо (плохо, красиво) рисуют.

❺ Большая (маленькая, красивая) собака быстро (медленно) бежит.

❻ У меня есть большой (маленький, старый, молодой, пушистый) кот.

В)

❶ Почта находится напротив ресторана.

❷ Студенты занимаются в библиотеке.

❸ Родители были на Чёрном море.

❹ Дети обедают в кафе.

❺ Сергею нравится отдыхать на юге.

❻ Мне надо купить фрукты на рынке.

연습문제 2

❶ Сергей должен заниматься каждый день.

❷ Вы должны хорошо сдать экзамены.

❸ Ты не должен (должна) волноваться.

❹ Они должны сделать эту работу хорошо.

❺ Ирина должна перевести текст.

❻ Она должна забыть об этом.

연습문제 3

А)

❶ Иван Сергеевич, дайте, пожалуйста, ручку.

❷ Папа, дай, пожалуйста, газету.

❸ Ольга Петровна, дайте, пожалуйста, телефон.

❹ Мама, дай, пожалуйста, деньги.

❺ Валентина Васильевна, дайте, пожалуйста, радио.

❻ Софья, дай, пожалуйста, учебник.

Б)

❶ Ксения, сыграй, пожалуйста, на пианино.

❷ Дети, спойте, пожалуйста.

❸ Юрий Владимирович, ответьте, пожалуйста, на вопрос.

❹ Лариса, помоги, пожалуйста, маме.

❺ Павел, познакомься, пожалуйста, с Борисом.

❻ Мама, пригласи, пожалуйста, в гости Марию Ивановну.

❼ Наташа и Женя, приходите, пожалуйста, в гости.

❽ Даша, пей, пожалуйста, лекарство 3 раза в день.

В)

❶ Мила, давай говорить по-русски.

❷ Вадим, давай сыграем в шахматы.

❸ Алексей, давай поедем в Пусан.

❹ Маша, давай изучать французский язык.

❺ Виктор Николаевич, давайте поужинаем в ресторане.

❻ Вера Антоновна, давайте пойдём на выставку.

연습문제 6

А)

❶ с Софьей Николаевной

❷ с Володей

❸ с симпатичным молодым человеком

❹ с известным журналистом

❺ со школьным товарищем

❻ с хорошим знакомым

Б)

❶ Я дружу с Мариной и Юрием.

❷ Я переписываюсь с русским студентом.

❸ Я играю в теннис с хорошим другом.

❹ Я хочу познакомиться с этой симпатичной девушкой.

❺ Я хочу пойти в кино с младшим братом.

❻ В свободное время я занимаюсь баскетболом.

❼ Я увлекаюсь гольфом.

❽ Я рисую синим карандашом.

❾ Я пишу чёрной ручкой.

❿ Я открываю и закрываю дверь ключом.

⓫ Я ем ложкой и вилкой.

⓬ Я режу хлеб острым ножом.

⓭ Я хочу быть переводчиком.

⓮ Отец работает инженером.

⓯ Дедушка был поваром.

연습문제 7*

❶ Она потеряла сумку. (У неё болит зуб.)

❷ Я плохо себя чувствовал. (Я ходил в поликлинику. Я проспал.)

❸ У него болит голова.

❹ Я не хочу есть. (У меня болит живот.)

❺ У меня болит горло.

연습문제 8

❶ У неё болит спина.

❷ У него болят зубы.

❸ У него высокая температура.

❹ У неё насморк.

❺ У неё болит горло.

❻ У него болят ноги.

❼ У неё кашель.

연습문제 10*

❶ С кем Анна играет в теннис?

❷ О чём вы спросили преподавателя?

❸ Кого вы спросили об экзамене?

❹ Что завтра (весь день) будет делать Егор?

❺ Как долго Света переводила текст?

❻ Как Соня перевела текст?

❼ Что болит у Маши?

❽ У кого болит ухо?

⑨ Куда идёт Таня?

⑩ У бабушки высокая температура?

⑪ Что выписал врач?

⑫ На что жалуетесь? (Что с тобой? Что случилось? Почему ты идёшь в поликлинику?)

연습문제 11*

❶ - Привет, Марина, почему ты такая бледная?
- У меня болит голова.
- А куда ты сейчас идёшь?
- В аптеку.

❷ - Наташа, давай пойдем в кино в среду.
- Извини, но в среду я не могу.
- Почему? (Какие у тебя дела?)
- Каждую среду я занимаюсь аэробикой.
- Тогда давай пойдём в субботу. (Тогда, может быть, в субботу?)
- Очень жаль, но в эту субботу тоже не могу, потому что у подруги день рождения.
- А в воскресенье можешь? (А в воскресенье ты свободна?)
- Да, в воскресенье я свободна. Давай пойдём часов в 6.

❸ - Ты знаешь Вадима Смирнова?
- Да, знаю.
- А где вы с ним познакомились?
- Он учится в нашем университете. (Мы вместе учимся.)
- Он учится на вашем факультете?
- Нет, он учится на факультете английского языка.
- А-а. Поэтому он хорошо говорит по-английски.

연습문제 12*

❶ Студенты учатся в университете. (Студенты учатся правильно говорить по-русски.)

❷ Люба едет в Москву к подруге.

❸ Я познакомился с симпатичной девушкой.

❹ Олег занимается спортом. (Олег занимается в библиотеке.)

❺ Мы встретили Антона и Машу.

❻ Я встретился с Антоном и с Машей.

❼ Дети играют в футбол.

❽ Я играю на гитаре.

❾ Я увлекаюсь теннисом (классической музыкой).

⑩ Отец работает вместе с Иваном Петровичем.

⑪ Я позвонила матери и отцу.

⑫ Наташа помогает своей бабушке.

⑬ Студенты спросили преподавателя о поэте Пушкине.

⑭ Родители вернулись из Петербурга от дедушки.

⑮ Я хочу поехать в Москву.

⑯ Родители были на Сахалине у бабушки.

⑰ Ты должен помочь маме.

⑱ Вы не должны курить.

АУДИ́РОВАНИЕ

연습문제 1

c)

듣기 대본
- Привет, Марина! Давно тебя не видел.
- А-а, Саша, привет! Да, давно не виделись. Я две недели болела.
- А как ты сейчас себя чувствуешь?
- Сейчас ничего, я уже выздоровела, но врач посоветовал мне пить витамины весь январь и февраль.
- Я тоже всегда пью витамины зимой и весной.

연습문제 2

❶ 23 – 71 – 35 **❷** 45 – 98 – 60

❸ 36 – 19 – 42 **❹** 122 – 54 – 07

❺ 346 – 20 – 73 **❻** 241 – 17 – 89

연습문제 3

❶ Наташа заболела. У неё насморк, кашель и очень болит горло.

❷ Сестра вызвала врача. Он пришёл в 4 часа. Врач сказал, что у Наташи грипп.

연습문제 4

❶ a) **❷** c)

❸ c) **❹** d)

❺ c)

듣기 대본

Людмила студентка, учится в университете. Сегодня Людмила заболела. У неё кашель, болит горло, температура 38,7. Людмила не пошла в университет. Она позвонила в поликлинику и вызвала врача. Врач пришёл в 3 часа. Врач осмотрел Людмилу и выписал рецепт. Ей надо пить лекарство 3 раза в день 2 недели. Людмила не может пойти в аптеку, потому что у неё высокая температура и сильно болит горло. Сестра Людмилы пошла в аптеку и купила лекарство.

제 16 과

복습

A)

1 с преподавателем Алексеем Михайловичем, который, в Московском университете

2 с профессором, об этом учебнике русского языка

3 статью, о современной музыке, в молодёжном журнале

4 корейский язык, по-корейски, корейский язык

5 у Натальи Владимировны, горло, ей, лекарство

6 бутылку сока

7 стакана чая

8 нас, 2 урока, русского языка.

9 с которым, спортом

10 в Канаде, в Канаду, к сестре

Б)

1 Преподаватель сказал, что завтра лекция начнётся не в 9, а в 10 часов.

2 Иван Антонович спросил Сергея, с кем он переписывается.

3 Зина спросила подругу, перевела ли уже она текст.

4 Софья Михайловна сказала сыну, что ему надо заниматься больше.

5 Мама спросила дедушку, будет ли он кофе.

6 Врач спросил Веру, на что она жалуется.

7 Павел спросил Иру, есть ли у неё температура.

ГОВОРИ́ТЕ ПРА́ВИЛЬНО!

연습문제 1

1 Мы попросили преподавателя, чтобы он рассказал нам о Москве. (Мы попросили, чтобы преподаватель рассказал нам о Москве.)

2 Я попросил Наташу, чтобы она позвонила мне вечером.

3 Вера сказала Пете, чтобы он не говорил об этом маме и папе.

4 Преподаватель сказал студенту, чтобы он прочитал и перевёл текст.

5 Мама сказала дочери, чтобы она написала письмо бабушке.

6 Ирина попросила друга, чтобы он помог ей.

7 Света попросила Максима, чтобы он дал ей словарь.

8 Сестра сказала Антону, чтобы он поехал на метро.

연습문제 2

1 младшим братьям и сёстрам

2 своим преподавателям

3 иностранным студентам

4 маленьким детям

5 знакомым людям

6 вашим русским гостям

7 этим молодым людям

8 этим студенткам

연습문제 3

1 с нашими новыми студентами

2 с корейскими друзьями

3 со своими маленькими детьми

4 с интересными молодыми людьми

5 со старшими братьями и сёстрами

6 с нашими преподавателями русского языка

7 с опытными врачами

연습문제 4

A)

❶ меньше ❷ интереснее

❸ симпатичнее ❹ больше

❺ моложе ❻ жарче

❼ чаще

Б)

❶ лучше ❷ быстрее

❸ тяжелее ❹ холоднее

❺ хуже

연습문제 5

❶ Папа старше мамы на 3 года.
Мама моложе папы на 3 года.

❷ Брат моложе сестры на 6 лет.
Сестра старше брата на 6 лет.

❸ Бабушка моложе дедушки на год.
Дедушка старше бабушки на год.

❹ Я моложе Ивана на 4 года.
Иван старше меня на 4 года.

❺ Сын моложе дочери на 7 лет.
Дочь старше сына на 7 лет.

연습문제 6

❶ Вадим учится лучше Олега.

❷ Оля говорит по-корейски хуже Марины.

❸ Наш дом больше вашего.

❹ Они танцуют красивее нас.

❺ Надя читает быстрее Вали.

연습문제 8

❶ и ❷ но

❸ а ❹ и

❺ а ❻ а

❼ и ❽ но

❾ а ❿ а

ДАВА́ЙТЕ ПОГОВОРИ́М!

연습문제 1*

❶ Мне нужен спортивный (чёрный) костюм.

❷ Мы познакомились с известным
(популярным) писателем.

❸ Нам понравился чёрный (бразильский) кофе.

❹ Маленькой девочке холодно.

❺ Младшему брату 12 лет.

❻ Корейские студенты должны сдать трудный
(вступительный, итоговый) экзамен.

❼ Вадим играет в теннис с симпатичной
(красивой, молодой) девушкой.

연습문제 2*

❶ Вчера мы встретили Вадима и Ольгу.

❷ Вчера мы встретились с Вадимом и Ольгой.

❸ Денис занимается музыкой и живописью.

❹ Сестра учится в школе (Сестра учится петь.)

❺ Я знаю Ивана Петровича (русский язык).

❻ Андрею не понравился новый фильм.

❼ Маша любит чай (маму). Маша любит читать
книги.

❽ Я советую тебе заниматься больше.

❾ Лариса хочет работать в этой большой
компании. (Лариса хочет работать
учительницей.)

❿ Студентам интересно читать русские романы.
(Студентам весело. Студентам надо перевести
текст. Студентам нужен хороший словарь.
Студентам нравится русская литература.
Студентам нравится изучать русский язык.
Студентам по 20 лет.***)

⓫ Нам интересно смотреть этот фантастический
фильм.

⓬ Дедушка был врачом. (Дедушка был в Москве
у друга.)

⓭ Чем ты занимаешься (увлекаешься)? (Чем ты
пишешь?)

⓮ О чём вы думаете (мечтаете, говорите,
рассказываете)?

⓯ У Алексея Михайловича есть брат. (У
Алексея Михайловича нет брата. У Алексея
Михайловича болит голова. У Алексея
Михайловича высокая температура. У Алексея
Михайловича кашель. У Алексея Михайловича
грипп.)

⓰ Дети съели рис и рыбу.

*** 두 세 명의 사람이 나이가 같을 때는 전치사 по를 사용
합니다. Мальчикам по 10 лет(소년들은 각각 10세이다).

연습문제 정답

연습문제 4

❶ ещё красивее
❷ ещё лучше
❸ ещё больше
❹ ещё медленнее
❺ ещё быстрее
❻ ещё раньше

연습문제 5*

❶ Олег старше брата на 5 лет.

❷ Марина рисует лучше Светы. (Марина рисует лучше, чем Света.)

❸ Эта улица шире улицы Пушкина. (Эта улица шире, чем улица Пушкина).

❹ Наш университет больше вашего университета. (Наш университет больше, чем ваш университет.)

❺ Света пишет письма чаще Марины. (Света пишет письма чаще, чем Марина.)

❻ Сегодня холоднее, чем вчера (чем в субботу).

❼ Сегодня отец вернулся домой позже, чем вчера (чем в понедельник/ чем обычно).

연습문제 6

Аня сказала Вадиму, что она переехала в новый дом. Вадим сказал, что он поздравляет Аню, и спросил, где она теперь живёт. (Вадим поздравил Аню и спросил, где она теперь живёт). Аня ответила, что (живёт) на улице Толстого и попросила, чтобы Вадим приходил в гости. (Аня ответила, что живёт на улице Толстого и пригласила Вадима в гости.) Вадим сказал, что он с удовольствием придёт. Аня спросила, может ли он (прийти) в субботу в 5 часов. Вадим ответил (сказал), что может. Аня сказала, чтобы Вадим записал адрес: улица Толстого, дом 23, квартира 10. Вадим сказал, что записал (адрес). Аня сказала, что она ждёт его в субботу.

연습문제 9*

❶ С кем ты ходил в кино?

❷ Кому ты советуешь больше заниматься?

❸ С кем вы познакомились?

❹ Антон старше тебя? (Вы с Антоном ровесники?)

❺ На сколько лет Максим старше Жени?

❻ Как часто ты занимаешься танцами?

❼ Как долго вы играли в футбол?

❽ Кому преподаватель желает успеха?

❾ Что ты делал вчера?

❿ К кому ты едешь?

연습문제 10*

❶ - У тебя есть брат или сестра?
- Да, есть и брат, и сестра.
- Кто старше: брат или сестра? (Кто кого старше?)
- Брат старше сестры.
- На сколько он старше?
- На 3 года.

❷ - Александр Васильевич, поздравляю вас с Новым годом!
- Спасибо за поздравление.
- Желаю вам счастья.
- Я тоже желаю вам счастья.

❸ - Вера, я купила новую квартиру, приходи в гости.
- С удовольствием приду. Когда?
- В воскресенье в 5 часов.
- А какой адрес?
- Улица Толстого, дом 16, квартира 5.

❹ - Это тебе.
- Спасибо. Какие красивые цветы!

❺ - Давай пойдём в бассейн с субботу.
- Извини, в субботу я не могу, я поеду в деревню к бабушке.
- Тогда, может быть, в воскресенье?
- Во сколько? (В какое время? В котором часу?)
- В 5 часов.
- В 5 часов я свободен (свободна). (В 5 часов я могу.)
- Хорошо. До встречи.

АУДИ́РОВАНИЕ

연습문제 1

❶ c)
❷ b)

듣기 대본
Он: У тебя есть братья и сёстры?
Она: У меня один брат и одна сестра.
Он: Сколько им лет?
Она: Брату 22 года, я младше его на год. А сестре 19 лет, я старше её на 2 года.

연습문제 2

❶ Поздравляю вас с Рождеством! Желаю вам здоровья, успехов, счастья!

❷ Света, мы с друзьями вечером идём в ресторан «Звезда». Ты тоже приходи в 7 часов.

연습문제 3

❶ да ❷ да
❸ нет ❹ нет
❺ да ❻ нет
❼ да ❽ нет
❾ да

듣기 대본

Меня зовут Наташа. У меня небольшая семья: мама, папа и я. Сегодня у папы день рождения. Ему 48 лет. Мы с мамой приготовили ему подарки. Мама купила жёлтый свитер, а я купила красивую синюю рубашку. Утром мы поздравили папу с днём рождения. Мама сказала: «Желаю тебе здоровья, счастья и всего доброго». Папа посмотрел наши подарки и сказал: «Большое спасибо! Мне очень понравились ваши подарки». Папа пригласил нас в ресторан «Лето» вечером в 6 часов. Сейчас я в университете, я слушаю лекцию. Лекция кончится в 3 часа. Сначала я 2 часа буду заниматься в библиотеке, потом поеду в ресторан.

❶ В её семье 3 человека?

❷ Её папе 48 лет?

❸ Мама подарила папе чёрный свитер?

❹ Наташа подарила папе красную рубашку?

❺ Мама пожелала папе счастья, здоровья и всего доброго?

❻ Папа пригласил их в ресторан «Вечер»?

❼ Семья пойдёт в ресторан в 6 часов?

❽ Сейчас Наташа слушает лекцию, которая кончится в 2 часа?

❾ Когда Наташа позанимается в библиотеке, она поедет в ресторан?

제 17 과

복습

① братьям и сёстрам, родителям

② этой симпатичной молодой девушке, аэробикой

③ инженером, в большой строительной компании

④ у Вадима, высокая температура, у него, грипп

⑤ которые, французский язык, по-французски

⑥ вас, Новым годом, вам, здоровья и счастья

⑦ в Австралию, к своим друзьям, с которыми

ГОВОРИ́ТЕ ПРА́ВИЛЬНО!

연습문제 1

❶ преподавателей ❷ гостей
❸ дочерей ❹ товарищей
❺ врачей ❻ вещей
❼ площадей ❽ этажей

연습문제 2

❶ месяцев

❷ автобусов и трамваев

❸ факультетов

❹ градусов

❺ стаканов

❻ билетов

❼ японцев, американцев, французов, немцев

❽ иностранцев

연습문제 3

❶ общежитий ❷ слов
❸ яблок и груш ❹ минут
❺ фотографий ❻ подруг
❼ англичан ❽ улиц
❾ брюк

연습문제 4

❶ студенток ❷ дочек
❸ игрушек ❹ открыток
❺ бутылок ❻ банок

⑦ внучек

⑧ суток

연습문제 5

① профессоров и преподавателей

② шахмат

③ рублей, копеек

④ часов

⑤ открыток, конвертов, марок

⑥ чашек

⑦ пакетов

⑧ овощей и фруктов

⑨ денег

⑩ родителей

⑪ театров и музеев

⑫ иностранцев

⑬ месяцев

⑭ братьев и сестёр

연습문제 6

① друзей и товарищей **②** мяса и сыра

③ риса **④** тетрадей и ручек

⑤ километров **⑥** доброты и любви

⑦ песен **⑧** воды и сока

연습문제 7

① хороших друзей

② маленьких банок

③ интересных книг, новых журналов

④ цветных карандашей

⑤ чёрных брюк

⑥ вкусных блюд

⑦ красивых церквей

연습문제 8

① братьев и сестёр **②** преподавателей

③ друзей и подруг **④** собак и кошек

⑤ медведей и слонов

연습문제 9

① горячие бутерброды и холодные напитки

② умных собак, забавных обезьян, индийских слонов; бурых медведей

③ интересные передачи

④ своих старых знакомых

⑤ этих симпатичных девушек

⑥ новые тетради, цветные карандаши, свои учебники

⑦ наших иностранных гостей

⑧ этих старых бабушек и дедушек

연습문제 10

① Спектакль кончится через 2 часа.

② Родители поедут на юг через 5 дней.

③ Мы поедем в Россию через 5 месяцев

④ Урок начнётся через 15 минут.

⑤ Он окончит университет через 2 года.

연습문제 11*

① Сестра окончила школу 6 лет назад.

② Мы вернулись из Санкт-Петербурга 2 недели назад.

③ Антон поступил в университет 4 года назад.

④ Студенты пообедали 3 часа назад.

⑤ Мы ходили в театр 5 дней назад.

연습문제 12*

① Если бы у меня было много времени, я бы занимался плаванием.

② Если бы я не поступил в университет, я бы работал в фирме отца.

③ Если бы я поехал в Россию, я бы научился хорошо говорить по-русски.

④ Если бы мы поехали на Чеджу, было бы очень хорошо.

⑤ Если бы я получила «5», я была бы рада.

⑥ Если бы я хорошо учился, родители были бы очень довольны.

ДАВА́ЙТЕ ПОГОВОРИ́М!

연습문제 1*

А)

① Я часто думаю о своей стране.

② Вчера я встретил русского профессора.

③ Недавно я встретился с русским профессором.

❹ Мне нравится футбол. (Мне нравится играть в футбол.)

❺ Летом наша семья была в Москве (у бабушки).

❻ У меня 3 платья.

❼ Здесь нет стадиона (нашего нового студента).

❽ Егор увлекается плаванием.

❾ Отец советует мне поехать в Америку.

❿ Студенты занимаются в библиотеке. (Студенты занимаются спортом.)

⓫ Вера купила бутылку воды.

⓬ Продавец показал мне красную юбку.

⓭ Мама дала дедушке газету.

⓮ Куда ты идёшь (едешь)?

⓯ Где ты был? (Где ты учишься? Где ты отдыхал летом?)

⓰ Мне нужна ручка.

⓱ Этот город понравился Максиму и Нине.

⓲ Вам надо подумать об этом. (Вам надо всегда думать об этом.)

⓳ Студентам интересно разговаривать с русскими друзьями.

⓴ Я дружу с Олегом и Наташей.

Б)

❶ Максим плавает быстрее, чем Ирина.

❷ Лариса устала, потому что долго играла в волейбол.

❸ Мама устала, поэтому сейчас она отдыхает.

❹ Когда кончилась лекция, студенты пошли в библиотеку. (Когда кончилась лекция, преподаватель пошёл в библиотеку.)

❺ Когда мы гуляли, мы разговаривали. (Когда мы гуляли, мы встретили Виктора.)

❻ Если у меня будет свободное время, я пойду в музей.

❼ Родители сказали, что завтра они поедут в деревню к дедушке.

❽ Родители сказали, чтобы я написал письмо дедушке.

❾ Я не знаю, где находится музей. (Я не знаю, где учится Юрий.)

❿ Дима не сказал, когда он поедет в Пусан. (Дима не сказал, когда будет фестиваль.)

⓫ Сестра не сказала, почему она плакала.

⓬ Наташа спросила Антона, знает ли он Владимира (корейский язык). (Наташа спросила Антона, знает ли он, когда будет экзамен. Наташа спросила Антона, знает ли он, где работает Сергей.)

⓭ Вот студент, о котором я говорил (рассказывал) вам.

⓮ Мы познакомились с Ольгой, которая учится в нашем университете на историческом факультете.

⓯ Это Владимир, у которого есть большой русско-корейский словарь.

연습문제 2

❶ две библиотеки и пять общежитий

❷ двадцать четыре стола и сорок восемь стульев

❸ тридцать один градус, двадцать шесть градусов

❹ одно яблоко, два апельсина, пять бананов

❺ сто пятьдесят семь страниц

❻ сто восемьдесят два студента

❼ одиннадцать часов сорок пять минут.

연습문제 3

❶ Десять часов пятнадцать минут

❷ шесть часов пять минут

❸ двенадцать часов десять минут

❹ час тридцать пять минут

❺ восемь часов сорок пять минут

❻ два часа двадцать минут

❼ одиннадцать часов пятьдесят минут

❽ четыре часа двадцать пять минут

❾ семь часов пятьдесят пять минут

❿ пять часов сорок пять минут

연습문제 5

❶ чай без сахара

❷ кофе без молока

❸ крем без шоколада

❹ бутерброд без колбасы

❺ чай без лимона

❻ хлеб без масла

❼ салат без майонеза

8 мороженое без фруктов.

연습문제 8*

1 Сколько девушек в вашей группе?

2 Сколько у тебя братьев?

3 У тебя есть сёстры?

4 Что ты возьмёшь? (Какой салат ты возьмёшь? Какой салат ты будешь?)

5 Ты будешь чай с сахаром?

6 Какой суп ты будешь? (С чем ты будешь есть рис?)

7 Где ты обычно обедаешь?

연습문제 9

1 - Ты обедал?
  - Нет, не обедал.
  - Тогда давай пообедаем вместе.
  - Давай. А где мы пообедаем?
  - Здесь недалеко есть хорошее кафе.

2 - Что будете заказывать?
  - На первое борщ, на второе картофель с мясом.
  - Что будете пить?
  - Яблочный сок.

3 - На первое я возьму уху. (На первое я буду уху.)
  - А я возьму борщ.
  - На второе я буду рис с рыбой. А ты будешь рис с рыбой? (Ты любишь рыбу?)
  - Нет, я не люблю рыбу, я возьму рис с курицей.

4 - Что ты возьмёшь на десерт?
  - Я возьму фрукты.
  - А я буду мороженое.

АУДИ́РОВАНИЕ

연습문제 1

1 c)   **2** d)

듣기 대본
Официант: Что будете заказывать?
Юрий: Пожалуйста, салат из капусты, грибной
       суп. А что вы посоветуете взять на второе?
Официант: Сегодня очень вкусная курица и
       рыбные котлеты.

Юрий: Тогда, пожалуйста, картофель с курицей
Официант: Что будете пить?
Юрий: Апельсиновый сок

연습문제 2

1 2 часа 15 минут

2 10 часов 20 минут

3 час сорок пять минут

4 8 часов 30 минут

5 4 часа 10 минут

6 7 часов двадцать пять минут

연습문제 3

1 да   **2** нет

3 нет   **4** да

5 нет   **6** да

7 да

듣기 대본
Меня зовут Ольга. У меня есть сестра Саша. Я старше Саши на 4 года. Вчера у неё был день рождения. Мама подарила ей коричневую юбку, папа подарил хорошую сумку. А я подарила сестре розовую блузку, потому что Саше идёт розовый цвет. Мы поздравили Сашу с днём рождения и пожелали ей здоровья и счастья. Саше очень понравились наши подарки. А вечером наша семья ходила в маленький ресторан, который находится недалеко от нашего дома. Нам очень нравится этот ресторан, потому что там работает хороший повар. Мы заказали много вкусных блюд. Мне понравился салат с крабами и курица. А Саше понравились пельмени и салат с грибами.

1 У Ольги есть младшая сестра?

2 Мама подарила Саше брюки?

3 Ольга подарила Саше розовую блузку, потому что Ольге нравится розовый цвет?

4 Семья ужинала в небольшом ресторане?

5 Им нравится этот ресторан, потому что он находится недалеко от их дома?

6 В ресторане Ольга ела курицу?

7 Саше понравились салат с грибами и пельмени?

연습문제 4

1 нет   **2** да

3 да   **4** нет

5 нет   **6** да

7 нет

듣기 대본

Маша и Сергей обычно обедают в студенческой столовой, но вчера они пообедали в небольшом кафе «Встреча». Это новое кафе им очень понравилось.

Сергей взял борщ, картофель с рыбой и салат из овощей. Маша тоже взяла борщ, но она не любит рыбу, поэтому она взяла картофель с мясом. На десерт они взяли пирожное и фрукты. Сергей пил чёрный чай с лимоном, а Маша зелёный чай без лимона. Обед был вкусным. После обеда они пошли на лекцию.

1 Маша и Сергей всегда обедают в кафе «Встреча»?

2 На первое они взяли борщ?

3 Маша ела картофель с мясом?

4 Они ели салат из овощей?

5 На десерт они заказали фрукты и мороженое?

6 Маша и Сергей пили чай?

7 Когда они пообедали, они пошли в библиотеку?

제 18 과

복습

А)

1 бутерброда с сыром и с колбасой

2 рублей

3 часов, минут

4 медведей, слонов, обезьян

5 яблок, груш, апельсинов

6 сахара, лимоном

7 овощами

8 иностранцев, американцев, японцев, англичан

9 чашек зелёного чая

10 в Сеуле, у своих друзей, с которыми

11 Лизе, открытку, у неё, день рождения

Б)

1 спрашивает, спросил

2 спросил

3 спрашивают

4 спросил(а), спрошу, спроси

5 не спрашивай.

6 даёт

7 дал(а)

8 дала

9 дам

10 дать

11 дают

12 давал, даёт

13 дай

14 не давай(те)

ГОВОРИ́ТЕ ПРА́ВИЛЬНО!

연습문제 1

1 разных городах и странах

2 своих маленьких детях

3 ваших иностранных студентах

4 прекрасных общежитиях

5 наших пожилых бабушках и дедушках

6 сыновьях и дочерях

7 маленьких деревнях

8 братьях и сёстрах

9 курсах английского языка

연습문제 2

1 идёшь, иду   **2** ходит

3 ходил   **4** идут

5 ходит   **6** ходить

7 ходил   **8** ходить

9 ездили   **10** едет

11 ездим   **12** ездил

13 едет   **14** ездила, ездит

15 едешь, еду   **16** ездить

17 плывёт   **18** плавает, плаваю

19 плывёт   **20** плавают

21 плавать   **22** летит

23 летают   **24** летает

25 летал

연습문제 3

❶ пошли
❷ шли
❸ пошла
❹ шли
❺ шли
❻ пошли
❼ пошёл
❽ шли
❾ поехала
❿ поехала
⓫ ехали
⓬ ехал
⓭ поехал
⓮ ехала

연습문제 4

❶ пошла
❷ ходила
❸ ходили
❹ пошли
❺ ходила
❻ пошёл
❼ ходила
❽ поехал
❾ ездил
❿ ездили
⓫ поехал

연습문제 5

А)

❶ ходят
❷ пошла
❸ ходили
❹ ходил
❺ ходит
❻ идёшь, иду
❼ пойдёт (идёт)
❽ идёшь, ходить
❾ ходить
❿ ходил
⓫ шли
⓬ пошли

Б)

❶ ездил
❷ ездить
❸ едешь, еду
❹ ездил
❺ едет
❻ поедем (едем)
❼ поехали
❽ ехала
❾ поехал

연습문제 6

❶ тысяча семьсот пятьдесят пятый год
❷ тысяча восемьсот сорок первый год
❸ тысяча шестьсот тридцать шестой год
❹ тысяча триста шестидесятый год
❺ тысяча девятьсот двадцать первый год
❻ тысяча девятьсот семьдесят третий год
❼ тысяча пятьсот восемьдесят седьмой год

❽ двухтысячный год
❾ две тысячи десятый год
❿ две тысячи двенадцатый год
⓫ две тысячи двадцатый год

연습문제 7

❶ в тысяча девятьсот сорок шестом году
❷ в тысяча девятьсот пятьдесят девятом году
❸ в тысяча семьсот девяносто девятом году, в тысяча восемьсот тридцать седьмом году
❹ в две тысячи третьем году
❺ в две тысячи четырнадцатом году
❻ в две тысячи шестом году
❼ в две тысячи восемнадцатом году

연습문제 8

❶ седьмого января
❷ пятнадцатого июня тысяча девятьсот шестьдесят девятого года
❸ в пятницу
❹ на следующей неделе
❺ в 9 часов, в три часа (в пятнадцать часов)
❻ в феврале тысяча девятьсот девяносто третьего года
❼ в прошлом месяце; в этом месяце
❽ в тысяча восемьсот двадцать восьмом году
❾ двенадцатого апреля тысяча девятьсот шестьдесят первого года.
❿ первого сентября, первого марта
⓫ в субботу и в воскресенье
⓬ в семнадцатом веке
⓭ в две тысячи семнадцатом году
⓮ в июне, в августе
⓯ в октябре две тысячи восемнадцатого года

ДАВА́ЙТЕ ПОГОВОРИ́М!

연습문제 1*

❶ Поезд едет быстрее машины. (Поезд едет быстрее, чем машина.)
❷ Друг написал, что у него всё хорошо. (Друг написал, что он купил машину.)
❸ Я не понимаю, почему Антон не хочет изучать

английский язык. (Я не понимаю, почему Антон не пошёл с нами в кино.)

④ Я давно не видел Виктора, с которым учился в школе.

⑤ Маша не сделала домашнее задание, потому что у неё не было времени. (Маша не сделала домашнее задание, потому что это задание очень трудное.)

⑥ Лариса не любит ходить пешком, поэтому всегда ездит на автобусе или на метро.

⑦ Когда мы шли в театр, мы говорили о новом спектакле. (Когда мы шли в театр, мы встретили Мишу.)

⑧ Когда Ира написала письмо подруге, она начала делать домашнее задание.

⑨ Если я встречу Сашу, я дам ему этот новый роман. (Если я встречу Сашу, я передам ему привет от Ивана.)

⑩ Если бы я хорошо сдал экзамен, я был бы рад. (Если бы я хорошо сдал экзамен, было бы хорошо. Если бы я хорошо сдал экзамен, у меня было бы хорошее настроение.)

연습문제 2*

❶ Я спрашиваю Антона об учебнике (о брате).

❷ Мы дружим с Таней и Игорем.

❸ Обязательно позвони родителям.

❹ Вадим улыбнулся симпатичной девушке.

❺ Мне нужны новые перчатки.

❻ Детям скучно.

❼ Я увлекаюсь спортом и музыкой.

❽ Студенты готовятся к экзамену (к фестивалю).

❾ Девочка учит новые слова (русский язык).

❿ Мне нравятся эти джинсы.

⑪ Детям понравилась сказка (новая воспитательница детского сада).

⑫ Мне не понравились фотографии, которые мы сделали вчера.

⑬ Я поздравляю вас с днём рождения.

⑭ Мы желаем вам здоровья и счастья.

⑮ Марина пригласила Машу в гости (в театр).

⑯ Я пил кофе с молоком, но без сахара.

⑰ Дайте, пожалуйста, бутерброд с сыром и с колбасой.

⑱ Мне надо послать открытку русскому другу.

연습문제 3

❶ об экономических проблемах

❷ о спортивных играх

❸ об интересных людях

❹ о маленьких детях

❺ об увлекательных путешествиях

연습문제 4*

А)

❶ В свободное время я хожу в бассейн.

❷ В субботу я хожу на стадион, а в воскресенье езжу за город.

❸ Обычно я езжу в деревню к дяде и тёте.

❹ Обычно мои родители ездят на море.

❺ Нет, я редко хожу в сауну.

❻ Наша семья ездит на Сораксан каждый месяц.

❼ Я хожу в кино очень редко.

❽ Летом мы ездим на море каждую субботу.

Б)

❶ В субботу я ходил(а) в музей.

❷ В воскресенье мы ездили на пикник.

❸ Вчера я ходил к другу в гости.

❹ Вчера я ходил в театр на новый спектакль.

❺ Я ездил в Америку, в Вашингтон.

❻ Мы ездили во Францию и в Германию.

❼ Наша семья ездила на Чеджу в августе.

❽ Я ездил в Москву в прошлом году.

연습문제 5*

А)

❶ Знаю, он пошёл на стадион.

❷ Я ходила в библиотеку.

❸ Её нет, она с подругами пошла в кино.

❹ Я с подругами ходила в кино.

Б)

❶ Я ездила на Байкал.

❷ Нет, он поехал на конференцию в Петербург.

❸ Нет, папа поехал к бабушке в больницу.

❹ Прекрасно. Я ездил на Чёрное море.

연습문제 6*

А)

❶ Когда Дима ехал из Сеула в Пусан, он всю дорогу спал.

❷ Когда студенты шли на концерт, они весело разговаривали.

❸ Когда Наташа ехала на автобусе в деревню к дедушке, она смотрела в окно.

❹ Когда мы с Витей шли на выставку японской живописи, Витя рассказывал мне о своей поездке в Японию.

Б)

❶ Когда Максим сделал все дела в Москве, он поехал в Петербург.

❷ Когда дети позавтракали, они пошли в школу.

❸ Когда Соня всё купила, она поехала домой.

❹ Когда Женя и Ира встретились, они пошли в кафе.

연습문제 9*

❶ Куда ты едешь? (Куда ты вчера ездил?)

❷ Ты ездил в Москву на поезде?

❸ Как часто ты ходишь на курсы английского языка? (Как часто ты играешь в бадминтон?)

❹ Где ты был в субботу? (Где ты познакомился с этим художником?)

❺ Тебе нравится эта музыка? (Тебе нравится ходить пешком?)

❻ Ты пойдёшь с нами в пятницу на концерт?

❼ Ты любишь ездить на автобусе?

❽ С каким братом ты ходила в цирк?

연습문제 10*

❶ - Куда ты ходил?
- На стадион. Сегодня был очень интересный матч.
- Кто играл? (Какие команды играли?)
- Команды «Динамо» и «Спартак».

❷ - Вадим, что ты обычно делаешь в свободное время. (Как ты обычно проводишь свободное время? Что ты любишь делать в свободное время? Чем ты занимаешься в свободное время?)
- Играю на гитаре, слушаю музыку.

- Какая музыка тебе нравится? (Какая музыка тебе нравится больше всего? Тебе нравится современная или классическая музыка?)
- Мне нравится и современная, и классическая музыка.

❸ - Ты занимаешься спортом?
- Да, летом плаваю, играю в футбол, в волейбол.
- А зимой?
- Зимой катаюсь на лыжах, на коньках.

❹ - Привет, Женя, я давно тебя не видела. Где ты была?
- Я ездила в Петербург. (Я была в Петербурге.)
- Как долго ты была там?
- Две недели.
- Тебе понравился Петербург?
- Да, очень.

❺ - Сколько лет вашей дочери.
- Ей год.
- Она (уже) ходит?
- Да, она начала ходить 5 дней назад.

АУДИ́РОВАНИЕ

연습문제 1

❶ d)   ❷ c)

듣기 대본

- Как ты провела выходные?
- Нормально. В субботу утром занималась домашними делами, а вечером с подругой ходила на выставку картин молодых художников. В воскресенье весь день занималась английским языком, потому что во вторник будет экзамен. А что ты делал?
- Я тоже готовился к экзамену, занимался в библиотеке всю субботу, а в воскресенье ходил с младшей сестрой в кукольный театр.

연습문제 2

❶ b)   ❷ b)

듣기 대본

- Привет, Юра, куда идёшь? На стадион?
- Нет, Мила, сейчас я иду на почту, хочу послать новогодние сувениры друзьям, а потом мы с братом пойдём на стадион. А ты?
- Я иду в аптеку.

- А что случилось? Ты заболела?
- Да нет, мне надо купить лекарство младшему брату, потому что у него высокая температура.

연습문제 3

❶ нет   ❷ да

❸ нет   ❹ да

❺ да   ❻ да

❼ нет   ❽ да

❾ да   ❿ нет

⓫ нет

듣기 대본

Когда я был студентом, у меня было больше свободного времени, чем сейчас. Но 2 года назад я окончил университет и теперь работаю в строительной компании экономистом. Мой отец тоже работает в этой компании, он инженер-строитель. Обычно мой рабочий день начинается в 9 часов утра и кончается в 6 часов вечера, я работаю 5 дней в неделю: в понедельник, вторник, среду, четверг и пятницу. Иногда, когда появляются срочные дела, в субботу я тоже работаю. Вечером после работы я обязательно занимаюсь спортом. Три раза в неделю я играю в теннис, а во вторник и пятницу – хожу в бассейн. Кроме того, я очень люблю смотреть футбольные матчи, поэтому в выходные часто хожу на стадион. Там я болею за команду «Динамо». А ещё я люблю музыку. Раньше я учился играть на гитаре, но недолго, поэтому играю не очень хорошо. Но слушаю музыку постоянно и часто хожу на концерты. Мне нравится и классическая музыка, и современная.

❶ Он окончил университет в прошлом году?

❷ Он работает в строительной компании?

❸ Он инженер-строитель?

❹ Иногда он работает 6 раз в неделю?

❺ Он начинает работать в 9 часов и кончает работу в 6 часов?

❻ Он занимается плаванием 2 раза в неделю?

❼ Он любить играть в теннис и в футбол?

❽ Он смотрит футбольные матчи в субботу или в воскресенье?

❾ Он любит современную и классическую музыку?

❿ Сейчас он учится играть на гитаре?

⓫ Он хорошо играет на гитаре?

제 19 과

복 습

А)

❶ своих друзей, с которыми, в университете

❷ Владимиру Николаевичу, эта библиотека, в которой, интересных книг, Корее

❸ у них, урока, русского языка

❹ своему сыну; плаванием

❺ в этой аудитории, современных компьютеров

❻ на рынке, 5 килограммов риса, овощей и фруктов

Б)

❶ идут   ❷ ходили, ходим

❸ ходит   ❹ ходит

❺ идёшь   ❻ ходить, ходить

❼ едешь, еду   ❽ ездили

❾ ездим   ❿ ездить, ездить

⓫ едет

ГОВОРИ́ТЕ ПРА́ВИЛЬНО!

연습문제 1

встречая, встречаясь, думая, рисуя, работая, стоя, говоря, продавая, знакомясь, танцуя, советуя, беря

연습문제 2

❶ Когда Вадим рассказывал о Москве, он показывал фотографии.

❷ Когда дети играют, они смеются.

❸ Когда Павел шёл в институт, он думал об экзамене.

❹ Когда мы будем отдыхать на юге, мы будем много купаться и загорать.

❺ Когда мама говорит о детях, она всегда улыбается.

❻ Когда Света училась в школе, она занималась плаванием.

❼ Когда мы будем учиться в России, мы будет разговаривать только по-русски.

❽ Когда Марина делает домашнее задание, она слушает музыку.

연습문제 3

посмотрев, позвонив, сделав, познакомившись, войдя, улыбнувшись, вернувшись, написав, взяв, посоветовав

연습문제 4

❶ Когда мы отдохнули на море, мы вернулись домой.

❷ Когда Коля сделает домашнее задание, он позвонит другу.

❸ Когда студенты позанимаются в библиотеке, они поужинают в кафе.

❹ Когда мы сдали экзамен, мы пошли в бар-караоке.

❺ Когда мама придёт домой, она приготовит обед.

연습문제 5

думающий, идущий, смотрящий, едущий, берущий, советующий, танцующий, встречающийся, улыбающийся, занимающийся, спрашивающий, находящийся.

연습문제 6

❶ Моя подруга, которая живёт в Москве, пишет мне интересные письма.

❷ Мы разговаривали со студентами, которые изучают корейский язык.

❸ Вот идут дети, которые учатся в школе.

❹ У Максима, который живёт в нашем доме, много друзей.

❺ Студенты, которые сдают экзамен, очень волнуются.

❻ Девушку, которая покупает русско-корейский словарь, зовут Лариса.

❼ Вы знаете этих молодых людей, которые говорят по-английски?

연습문제 7

писавший, улыбнувшийся, спросивший,

познакомившийся, купивший, взявший, работавший, готовившийся, говоривший, стоявший, сделавший, висевший, посмотревший, поехавший.

연습문제 8

❶ Студенты, которые учились в Москве, хорошо говорят и понимают по-русски.

❷ Я говорю о Вадиме, который работал в нашей фирме 2 года назад.

❸ Виктор, который окончил университет в прошлом году, нашёл хорошую работу.

❹ Мы поздравляем нашу баскетбольную команду, которая выиграла матч.

❺ Подруга, которая позвонила мне вчера вечером, живёт в другом городе.

❻ Молодой человек, который познакомился с нами на фестивале русской культуры, учится в нашем университете.

❼ Детям, которые играли в парке, было весело.

ДАВА́ЙТЕ ПОГОВОРИ́М!

연습문제 1*

A)

❶ Мы ездили в Петербург к брату.

❷ Вчера мы были на концерте (в деревне у бабушки).

❸ Самолёт летит в Японию.

❹ Птицы летают в небе (высоко).

❺ Дети идут в школу.

❻ Родители ездили на Байкал.

❼ Я поздравляю тебя с Рождеством.

❽ Студенты сдали экзамен.

❾ Это книга Виктора. (Это книга о любви. Это книга известного писателя.)

❿ Здесь 25 человек.

⓫ Другу 21 год. (Другу нравится Валя. Другу холодно. Другу нужна новая рубашка. Другу надо заниматься больше.)

⓬ Я обязательно помогу тебе перевести текст.

⓭ Мы желаем бабушке и дедушке здоровья.

⓮ Нине понравилось пальто. (Ивану понравилось играть в шахматы.)

⑮ Я приглашаю вас в ресторан.

⑯ Вадим танцует с Милой.

⑰ Соня готовит рыбу (домашнее задание).

⑱ Алёша готовится к экзамену.

Б)

❶ Мы встретили Сергея, с которым я познакомился в прошлом году в Москве.

❷ Это мой брат, которому нравится изучать корейский язык.

❸ Это студентки, о которых я рассказывал тебе.

❹ Я хорошо знаю Юлю, которая живёт в нашем доме.

❺ Это наш преподаватель, которого мы пригласили на фестиваль.

❻ Вы помните девушку, у которой есть много книг на корейском языке?

В)

❶ Это Виктор, работающий в нашей фирме.

❷ Это студенты, вернувшиеся из Москвы.

❸ Здесь нет студентов, говорящих по-французски.

❹ Это дети, гуляющие в лесу.

❺ Вот бабушка, едущая на рынок.

❻ Это спортсмены, занимающиеся гимнастикой.

❼ Это библиотека, находящаяся около университета.

❽ Это Олег, пригласивший нас в кино.

❾ На стадионе мы видим Светлану, играющую в теннис.

연습문제 2*

А)

❶ рубль ❷ дней

❸ года ❹ лет (месяцев)

❺ слов (предложений) ❻ часа

❼ градусов ❽ учебников и тетрадей

Б)

❶ плюс двадцать два градуса

❷ минус одиннадцать градусов

❸ минус двадцать пять градусов

❹ плюс тридцать один градус

❺ плюс четыре градуса

❻ плюс двадцать три градуса.

❼ минус семнадцать градусов.

연습문제 3

А)

❶ Да, сегодня холодная погода.

❷ Да, сегодня прохладная погода.

❸ Да, сегодня жаркая погода.

❹ Да, сегодня пасмурная погода.

❺ Да, сегодня облачная погода.

❻ Да, сегодня солнечная погода.

Б)

❶ И вчера была холодная погода.
Наверное, завтра тоже будет холодная погода.

❷ И вчера была жаркая погода.
Наверное, завтра тоже будет жаркая погода.

❸ И вчера была прохладная погода.
Наверное, завтра тоже будет прохладная погода.

В)

❶ И вчера было пасмурно.
Я слышал, что завтра тоже будет пасмурно.

❷ И вчера было солнечно.
Я слышал, что завтра тоже будет солнечно.

❸ И вчера было холодно.
Я слышал, что завтра тоже будет холодно.

❹ И вчера было жарко.
Я слышал, что завтра тоже будет жарко.

연습문제 8*

❶ Как вы провели выходные?

❷ Что вы делали в выходные? (Чем вы занимались в выходные?)

❸ Куда ты идёшь? (Куда ты ходил вчера?)

❹ Где ты был в воскресенье?

❺ Ты не знаешь, какая погода будет завтра?

❻ Ты не знаешь, завтра будет дождь?

❼ Какая сегодня температура?

❽ Сегодня сильный ветер?

연습문제 9

① - Давай поедем в субботу в лес.
  - Давай, если не будет дождя.
  - По радио сказали, что завтра будет тёплая, солнечная погода.
  - Очень хорошо.

② - Ты не знаешь, какая погода будет завтра?
  - Я смотрел погоду в Интернете, завтра будет дождь. (По радио сказали, что будет дождь.)
  - Очень жаль, а мы хотели поехать на пикник.

③ - Оля, что ты делала в субботу?
  - Я ходила на выставку картин молодого корейского художника. А ты?
  - Я ездила на Сораксан.

④ - Дима, какое время года ты любишь больше всего?
  - Больше всего я люблю зиму.
  - Зиму? Почему?
  - Потому что мне нравится снег. А ещё я люблю кататься на лыжах.

АУДИ́РОВАНИЕ

연습문제 1

① d)   **②** a)

듣기 대본
Познакомьтесь с прогнозом погоды. Сегодня в городе пасмурно, утром – морось, во второй половине дня – небольшой дождь, температура воздуха плюс пять градусов. Вечером ожидается понижение температуры, ноль – минус два, дождь со снегом, слабый ветер. Ночью – сильный снег, температура воздуха – минус пять градусов.

연습문제 2

① b)   **②** a)

듣기 대본
Он: В кинотеатре «Космос» идёт новый фильм, давай завтра пойдём.
Она: Я думаю, что завтра лучше поехать в лес. Осенью в лесу так красиво!
Он: Давай посмотрим прогноз погоды. Так… Суббота 27 октября… Утром тепло, плюс двенадцать, но после обеда ожидается дождь.
Она: Это плохо… А в воскресенье?

Он: Воскресенье 28 октября… тоже пасмурная погода, и будет прохладно.
Она: Ну, тогда давай пойдём в кино, а через неделю, в субботу или в воскресенье, обязательно поедем в лес.
Он: Хорошо. Договорились!

연습문제 3

① Мише нравится тёплая, ясная, солнечная погода, он не любит дождь и холод.

② Если в выходные не будет дождя, мы поедем на экскурсию в Суздаль.

연습문제 4

① да   **②** да
③ нет   **④** нет
⑤ да   **⑥** нет
⑦ да   **⑧** нет

듣기 대본
Он: Какое время года ты любишь больше всего?
Она: Больше всего мне нравится осень. Но только начало и середина.
Он: А почему?
Она: В это время тепло, но не жарко, как летом, поэтому приятно отдыхать на природе, гулять в лесу, любоваться разноцветными листьями. А в конце осени обычно холодно, это время я не люблю.
Он: Мне тоже нравится осень, но только начало, но больше всего я люблю лето.
Она: Потому что летом длинные каникулы?
Он: Длинные каникулы, конечно, хорошо, но это не главное. Мне нравится отдыхать на море: плавать, ловить морскую рыбу, люблю просто сидеть на берегу и смотреть на море.
Она: На каком море ты любишь отдыхать?
Он: На Чёрном. Я родился на берегу Чёрного моря, и с детства люблю его, оно очень тёплое и спокойное.
Она: В каком городе ты родился?
Он: В Адлере, этот небольшой город расположен недалеко от Сочи.
Она: Твои родители сейчас там живут?
Он: Да, и я езжу к ним каждое лето, провожу там все каникулы. А ты была когда-нибудь на Чёрном море?

Она: Нет, ни разу не была.

Он: Тогда давай поедем вместе, я покажу тебе самые красивые места. Через месяц, 18 июня, у нас будет последний экзамен, сдадим и можем сразу поехать.

Она: Спасибо за приглашение, но на это лето у меня уже есть планы. А в следующем году с удовольствием поеду.

Он: Договорились.

❶ Им нравится начало осени?

❷ Осенью ей нравится проводить время на природе?

❸ Ему нравится лето, потому что летом у студентов длинные каникулы?

❹ Он сказал, что, отдыхая на море, он плавает, загорает, просто смотрит на море?

❺ Он сказал, что полюбил Чёрное море в детстве?

❻ Его родители живут в Сочи?

❼ Он ездит к родителям раз в год?

❽ Они договорились поехать на Чёрное море через месяц?

제 20 과

복습

❶ плаванием и шахматами

❷ молодого человека, с которым, неделю назад

❸ у Дмитрия, свободного времени

❹ в свободное время, в теннис, со своими друзьями, в лес

❺ Игорю, живописью

❻ этому мальчику, лет, на гитаре

❼ на экскурсию, во Дворец императора, в центре города

ГОВОРИ́ТЕ ПРА́ВИЛЬНО!

연습문제 1

показываемый, продаваемый, изучаемый, встречаемый, видимый, уважаемый, решаемый, сдаваемый.

연습문제 2

❶ Мы говорим об экзаменах, которые сдают студенты.

❷ Все слушают интересные истории, которые рассказывает Вадим.

❸ Мне нравятся предметы, которые я изучаю в этом семестре.

❹ На уроке мы читали стихи поэта, которого я люблю с детства.

❺ В газете мы прочитали о проблеме, которую решают наши учёные.

❻ Товары, которые продаёт этот магазин, хорошего качества.

❼ Мы обсуждаем новости, которые сообщают газеты.

연습문제 3

❶ Овощи, которые продают на рынке, дешевле, чем в магазине.

❷ Проблема, которую решают сейчас, имеет большое значение.

❸ Газеты много пишут о фильмах, которые показывают на кинофестивале.

❹ Из всех предметов, которые изучают в университете, я больше всего люблю русскую литературу.

❺ Каждый день мы слушаем новости, которые сообщают по радио.

연습문제 4

сделанный, проданный, написанный, спрошенный, построенный, посланный, подготовленный, подаренный, рассказанный, начатый, полученный, купленный, забытый, оконченный

연습문제 5

❶ Дети с аппетитом ели обед, который приготовила бабушка.

❷ На лекции преподаватель рассказывал нам о романе, который написал Достоевский.

❸ Мне нравится картина, которую нарисовал сын.

❹ Нам понравился концерт, который подготовили студенты первого курса.

❺ Ира и Лена, которых мы встретили на улице, спешили в кино.

❻ Максим прочитал письмо, которое прислал отец.

❼ Преподаватель проверяет упражнение, которое написал Игорь.

❽ Мы спросили известного писателя, которого мы пригласили на фестиваль, о его новом романе.

❾ Я уже прочитал книгу, которую подарили друзья.

❿ Вчера мы обедали в кафе, которое построили в прошлом месяце.

⓫ Студенты разговаривают с гостями, которых пригласили на фестиваль.

⓬ Вот матрёшка, которую купили в Москве.

⓭ Дальневосточный университет, который основали в 1899 году, старейший университет на Дальнем Востоке.

⓮ Нам понравился концерт русской музыки, который показали по корейскому телевидению.

연습문제 6

❶ Билеты в театр куплены отцом.

❷ Экзамен сдан студентами.

❸ Эта проблема решена учёными.

❹ Эта грамматика изучена нами.

❺ Упражнение написано Анной.

❻ Ужин приготовлен Ларисой.

❼ Магазин уже закрыт.

❽ Газета уже напечатана.

❾ Вера уже принята в институт.

❿ Факс уже получен.

⓫ Гости уже встречены около ворот.

⓬ Этот дом уже продан.

연습문제 7*

❶ Дом был куплен в прошлом месяце.

❷ Последний экзамен был сдан во вторник.

❸ Обед был приготовлен 10 минут назад.

❹ Эти стихи были написаны Пушкиным в 1829 году.

❺ Проблема была решена на прошлой неделе.

연습문제 8*

❶ Эта проблема будет решена в следующем году.

❷ Ужин будет приготовлен в 6 часов.

❸ Упражнение будет написано через 20 минут.

❹ Картина будет нарисована на следующей неделе.

❺ Магазин будет открыт через час.

❻ Эта работа будет сделана в следующем месяце.

연습문제 9

❶ да
❷ нет
❸ нет
❹ нет
❺ да
❻ нет

연습문제 10

❶ пришёл
❷ пришли
❸ приходили
❹ пришёл
❺ приходил
❻ приезжал
❼ приехал
❽ приезжала
❾ приехали
❿ приехали

연습문제 12

❶ ходили
❷ приходили
❸ ходил
❹ приходил
❺ приходили
❻ ходили.
❼ приезжали
❽ ездил(а)
❾ ездил
❿ приезжала
⓫ ездил(а)
⓬ приезжал

ДАВА́ЙТЕ ПОГОВОРИ́М!

연습문제 1*

❶ Преподаватель посоветовал мне чаще слушать и повторять диалоги.

❷ В детстве я часто катался на лыжах, а теперь редко катаюсь.

❸ Отец подарил детям много новых игрушек.

❹ Елена была в Австралии у своей школьной подруги.

❺ Нам очень нужны ваши советы.

❻ Брат поедет во Францию к другу детства.

❼ Мы спросили профессора об этой проблеме. (Мы спросили профессора, как он проводит свободное время.)

❽ Дочь всегда помогает мне готовить обед.

❾ Родителям не надо давать мне деньги, потому что я подрабатываю.

❿ Как вы чувствуете себя?

⓫ Вы должны выпить это лекарство. (Вы должны пить это лекарство 3 раза в день.)

⓬ Мы готовимся к экзамену, который будет в пятницу.

⓭ О чём ты спросила преподавателя?

⓮ С кем ты переписываешься?

⓯ У кого есть роман на русском языке?

⓰ Кому понравилась поездка в Москву?

⓱ К кому ты ездил летом?

⓲ Кого вы пригласили на праздник?

연습문제 2*

❶ Сергей поедет в Москву, если у него будут деньги.

❷ Максим выше, чем Иван.

❸ Когда Таня окончит институт, она поступит в аспирантуру.

❹ Когда Сон Ми будет учиться в Москве, она будет часто ходить в театры, в музеи, на выставки.

❺ Вечером у нас будут гости, поэтому мне надо приготовить праздничный ужин.

❻ Я пригласила гостей, потому что у меня сегодня день рождения.

❼ Андрей сказал, что ему нравится изучать корейский язык.

❽ Миша сказал, чтобы Антон позвонил ему вечером.

❾ Преподаватель рассказывает о писателе, который написал роман «Мы».

❿ Познакомьтесь с Марией, о которой я много рассказывал вам.

⓫ Это наш новый студент, которого мы спрашиваем о его семье.

⓬ Я не знаю, сколько сестёр у Максима.

⓭ Мы спросили преподавателя, когда он поедет в Россию.

⓮ Я не знаю, поедет ли наш профессор в Москву.

⓯ Если ты поможешь мне, я быстро закончу эту работу.

⓰ Если бы ты помог мне, я бы быстро закончил эту работу. (Если бы ты помог мне, я был бы рад.)

연습문제 3*

❶ Доклад был написан 2 дня назад. Доклад будет написан через 2 дня.

❷ Кафе было открыто 10 минут назад. Кафе будет открыто через 10 минут.

❸ Экзамен был сдан неделю назад. Экзамен будет сдан через неделю.

❹ Институт был окончен год назад. Институт будет окончен через год.

❺ Завтрак был приготовлен две минуты назад. Завтрак будет приготовлен через две минуты.

❻ Кинотеатр был построен 3 года назад. Кинотеатр будет построен через 3 года.

연습문제 6*

❶ Санкт-Петербург – большой, красивый город.
  1. Когда вы ездили в Санкт-Петербург?
  2. На чём вы ездили?
  3. С кем вы ездили?
  4. Как долго вы были там?
  5. В какóй гостúнице вы жúли (останáвливались)?
  6. Вам понрáвился Петербург?
  9. Что вам понрáвилось бóльше всегó?
  10. В каких музеях вы были?
  11. Какие интересные места вы видели?
  12. Вы ездили на экскурсии? Куда?
  13. Когдá вы вернýлись из Петербурга?
  14. Вы хотите ещё раз поехать в Петербург?

❷ Я очень хорошо провёл летние каникулы.
  1. Где провели каникулы?
  2. Вы часто отдыхаете там?
  3. С кем вы ездили отдыхать?
  4. С кем вы познакомились там?
  5. Что вам понравилось больше всего?
  6. Какие интересные места вы видели?
  7. Вы поедете туда в следующем году?
  8. Вы советуете мне поехать туда?

❸ Я люблю отдыхать на море.
  1. На каком море вы любите отдыхать?

2. Где находится это море?

3. Вы любите отдыхать один (одна) или с друзьями?

4. Как часто вы отдыхаете на море?

5. На чём вы обычно ездите на море?

6. Как долго вы едете на море?

7. Как долго вы отдыхаете на море?

8. Что вы обычно делаете на море?

9. Вы хорошо плаваете?

10. Вы любите загорать?

❹ Скоро я поеду в свой родной город.

1. Как называется ваш родной город?

2. Где он находится?

3. Это большой или маленький город?

4. Какие достопримечательности есть в вашем городе?

5. В вашем городе есть музеи? Какие?

6. В этом городе живут ваши родственники? Какие?

7. Вы советуете мне поехать в ваш город?

8. Что вы советуете мне посмотреть в вашем городе?

❺ Наш университет основан в 1962 году.

1. Как называется ваш университет?

2. Где он находится?

3. Кто основал ваш университет?

4. Сколько факультетов в вашем университете? Какие?

5. В вашем университете есть общежитие?

6. В вашем университете большая библиотека?

7. Сколько студентов учится в вашем университете?

8. Сколько преподавателей работает в вашем университете?

9. На каком факультете вы учитесь?

10. На каком курсе вы учитесь?

11. Что вы изучаете?

12. Какой предмет вам нравится больше всего?

13. Когда вы поступили в университет?

14. Когда вы окончите университет?

15. Кем вы хотите стать?

❻ Мне нравится русская литература.

1. Каких русских писателей вы знаете?

2. Кто ваш любимый писатель?

3. Какие русские романы вы читали?

4. Какой роман вам понравился больше всего?

5. О чём этот роман?

6. Вы советуете мне прочитать этот роман?

7. Вам нравятся стихи?

8. Каких русских поэтов вы знаете?

9. Какие стихи вам нравятся?

10. Как называется ваше любимое стихотворение?

11. Кто написал его?

12. В какой году оно было написано?

❼ Вадим хорошо играет на гитаре.

1. Когда Вадим начал заниматься музыкой?

2. Где Вадим учился играть на гитаре?

3. Как долго он учился играть?

4. Как часто он играет на гитаре?

5. Какую музыку он любит играть?

❽ Недавно в наш университет приезжали студенты из России.

1. Сколько студентов приезжало в ваш университет?

1. В каком городе живут эти студенты?

3. Где они учатся?

4. Что они изучают?

5. Зачем они приезжали в ваш университет?

6. Как долго они были здесь?

7. Они жили в общежитии?

8. Им понравился ваш университет?

9. Они ездили на экскурсии? Куда?

10. О чём вы разговаривали с рускими студентами?

11. Когда они вернулись в Россию?

12. Сейчас вы переписываетесь с этими русскими студентами?

АУДИ́РОВАНИЕ

연습문제 1

❶ b) ❷ a)

❸ c)

듣기 대본

Меня зовут Вера Новикова. Я приехала из самого крупного города Сибири - Новосибирска, он расположен на юго-востоке Сибирской равнины и был основан в 1893 году. Я учусь в Новосибирском государственном университете. Наш университет был открыт в 1958 году, в настоящее время - это один из лучших университетов России, его окончили многие известные российские учёные.

Я учусь на гуманитарном факультете, моя
специальность – восточные языки. На нашем
факультете преподают китайский, корейский,
японский языки. Но мы изучаем не только язык,
но и историю, традиции и культуру Китая, Кореи,
Японии.

연습문제 2

❶ Мы хотим поехать на экскурсию в город
Суздаль через неделю, в пятницу.

❷ Русские студенты часто ходят в студенческий
клуб и рассказывают о России, о русской
культуре.

연습문제 3

❶ нет	❷ да
❸ да	❹ нет
❺ нет	❻ да

듣기 대본

Государственный Эрмитаж – один из самых
крупных художественных и культурно-
исторических музеев России и мира. Он был
основан императрицей Екатериной Второй.
История этого музея началась в 1764 году, когда
Екатерина Вторая купила небольшую коллекцию
картин известных европейских художников.
Сначала эти картины находились в специальных
комнатах царского дворца, но через 30 лет,
когда картин уже было около четырёх тысяч,
построили специальное здание, которое назвали
«Большой Эрмитаж». В то время Эрмитаж не был
публичным музеем, там могли бывать только
члены царской семьи и их приближённые.
Но в 1852 году Эрмитаж был открыт для всех
желающих и сразу стал самым популярным
музеем России, его посещало 50 тысяч человек в
год. В настоящее время в Эрмитаже в год бывает
примерно 6 миллионов человек. Современный
Эрмитаж – это большой музейный комплекс,
в его коллекции 2 миллиона 532 тысячи
произведений мирового искусства, которые
знакомят посетителей с культурой и искусством
стран Европы, Азии, Африки, Америки и
Австралии. Эрмитаж открыт для посетителей 6
дней в неделю, понедельник - выходной день.
Музей работает с 10 часов утра до 6 часов вечера.

❶ Эрмитаж – самый крупный музей России?

❷ Эрмитаж был основан Екатериной Второй в
1764 году?

❸ Большой Эрмитаж был построен в конце
восемнадцатого века?

❹ Эрмитаж стал публичным музеем в начале
девятнадцатого века?

❺ Каждый год Эрмитаж посещает 50 тысяч
человек?

❻ Эрмитаж в понедельник закрыт?

연습문제 4

❶ да	❷ нет
❸ да	❹ да

듣기 대본

История Третьяковской галереи связана
с именем известного московского купца
Третьякова. Павел Михайлович Третьяков
увлекался живописью, и в 1853 году он
начал коллекционировать картины русских
художников. Много лет он собирал свою
коллекцию, покупал картины не только
хорошо известных, знаменитых художников,
но и молодых, начинающих. Третьяков дружил
с художниками, помогал им и заботился об
их семьях. Многие молодые, талантливые
художники могли учиться в школе живописи
благодаря Третьякову - он давал им деньги на
учёбу.
В 1892 году, когда в коллекции было около двух
тысяч картин, Третьяков подарил её своему
родному городу – Москве. Через год благодарные
москвичи назвали галерею «Третьяковской» – в
честь её основателя.
В настоящее время в Государственной
Третьяковской галерее примерно 60 тысяч
произведений искусства, это самое крупное
в мире собрание русской живописи, графики,
скульптуры, произведений декоративно-
прикладного искусства XI – начала XXI веков.

❶ Третьяков собирал свою коллекцию около
сорока лет?

❷ Он покупал картины хорошо известных и
мало известных художников разных стран?

❸ Третьяков не только покупал картины, но и
помогал многим художникам?

❹ Галерею назвали «Третьяковской» в 1893
году?

А

а́вгуст	8월
автобус	버스
автомоби́ль	자동차
а́дрес	주소
аква́риум	어항
аккура́тно	깔끔하게, 조심스럽게
алкого́ль	알코올
Алло́!	여보세요!
альбо́м	앨범
Аме́рика	미국
америка́нец	미국인 (남자)
америка́нка	미국인 (여자)
америка́нский	미국의
анана́с	파인애플
анана́совый (~ сок)	파인애플로 만든 (주스)
Англия	영국
англича́нин	영국인 (남자)
англича́нка	영국인 (여자)
англи́йский	영국의
англи́йский язы́к	영어
апельси́н	오렌지
апельси́новый (~ сок)	오렌지로 만든 (주스)
аплоди́ровать	박수치다
аппети́т (Прия́тного аппети́та!)	
	식욕 (맛있게 드세요!)
апре́ль	4월
апте́ка	약국
апте́карь	약사
арти́ст, арти́стка	배우, 여배우
аудито́рия	강의실
аэро́бика	에어로빅
аэропо́рт	공항

Б

ба́бушка	할머니
бадминто́н	배드민턴
Байка́л	바이칼 호수
бале́т	발레
бана́н	바나나

банк	은행
ба́нка	병
бар	바
бар-карао́ке	가라오케 바(노래방)
баскетбо́л	농구
баскетбо́льный	농구의
бассе́йн	수영장
бег	달리기, 도주
бе́гать	달리다
бежа́ть	달리다
без	[생격 지배 전치사] ~없이
бейсбо́л	야구
бе́лый	흰
бе́рег	기슭
библиоте́ка	도서관
библиоте́карь	사서
бизнесме́н	사업가
биле́т	표
биоло́гия	생물학
биологи́ческий	생물학의
бифште́кс	비프 스테이크
бле́дный	창백한
бли́же	더 가까운, 더 가까이
бли́жний	가까운
бли́зкий	가까운
бли́зко	가까이
блу́зка	블라우스
блю́до (ру́сское ~)	요리 (러시아 요리)
боле́знь	병
боле́ть	1. (신체부위가) 아프다
	У меня́ боли́т живо́т, голова́, го́рло. 나는 배/머리/목이 아프다.
	2. (사람이) 아프다
	Ма́ша боле́ет гри́ппом. 마샤가 독감으로 아프다.
боль	고통
больни́ца	병원

бо́льше	더 많은, 더 많이	весь (вся, всё, все)	모든
большо́й	큰	ве́чер	저녁
борщ	보르쉬	ве́чером	저녁에
борьба́	전투	ве́шать	걸다
спорти́вная борьба́	격투기	вещь	물건
босоно́жки	샌들	взять (см. брать)	택하다, 고르다, 집다
Ботани́ческий сад	식물원	ви́деть	보다
боти́нок (pl. боти́нки)	구두	ви́деться	만나다
брат	남자형제	ви́лка	포크
брать	택하다, 고르다	вино́	포도주
брю́ки	바지	виногра́д	포도
бу́рый (~ медве́дь)	다갈색의 (곰)	висе́ть	걸려 있다
бутербро́д	샌드위치	включа́ть	켜다
буты́лка	병	включи́ть (см. включа́ть)	켜다 (включа́ть의 완료상)
быва́ть	~있곤 하다		
бы́стро	빨리	вку́сный	맛있는
быть	존재하다	власть	권력
		вме́сте	함께

В

вам (см. вы)	вы의 여격	вме́сте с + 조격	~와 함께
ва́ми (см. вы)	вы의 조격	внима́ние	주의
вас (см. вы)	вы의 대격	внима́тельно	주의 깊게
ваш (ва́ша, ва́ше, ва́ши)	당신의	внук	손자
Вашингто́н	워싱턴	вну́чка	손녀
вдруг	갑자기	вода́	물
век	세기	во́здух	공기
везти́	1. 차를 태워 데려가다 2. 운이 좋다	во́зраст	나이
		война́	전쟁
вели́к(велика́, велико́, велики́)	크다	войти́ (см. входи́ть)	들어가다 (входи́ть의 완료상)
вели́кий	큰 위대한	вокза́л	역
верну́ться	돌아오다	волейбо́л	배구
верх	상층, 정상, 위	волк	늑대
ве́рхний	위의, 겉에 입는	волнова́ться	걱정하다
ве́село	즐겁게, 명랑하게	вон	저기
весёлый	즐거운, 명랑한	вопро́с	질문
весе́нний	봄의	воро́та	대문
весна́	봄	восемна́дцать	18
вести́	데리고 가다, 인도하다	во́семь	8
весы́	저울	во́семьдесят	80

восемьсо́т	800
воскресе́нье	일요일
восьмо́й	여덟 번째의
восто́к	동
восто́чный	동방의, 동양의
вот	여기
вперёд	앞으로
врач	의사
вре́мя	시간
всегда́	항상
вспоми́нать	기억하다, 회상하다
вспо́мнить (см. вспомина́ть)	
	기억하다, 회상하다 (вспомина́ть의 완료상)
встава́ть	일어나다
встать (см. встава́ть)	일어나다 (встава́ть의 완료상)
встре́тить (см. встреча́ть)	
	만나다 (встреча́ть의 완료상)
встре́титься (см. встреча́ться)	
	만나다 (встреча́ться의 완료상)
встреча́ть	만나다
встреча́ться	만나다
вто́рник	화요일
второ́й	두 번째의
вход	입구
входи́ть	들어가다
вчера́	어제
вчера́шний	어제의
вы	당신, 당신들, 너희들
вы́глядеть	~처럼 보이다
вы́звать (см. вызыва́ть)	부르다 (вызыва́ть의 완료상)
вызыва́ть	부르다
выздора́вливать	건강해지다
вы́здороветь (см. выздора́вливать)	
	건강해지다 (выздора́вливать의 완료상)

вы́йти (см. выходи́ть)	나가다 (выходи́ть의 완료상)
вы́мыть (см. мыть)	씻다, 씻어내다 (мыть의 완료상)
вы́пить (см. пить)	마시다 (пить의 완료상)
вы́полнить (см. выполня́ть)	
	수행하다 (выполня́ть의 완료상)
выполня́ть	수행하다
вы́тереть (см.вытира́ть)	
	닦아내다 (вытира́ть의 완료상)
вытира́ть	닦아내다
высо́кий	높은, 키가 큰
высоко́	높이
вы́ставка	전시회
выступа́ть	출연하다, 나서다
вы́ступить (см. выступа́ть)	
	출연하다, 나서다 (выступа́ть의 완료상)
вы́учить (см. учи́ть)	공부하다, 암기하다 (учи́ть의 완료상)
вы́ход	출구
выходи́ть	나가다
выходно́й (~день)	휴가의 (휴일)
вы́ше	더 높은, 더 높이

Г

газе́та	신문
га́лстук	넥타이
где	어디에
Герма́ния	독일
гимна́стика	체조
гита́ра	기타
глаз	눈
глубо́кий	깊은
говори́ть	말하다
год	해, 년
голова́	머리
го́лод	배고픔, 기아

го́лос	목소리		2. 계속해서
голубо́й	푸른색의, 하늘색의	дари́ть	선물하다
гольф	골프	дать (см. дава́ть)	주다 (дава́ть의 완료상)
го́рло	목구멍	да́ча	별장, 다차
го́род	도시	два (две)	2
горо́х	완두콩	два́дцать	20
горя́чий	뜨거운	двадца́тый	스무 번째의
го́спиталь	병원	двена́дцать	12
госуда́рство	정부	дверь	문
госуда́рственный	정부의	две́сти	200
гости́ница	호텔	двою́родная сестра́	사촌누이/언니/여동생
гость	손님	двою́родный брат	사촌 형제
гото́вить	준비하다, 요리하다	де́вочка	소녀
гото́виться	준비하다	де́вушка	아가씨
гра́дус	온도	девяно́сто	90
граждани́н, гражда́нка	시민, 시민(여자)	девятна́дцать	19
грамма́тика	문법	де́вять	9
гриб	버섯	девятьсо́т	900
грибно́й (~ суп)	버섯으로 만든 (버섯 수프)	девя́тый	아홉 번째의
грипп	독감	де́душка	할아버지
гро́мкий	(목소리가) 큰	дека́брь	12월
гро́мко	크게	де́лать	하다
гро́мче	더 큰, 더 크게	де́ло (Как дела́?)	일 (어떻게 지내시나요?)
грудь	가슴	день	날, 낮
гру́ппа	그룹	де́ньги	돈
гру́стно	슬프게	дере́вня	시골
гру́стный	슬픈	де́рево	나무
гру́ша	배	десе́рт	디저트
гуля́ть	산책하다	де́сять	10
		деся́тый	열 번째의
		де́ти	아이들
Д		де́тский	아이들의
да	네 (yes)	де́тство (в де́тстве)	유년 시절 (유년 시절에)
дава́ть	주다	джем	잼
да́же	~조차	джи́нсы	청바지
далеко́	멀리	дзюдо́	유도
да́льний (Да́льний Восто́к)		диало́г	대화
	먼 (극동)	ди́ктор	아나운서
далёкий	먼	дире́ктор	(기관의) 장
далеко́	멀리	диск	원판, 디스크
да́льше	1. 더 먼, 더 멀리		

дискоте́ка	디스코텍
днём	낮에
до	[생격 지배 전치사] ~까지
добра́ться	~까지 도달하다
до́брое	좋은 것
доброта́	선(善)
до́брый	선한, 착한
До́брый ве́чер!	안녕하세요! (저녁 인사)
До́брый день!	안녕하세요! (낮 인사)
До́брое у́тро!	안녕하세요! (아침 인사)
дово́льный	만족한
догова́риваться	합의하다
договори́ться (см. догова́риваться)	
	합의하다
	(догова́риваться의
	완료상)
дождь	비
дойти́	~까지 도달하다
дое́хать	~까지 도달하다
до́ктор	의사
до́лго	오랫동안
до́лжен, должна́, должно́, должны́	
	~해야만 하다
дом	집
дома́шний	집의
дома́шнее зада́ние	숙제
дома́шние дела́	집안일
домохозя́йка	가정주부
до́рого	비싸게
дорого́й	1. 비싼
	2. 소중한, 귀한, 사랑하는
доро́же	더 비싼, 더 비싸게
До свида́ния!	안녕히 가세요! (헤어질 때
	하는 인사)
дочь	딸
дре́вний	오래된
друг	친구
друго́й	다른
дружи́ть	~와 사이좋게 지내다
ду́мать	생각하다

дуть (Ду́ет ве́тер)	불다 (바람이 분다)
духи́	향수
дя́дя	아저씨

Е

его́	1. (소유형용사) 그의
	2. (он의 대격) 그를
её	1. (소유형용사) 그녀의
	2. (она의 대격) 그녀를
е́здить	(차를 타고) 가다
е́сли	만일
е́сли бы	만일 (가정법)
есть	1. 존재하다
	2. 먹다
е́хать	(차를 타고) 가다

Ж

жа́лко	불쌍하다
жа́ловаться (На что жа́луетесь?)	
	불평하다 (어디가
	아프십니까?)
жаль (Очень жаль!)	유감이다 (매우 유감이다!)
жа́ркий	더운
жа́рко	덥게
жа́рче	더 더운, 더 덥게
ждать	기다리다
жела́ние	소망, 바람
жела́ть	바라다, 소망하다
желе́зо	철
жёлтый	노란
жена́	아내
же́нщина	여자
же́нский	여자의
жи́вопись	그림
живо́т	배
жизнь	삶, 인생
жить	살다
жук	딱정벌레
журна́л	잡지
журнали́ст	기자

З

заба́вный	우스운
заболе́ть (см. боле́ть)	1. (신체 부위가) 아프다
	2. (사람이) 아프다
забыва́ть	잊다
забы́ть (см. забыва́ть)	잊다 (забыва́ть의 완료상)
заво́д	공장
за́втра	내일
за́втрак	아침 식사
за́втракать	아침을 먹다
за́втрашний	내일의
загора́ть	그을리다
зайти́ (см. заходи́ть)	들르다 (заходи́ть의 완료상)
заказа́ть (см. зака́зывать)	
	주문하다 (зака́зывать의 완료상)
зака́зывать	주문하다
закрыва́ть	닫다, 덮다
закры́ть (см. закрыва́ть)	닫다, 덮다 (закрыва́ть의 완료상)
замеча́тельный	멋진, 끝내주는
занима́ться	공부하다, ~을 하다
заня́тие	1. 일
	2. 수업
за́пад	서, 서양
за́падный	서양의, 쪽의
записа́ть (см. запи́сывать)	
	메모하다 (запи́сывать의 완료상)
запи́сывать	메모하다
заплати́ть (см. плати́ть)	지불하다 (плати́ть의 완료상)
запо́лнить (см. заполня́ть)	
	채우다 (заполня́ть의 완료상)
заполня́ть (~анке́ту)	채우다 (서식을 채우다)
запомина́ть	기억해 두다
запо́мнить (см. запомина́ть)	

	기억해 두다 (запомина́ть의 완료상)
заходи́ть	들르다
захоте́ть (см. хоте́ть)	원하다 (хоте́ть의 완료상)
защити́ть (см. защища́ть)	
	방어하다 (защища́ть의 완료상)
защища́ть	방어하다
звать (Как вас зову́т?)	부르다 (당신의 이름은 무엇입니까?)
зверь	짐승
звони́ть	전화하다
зда́ние	건물
здесь	여기에, 여기에서
здоро́ваться	인사하다
здоро́вье	건강
Здра́вствуй! Здра́вствуйте!	
	안녕! 안녕하세요!
зелёный	초록색의
зе́ркало	거울
зима́	겨울
зи́мний	겨울의
зимо́й	겨울에
знако́мить	소개시키다
знако́миться	인사를 나누다
знако́мый (~челове́к)	아는 (지인)
знать	알다
значе́ние	의미
зо́лото	금
зоопа́рк	동물원
зуб	이, 치아
зубно́й	치아의

И

игра́	놀이, 게임
игра́ть	놀다, 연주하다, 운동하다
игру́шка	장난감
идти́	1. 가다, (비/눈이) 오다, 상영되다

	2. 어울리다
изве́стный	유명한
Извини́! (Извини́те!)	미안해! (죄송합니다!)
изуча́ть	공부하다
изучи́ть (см. изуча́ть)	공부하다 (изуча́ть의 완료상)
икра́	알
и́ли	혹은
им	(대명사 они의 여격) 그들에게
и́ми (с ни́ми)	(대명사 они의 조격) 그들과 함께
импера́тор (Дворе́ц импера́тора)	황제(황제의 궁전)
и́мя	이름
И́ндия	인도
инди́йский	인도의
инжене́р	엔지니어
инжене́р-строи́тель	엔지니어-기사
иногда́	때때로
иностра́нец	외국인 (남자)
иностра́нка	외국인 (여자)
иностра́нный	외국의
иностра́нный язы́к	외국어
институ́т	연구소
интеллиге́нция	인텔리겐치아
интере́сно	흥미롭다
интере́сный	재미있는
интересова́ться	관심을 가지다
Интерне́т	인터넷
иска́ть	찾다
иску́сство	예술
Испа́ния	스페인
испа́нский	스페인의
испа́нский язы́к	스페인어
истори́ческий	역사의, 역사적인
исто́рия	역사
их	1. (소유형용사) 그들의 2. (대명사 они의 대격) 그들을
ию́ль	7월
ию́нь	6월

К

кабине́т	사무실
ка́ждый	매, 모든
как	어떻게, ~처럼
как раз	마침, 딱
како́й	어떤
календа́рь	달력
кальма́р	오징어
ка́мень	돌
ка́мера (видеока́мера)	카메라 (비디오 카메라)
Кана́да	캐나다
кани́кулы	방학
капу́ста	양배추
каранда́ш	연필
ка́рта (географи́ческая ка́рта, ка́рта го́рода)	지도 (지리학 지도, 도시 지도)
карти́на	그림
ка́рты (игра́ть в ка́рты)	카드 (카드 놀이를 하다)
карто́фель (карто́шка)	감자
ката́ться (~на лы́жах, ~на конька́х)	~을 타다 (스키, 스케이트를 타다)
кафе́	카페
ка́чество (хоро́шее ~ това́ра)	질 (상품의 좋은 질)
ка́шель	기침
кварти́ра	아파트
кем (см. кто)	кто의 조격
ки́ви	키위
килогра́мм	킬로그램
киломе́тр	킬로미터
кино́	영화
кинотеа́тр	영화관
кита́ец	중국인 (남자)
Кита́й	중국
кита́йский	중국의

кита́йский язы́к	중국어	ко́смос	우주
китая́нка	중국인 (여자)	костю́м	정장
класс	교실, 학년	кот	고양이
класси́ческий	고전적인	котле́та	커틀렛
класть	~에 두다	кото́рый	관계대명사
клубни́ка	딸기	ко́фе	커피
ключ	열쇠	ко́шка	고양이
кни́га	책	краб	새우
кни́жный (~ магази́н)	책의 (서점)	краси́во	아름답게
когда́	언제	краси́вый	아름다운
кого́ (см. кто)	кто의 생격, 대격	кра́сный	빨간, 붉은
колбаса́	소시지	крестья́нин	농민
кома́нда	팀	кри́кнуть (см. крича́ть)	외치다 (крича́ть의 완료상)
ко́мната	방		
компа́ния	회사, 일행	крича́ть	외치다
компью́тер	컴퓨터	крова́ть	침대
компью́терная игра́	컴퓨터 게임	кровь	피
конве́рт	봉투	кроссо́вки	운동화
коне́ц	끝	кру́пный	큰, 거대한
коне́чно	물론	круто́й (~ гора́)	가파른, 높은 (높은 산)
(о) ком (см. кто)	кто의 전치격	кру́че	더 거칠게, 가파르게
кому́ (см. кто)	кто의 여격	кто	누구
консе́рвы	통조림 식품	ку́кла	인형
конце́рт	콘서트	культу́ра	문화
конча́ть	끝내다	культу́рный	문화의
ко́нчить (см. конча́ть)	끝내다 (конча́ть의 완료상)	купа́ться	목욕하다
		купи́ть (см. покупа́ть)	사다 (покупа́ть의 완료상)
конча́ться	끝나다		
ко́нчиться (см. конча́ться)		кури́ть	담배를 피우다
	끝나다 (конча́ться의 완료상)	ку́рица	닭, 닭고기
		кури́ный (суп, яйцо́)	닭의, 닭고기로 만든 (수프, 계란)
копе́йка	코페이카		
коре́ец	한국인 (남자)	курс	학년
коре́йский	한국의	ку́рсы (~ англи́йского языка́)	
коре́йский язы́к	한국어		코스 (영어 코스)
коре́йско-ру́сский (~ слова́рь)		ку́ртка	점퍼
	한러의 (한러 사전)		
Коре́я	한국	**Л**	
корея́нка	한국인 (여자)	ла́мпа	램프
кори́чневый	갈색의	лёгкий	가벼운

легко́	가볍게	май	5월
ле́гче	더 가벼운, 더 가볍게	майоне́з	마요네즈
лежа́ть	누워 있다	мал (мала́, мало́, малы́)	작다
лека́рство	약	ма́ленький	작은
ле́кция	강의	мали́на	나무딸기
лес	숲	ма́ло	적게
лет (см. год)	해, 년 (год의 복수 생격형)	ма́льчик	소년
лета́ть	날다	ма́ма	엄마
лете́ть	날다	ма́рка	우표
ле́то	여름	март	3월
ле́том	여름에	ма́сло (расти́тельное ма́сло, сли́вочное	
ле́тний	여름의	ма́сло)	기름 (식물성 기름, 버터)
лечь (см. ложи́ться)	눕다 (ложи́ться의	ма́стер	장인
	완료상)	матема́тика	수학
лечь спать	잠자리에 들다	математи́ческий	수학의
лёд	얼음	матрёшка	마트료시카
лимо́н	레몬	матч (футбо́льный ~)	경기 (축구 경기)
лист 1 (лист бума́ги)	(종이의) 낱장	мать	어머니
лист 2 (лист де́рева)	(나무의) 잎	маши́на	자동차
литерату́ра	문학	ме́бель	가구
лиса́	여우	медици́нский институ́т	의학대학
лифт	엘리베이터	медве́дь	곰
лицо́	얼굴	ме́дленно	천천히
ли́шний	남는, 잉여의	ме́дленный	느린
ложи́ться	눕다	междунаро́дный	국제의
ложи́ться спать	잠자리에 들다	меню́	메뉴
ло́жка	숟가락	меня́ (см. я)	я의 대격
Ло́ндон	런던	ме́ньше	더 작은, 더 작게
ло́шадь	말	ме́рить	측정하다
лук	양파	ме́сяц	달
луна́	달	метро́	지하철
лу́чше	더 좋은, 더 좋게	мечта́	꿈
люби́мый	사랑하는	мечта́ть	꿈꾸다
люби́ть	사랑하다	мёд	꿀
любо́вь	사랑	ми́нус	마이너스
лю́ди	사람들	мину́та	분
		мир1	평화
		мир2	세계
М		мирово́й (~ эконо́мика)	세계의 (세계 경제)
магази́н	상점	мла́дший	어린
магнитофо́н	녹음기		

мла́дше	더 어린
(обо) мне (см. я)	я의 전치격
мно́го	많이
мной (см. я)	я의 조격
мо́жет быть	아마도
мо́жно	~할 수 있다
мой (моя́, моё, мои)	나의
молоде́ц	훌륭하다, 훌륭한 사람
молодёжь	젊은이들
молодо́й	젊은
мо́лодость	젊음
моло́же	더 젊은
молоко́	우유
мо́ре	바다
морко́вь (морко́вка)	당근
мо́рось	이슬비
моро́женое	아이스크림
Москва́	모스크바
моско́вский	모스크바의
мост	다리
мочь	~을 할 수 있다
муж	남편
мужчи́на	남자
мужско́й	남자의
музе́й	박물관
му́зыка	음악
мы	우리들
мысль	생각, 사고
мыть	씻다
мя́со	고기
мясно́й	고기의, 고기로 만든

Н

наве́рное	아마도
надева́ть	입다
наде́ть (см. надева́ть)	입다 (надева́ть의 완료상)
на́до (= ну́жно)	~해야만 하다
наза́д	[대격 지배 전치사] ~전에
назва́ть (см. называ́ть)	~이라 명명하다

	(называ́ть의 완료상)
называ́ть	~이라 명명하다
называ́ться	~이라 불리다
найти́	찾다, 발견하다
нале́во	왼쪽으로, 왼쪽에
нам	(대명사 мы의 여격) 우리에게
(с) на́ми	(대명사 мы의 조격) 우리와 함께
напеча́тать (см. печа́тать)	인쇄하다 (печа́тать의 완료상)
написа́ть (см. писа́ть)	쓰다 (писа́ть의 완료상)
напи́ток	음료수
напомина́ть	생각나게 하다, 상기시키다
напо́мнить (см. напомина́ть)	생각나게 하다, 상기시키다 (напомина́ть의 완료상)
напра́во	오른쪽으로, 오른쪽에
напро́тив	[생격 지배 전치사] 맞은 편에
нарисова́ть (см. рисова́ть)	그리다 (рисова́ть의 완료상)
наро́дный (наро́дная пе́сня)	민중의 (민요)
нас (см. мы)	우리를 (대명사 мы의 대격)
на́сморк	코감기
нау́ка	학문
научи́ться (см. учи́ться 2)	배우다
нау́чный	학문적인
находи́ться	~에 위치하다
начина́ть	시작하다
нача́ть (см. начина́ть)	시작하다 (начина́ть의 완료상)
начина́ться	시작되다
нача́ться (см. начина́ться)	시작되다 (начина́ться

	의 완료상)
наш (на́ша, на́ше, на́ши)	우리의
не́бо	하늘
небольшо́й	자그마한, 크지 않은
невку́сно	맛없게
невку́сный	맛없는
неда́вно	최근에
недалеко́	가까이
неде́ля (день неде́ли)	주 (요일)
недо́лго	잠시 동안
не́ за что	괜찮습니다
некраси́вый	못생긴
нельзя́	~해서는 안 된다
нема́ло	적잖게
не́мец	독일인
неме́цкий	독일의
не́мка	독일인 (여자)
немно́го	조금
непло́хо	잘
неплохо́й	좋은 (나쁘지 않은)
непра́вда	거짓
не́сколько	몇 개의
нести́	가지고 가다, 운반하다
нефть	석유
ни́жний	아래의, 안에 입는
низ	아래
ни́зкий	낮은
ни́зко	낮게
ни́же	더 낮은, 더 낮게
никогда́	결코
ничего́	1. 아무것 (nothing)
ничего́	2. 괜찮다
новосе́лье	집들이
но́вость	새로움, 새 소식
но́вый	새로운
нога́	다리
нож	칼
но́жницы	가위
но́мер (но́мер телефо́на, но́мер до́ма, но́мер авто́буса)	번호 (전화번호, 동 호수, 버스 번호)
норма́льно	괜찮게, 제법 잘
норма́льный (~ температу́ра)	괜찮은, 정상적인 (정상 체온)
носи́ть	가지고 가다
носи́ть очки́	안경을 쓰다
ночь	밤
но́чью	밤에
ноя́брь	11월
ноль (нуль)	0
нра́виться	마음에 들다
ну́жен (нужна́, ну́жно, нужны́)	~이 필요하다
ну́жно (= на́до)	~해야만 한다
ну́жный	필요한

О

обе́д	점심 식사
обе́дать	점심 식사를 하다
обезья́на	원숭이
о́блако	구름
о́блачно	흐리게
о́блачный	흐린
обсуди́ть (см. обсужда́ть)	논의하다 (обсужда́ть의 완료상)
обсужда́ть	논의하다
о́бувь	신발
общежи́тие	기숙사
обы́чно	보통, 일반적으로
объяви́ть (см. объявля́ть)	선언하다, 광고하다 (объявля́ть의 완료상)
объявля́ть	선언하다, 광고하다
объясни́ть (см. объясня́ть)	설명하다 (объясня́ть의 완료상)
объясня́ть	설명하다
обяза́тельно	반드시

óвощ (óвощи)   야채

огóнь   불

одевáться   입다

одéжда   의복

одéться (см. одевáться) 입다 (одевáться의
       완료상)

одúн (однá, однó, однú) 1

одúннадцать   11

ожидáться   예상되다

óзеро   호수

окáнчивать   마치다, 끝내다

окнó   창

óколо   [생격 지배 전치사] ~ 주위에

окóнчить (см. окáнчивать)
       마치다, 끝내다
       (окáнчивать의 완료상)

октя́брь   10월

он   그

онá   그녀

онó   그것

онú   그들

опáздывать   지각하다

опоздáть (см. опáздывать)
       지각하다
       (опáздывать의
       완료상)

орáнжевый   오렌지색의

óпера   오페라

óпытный   경험이 많은

освободúть (см. освобождáть)
       해방시키다
       (освобождáть의
       완료상)

освобождáть   해방시키다

óсень   가을

осéнний   가을의

осмáтривать   둘러보다, 관광하다, 진찰
       하다

осмотрéть (см. осмáтривать)
       둘러보다, 관광하다, 진찰

하다 (осмáтривать의
       완료상)

основáть   기초를 닦다, 기반을 마련
       하다

остáвить (см. оставля́ть)
       남기다 (оставля́ть의
       완료상)

оставля́ть   남기다

останáвливать   멈추게 하다

останáвливаться   멈추다

остановúть (см. останáвливать)
       멈추게 하다
       (останáвливать의
       완료상)

остановúться (см. останáвливаться)
       멈추다
       (останáвливаться
       의 완료상)

останóвка (~ автóбуса) 정류장 (버스정류장)

óстров   섬

óстрый1 (~ нож)   날카로운 (날카로운 칼)

óстрый 2 (~ суп)   매운 (매운 수프)

отвéтить (см. отвечáть) 대답하다 (отвечáть의
       완료상)

отвечáть   대답하다

отдохнýть (см. отдыхáть)
       휴식하다 (отдыхáть의
       완료상)

óтдых   휴식

отдыхáть   휴식하다

отéц   아버지

открывáть   열다

откры́тка   엽서

откры́ть (см. открывáть)
       열다 (открывáть의
       완료상)

отправля́ть   보내다

отпрáвить (см. отправля́ть)
       보내다 (отправля́ть의
       완료상)

о́тпуск	휴가
о́фис	사무실
о́чень	매우
очки́	안경
ошиба́ться	실수하다
оши́бка	실수
ошиби́ться (см. ошиба́ться)	
	실수하다 (ошиба́ться의 완료상)

П

па́дать	떨어지다
паке́т1 (~ молока́)	팩 (우유팩)
паке́т 2 (пла́стиковый ~)	
	백 (비닐백)
пала́тка	천막
пальто́	코트
па́мять	기억
па́мятник	기념비
па́па	아빠
Пари́ж	파리
парк	공원
парохо́д	증기선
па́смурно	흐리게
па́смурный	흐린
па́спорт	여권
пассажи́р	승객
пассажи́рский (~ по́езд, парохо́д, самолёт)	
	승객의 (객차, 여객선, 여객기)
пацие́нт	환자
певе́ц, певи́ца	가수, 여가수
Пеки́н	북경
пельме́ни	고기만두
пе́нсия (на пе́нсии)	연금 (연금을 받아 생활하다)
пенсионе́р, пенсионе́рка	
	연금 수령자
пе́рвый	첫 번째의
перевести́ (см. переводи́ть)	
	번역하다 (переводи́ть의 완료상)

переводи́ть	번역하다
передава́ть	전하다
переда́ть (см. передава́ть)	
	전하다 (передава́ть의 완료상)
переда́ча (телевизио́нная переда́ча)	
	프로그램 (TV 프로그램)
переезжа́ть	이사하다, 옮겨가다
перее́хать (см. переезжа́ть)	
	이사하다, 옮겨가다 (переезжа́ть의 완료상)
перепи́сываться	서신을 교환하다
пересказа́ть (см. переска́зывать)	
	(요약하여) 다시 말하다 (переска́зывать의 완료상)
переска́зывать	(요약하여) 다시 말하다
перча́тка (перча́тки)	장갑
Петербу́рг (Санкт-Петербу́рг)	
	페테르부르크 (상트 페테르부르크)
петь	노래하다
пе́сня	노래
печа́тать	인쇄하다
печь (печь хлеб)	굽다 (빵을 굽다)
пешко́м (идти́ пешко́м)	걸어서 (걸어가다)
пиани́но	피아노
пи́во	맥주
пикни́к	피크닉
пиро́жное	과자
писа́ть	쓰다
письмо́	편지
пить	마시다
пла́вание	수영
пла́вать	수영하다
пла́кать	울다
план	계획
плати́ть	지불하다
пла́тье	원피스
плащ	비옷, 망토

племя́нник	조카 (남자)
племя́нница	조카 (여자)
пло́хо	나쁘게, 잘못
пло́щадь	광장
плыть	헤엄치다
плюс	플러스
по-англи́йски	영어로
побе́да	승리
пого́да	날씨
по-испа́нски	스페인어로
по-кита́йски	중국어로
по-коре́йски	한국어로
полете́ть (см. лете́ть)	날아가다 (лете́ть의 완료상)
поли́тика	정치
полити́ческий	정치의
полоте́нце	수건
по́мнить	기억하다
поплы́ть (см. плыть)	헤엄치다 (плыть의 완료상)
по-ру́сски	러시아어로
по-францу́зски	불어로
побежа́ть (см. бежа́ть)	달리다 (бежа́ть의 완료상)
по́вар	요리사
повезти́ (см. везти́)	1. 차를 태워 데려가다 2. 운이 좋다 (везти́의 완료상)
поверну́ть	방향을 바꾸다
пове́сить (см. ве́шать)	걸다 (ве́шать의 완료상)
повести́ (см. вести́)	데리고 가다, 안내하다 (вести́의 완료상)
по́весть	중편소설
повтори́ть (см. повторя́ть)	1. 반복하다 2. 한 번 더 말하다 (повторя́ть의 완료상)
поги́бнуть	죽다
погуля́ть (см. гуля́ть)	산책하다 (гуля́ть의 완료상)
подари́ть (см. дари́ть)	선물하다 (дари́ть의 완료상)
пода́рок	선물
подгото́виться (см. гото́виться)	준비하다 (гото́виться의 완료상)
подожда́ть (см. ждать)	기다리다 (ждать의 완료상)
подру́га (подру́жка)	여자 친구
поду́мать (см. ду́мать)	생각하다 (ду́мать의 완료상)
по́езд	기차
пое́здка	여행
пое́хать (см. е́хать)	(차를 타고) 가다 (е́хать의 완료상)
пожа́луйста	제발 (please의 뜻)
пожела́ть (см. жела́ть)	원하다, 바라다 (жела́ть의 완료상)
пожило́й (~ челове́к)	중년의
поза́втракать (см. за́втракать)	아침식사를 하다 (за́втракать의 완료상)
позанима́ться (см. занима́ться)	공부하다, ~을 하다 (занима́ться의 완료상)
позвони́ть (см. звони́ть)	전화하다 (звони́ть의 완료상)
по́здний	늦은
по́здно	늦게
поздоро́ваться (см. здоро́ваться)	인사하다
поздра́вить (см. поздравля́ть)	축하하다 (поздравля́ть의 완료상)
поздравле́ние	축하
поздравля́ть	축하하다
по́зже, поздне́е	더 늦은, 더 늦게
познако́мить (см. знако́мить)	소개하다

단어장

	(знако́мить의 완료상)
познако́миться (см. знако́миться)	
	인사를 나누다
	(знако́миться의 완료상)
поигра́ть (см. игра́ть)	놀다, (운동을) 하다, (악기를) 연주하다 (игра́ть의 완료상)
поинтересова́ться (см. интересова́ться)	
	관심을 가지다 (интересова́ться의 완료상)
поиска́ть (см. иска́ть)	찾다 (иска́ть의 완료상)
пойти́ (см. идти́)	가다 (идти́의 완료상)
пока́	1. 안녕 (= до свидания)
пока́	2. ~하는 동안은 (= до сих пор)
показа́ть (см. пока́зывать)	
	보여 주다 (пока́зывать의 완료상)
пока́зывать	보여 주다
покупа́ть	사다, 구입하다
поку́пка	구매
покури́ть (см. кури́ть)	담배를 피우다 (кури́ть의 완료상)
пол	바닥
полете́ть (см. лете́ть)	날아가다 (лете́ть의 완료상)
ползти́	기어가다
поликли́ника	병원
положи́ть (см. класть)	놓다 (класть의 완료상)
полуо́стров	반도
получа́ть	받다
получи́ть (см. получа́ть)	받다 (получа́ть의 완료상)
помечта́ть (см. мечта́ть)	꿈꾸다 (мечта́ть의 완료상)
помога́ть	돕다
помо́чь (см. помога́ть)	돕다 (помога́ть의 완료상)
по́мощь	도움
понеде́льник	월요일
понести́ (см. нести́)	가지고 가다, 운반하다 (нести́의 완료상)
понима́ть	이해하다
понра́виться (см. нра́виться)	
	마음에 들다 (нра́виться의 완료상)
поня́ть (см. понима́ть)	이해하다 (понима́ть의 완료상)
пообе́дать (см. обе́дать)	점심을 먹다 (обе́дать의 완료상)
поплы́ть (см. плыть)	헤엄치다 (плыть의 완료상)
попроси́ть (см. проси́ть)	부탁하다 (проси́ть의 완료상)
порабо́тать (см. рабо́тать)	일하다 (рабо́тать의 완료상)
пора́ньше	조금 일찍
порт	항구
портфе́ль	서류가방
поря́док (всё в поря́дке)	질서 (다 좋다, 다 괜찮다)
посети́ть (см. посеща́ть)	방문하다 (посеща́ть의 완료상)
посеща́ть	방문하다
посиде́ть (см. сиде́ть)	앉아있다 (сиде́ть의 완료상)
посла́ть (см. посыла́ть)	보내다 (посыла́ть의 완료상)
по́сле	[생격 지배 전치사] ~한 후에
послу́шать (см. слу́шать)	듣다 (слу́шать의 완료상)
посмея́ться (см. смея́ться)	웃다 (смея́ться의 완료상)
посмотре́ть (см. смотре́ть)	

보다 (смотре́ть의
완료상)

посове́товать (см. сове́товать)
충고하다 (сове́товать
의 완료상)

посове́товаться (см. сове́товаться)
의논하다
(сове́товаться의
완료상)

поспа́ть (см. спать)   잠을 자다 (спать의
완료상)

поспеши́ть (см. спеши́ть)
서두르다 (спеши́ть의
완료상)

поспо́рить (см. спо́рить)
논쟁하다, 다투다
(спо́рить의 완료상)

поссо́риться (см. ссо́риться)
싸우다 (ссо́риться의
완료상)

поста́вить (см. ста́вить) 세우다 (ста́вить의
완료상)

постира́ть (см. стира́ть) 세탁하다 (стира́ть의 완
료상)

постри́чь (см. стричь)   머리를 자르다 (стричь
의 완료상)

постро́ить (см. стро́ить)건설하다 (стро́ить의
완료상)

поступа́ть   입학하다, 입사하다

поступи́ть (см. поступа́ть)
입학하다, 입사하다
(поступа́ть의 완료상)

посу́да   그릇

постоя́нно   항상, 늘

посыла́ть   보내다

потанцева́ть (см. танцева́ть)
춤추다 (танцева́ть의
완료상)

потому́ что   왜냐하면

поу́жинать (см. у́жинать)

저녁을 먹다 (у́жинать
의 완료상)

поучи́ться (см. учи́ться 1)
공부하다 (учи́ться 1의
완료상)

почему́   왜

почи́стить (см. чи́стить) 씻다, 깨끗하게 하다
(чи́стить의 완료상)

по́чта   우체국

почтальо́н   우체부

почти́   거의

почу́вствовать (см. чу́вствовать)
느끼다 (чу́вствовать
의 완료상)

поэ́тому   따라서, 그래서

прав(права́, пра́вы)   옳다

пра́вда   사실, 진실

пра́здник   휴일

пра́ктика   실습

предлага́ть   제안하다

предложи́ть (см. предлага́ть)
제안하다 (предлага́ть
의 완료상)

предме́т   물건, 과목

прекра́сный   멋진, 훌륭한

преподава́тель   강사 (남자)

преподава́тельница   강사 (여자)

преподава́ть   가르치다

привезти́ (см. привози́ть)
(차로) 운반하다
(привози́ть의 완료상)

привести́ (см. приводи́ть)
데리고 오다, 인도하다
(приводи́ть의 완료상)

приве́т   안부

Приве́т!   안녕!

приводи́ть   데리고 오다, 인도하다

привози́ть   (차로) 운반하다

привыка́ть   익숙해지다

привы́кнуть (см. привыка́ть)

	익숙해지다
	(привыкáть의 완료상)
приглашáть	초대하다
пригласи́ть (см. приглашáть)	
	초대하다 (приглашáть
	의 완료상)
приготóвить (см. готóвить)	
	준비하다, 요리하다
	(готóвить의 완료상)
приготóвиться (см. готóвиться)	
	준비하다
прийти́ (см. приходи́ть)	도착하다 (приходи́ть
	의 완료상)
приме́рить (см. ме́рить)	측정하다 (ме́рить의
	완료상)
приме́рно	대략
принести́ (см. приноси́ть)	
	가지고 오다
	(приноси́ть의 완료상)
принимáть	받다, 맞이하다, ~라 여기다
приноси́ть	가지고 오다
приня́ть (см. принимáть)	
	받다, 맞이하다, ~라 여기다
	(принимáть의 완료상)
приро́да	자연
присла́ть (см. присылáть)	
	보내다 (присылáть의
	완료상)
присылáть	보내다
прия́тно (Очень прия́тно!)	
	유쾌하게 (매우 기쁩니다!)
приходи́ть	도착하다
прия́тно	유쾌하게
прия́тный	유쾌한, 기분 좋은
про́бка (про́бка на доро́ге)	
	교통 체증 (도로 위의 교통
	체증)
пробле́ма	문제
прове́рить (см. проверя́ть)	
	검사하다 (проверя́ть

	의 완료상)
проверя́ть	검사하다
прогно́з (прогно́з погоды)	
	예상 (일기 예보)
прогрáмма	프로그램
(уче́бная прогрáмма, телевизио́нная	
прогрáмма)	학업 프로그램, TV 프로그램
программи́ст	프로그래머
продавáть	팔다
продаве́ц	판매원
продáть (см. продавáть)	팔다 (продавáть의
	완료상)
проду́кты	식료품
пройти́ (см. проходи́ть)	지나가다
	(проходи́ть의 완료상)
проси́ть	부탁하다
прости́ть (см. прощáть)	용서하다 (прощáть의
	완료상)
прости́ться (см. прощáться)	
	작별하다 (прощáться
	의 완료상)
просто́й	단순한
простуди́ться	감기에 걸리다
про́ще	더 간단한, 더 간단하게
профе́ссор	교수
прохла́дно	서늘하게
прохла́дный	서늘한
проходи́ть	지나가다
прочитáть (см. читáть)	읽다 (читáть의 완료상)
про́шлый (в про́шлом году́)	
	지난 (작년에)
прощáть	용서하다
прощáться	작별하다
пры́гать	껑충껑충 뛰다
пры́гнуть (см. пры́гать)	껑충껑충 뛰다
	(пры́гать의 완료상)
пря́мо	곧장, 직설적으로
пти́ца	새
Пусáн	부산
путеше́ствие	여행

путеше́ствовать	여행하다
путь	길
пя́тница	금요일
пя́тый	다섯 번째의
пять	5
пятна́дцать	15
пятьдеся́т	50
пятьсо́т	500

Р

рабо́та	일, 일터
ра́дио	라디오
рабо́тать	일하다
рад(ра́да, ра́ды)	기쁘다
ра́дость	기쁨
раз	번
разгова́ривать	대화하다
разме́р	크기
ра́зный	다양한
разреша́ть	허락하다
разреши́ть (см. разреша́ть)	허락하다 (разреша́ть의 완료상)
ра́но	일찍
ра́нний	이른
ра́ньше	1. 전에 2. 더 이른, 더 이르게
расска́зывать	이야기하다
рассказа́ть (см. расска́зывать)	이야기하다 (расска́зывать의 완료상)
располага́ться	자리하다
расположи́ться (см. располага́ться)	자리하다 (располага́ться의 완료상)
расчеса́ть (см. расчёсывать)	빗다 (расчёсывать의 완료상)

расчёска	빗
расчёсывать (во́лосы)	빗 (머리를 빗다)
ребёнок	아기
ре́дкий	드문
ре́дко	드물게
ре́же	더 드문, 더 드물게
ре́зать (хлеб, сыр)	자르다 (빵, 치즈를 자르다)
река́	강
рестора́н	레스토랑
реце́пт	레시피
реша́ть	해결하다, 결정하다
реши́ть (см. реша́ть)	해결하다, 결정하다 (реша́ть의 완료상)
рис	쌀
рисова́ние	그리기
рисова́ть	그리다
ро́дина	조국
роди́тель (pl. роди́тели)	부모 (양친 부모)
родно́й (~ го́род)	육친의, 본국의 (고향)
рожде́ние (день рожде́ния)	출생 (생일)
Рождество́	성탄절
роди́ться	태어나다
ро́дственник	친척
ро́за	장미
ро́зовый	장밋빛의
роль	역할
рома́н	소설
Росси́я	러시아
росси́йский	러시아의
роя́ль	피아노
руба́шка	셔츠
рубль	루블
рука́	팔
ру́сская	러시아인 (여자)
ру́сский	1. 러시아의
ру́сский	2. 러시아인 (남자)
ру́сский язы́к	러시아어
ру́сско-коре́йский (~ слова́рь)	러한 (사전)

ру́чка	펜
ры́ба	생선
ры́нок	시장
ря́дом	나란히
ря́дом с	~와 나란히

С

сад	정원
сади́ться	앉다
сала́т	샐러드
са́мбо	삼보
самолёт	비행기
санато́рий	요양원
Санкт-Петербу́рг	상트 페테르부르그
сапо́г (сапоги́)	장화
са́уна	
са́хар	설탕
све́жий (~ ры́ба, газе́та, ве́тер)	
	신선한 (생선), [(갓 나온) 신문, 바람]
свёкла	비트
сви́тер	스웨터
свобо́дный	자유로운
свобо́дное вре́мя	여가시간
свой (своя́, своё, свои́)	자신의
сдава́ть экза́мен	시험을 치르다
сдать (см. сдава́ть) экза́мен	
	시험을 치르다 (сдава́ть의 완료상)
сде́лать (см. де́лать)	하다 (де́лать의 완료상)
се́вер	북
се́верный	북쪽의
сего́дня	오늘
сего́дняшний	오늘의
седьмо́й	일곱 번째의
сезо́н	시즌
сейча́с	지금
семна́дцать	17
семь	7
се́мьдесят	70

семьсо́т	700
семья́	가족
сентя́брь	9월
се́рдце	심장, 마음
серебро́	은
се́рый	잿빛의, 회색의
сестра́	여자형제
сесть (см. сади́ться)	앉다 (сади́ться의 완료상)
Сеу́л	서울
сеу́льский	서울의
сигаре́та	담배
сиде́ть	앉아있다
си́льный 1 (~ челове́к)	힘이 센 (사람)
си́льный 2 (~ ве́тер, дождь)	
	강한 (바람, 비)
симпати́чный	호감 가는
си́ний	푸른, 청색의
сказа́ть (см. говори́ть)	말하다 (говори́ть의 완료상)
ска́зка	동화
ско́лько	얼마나
ско́ро	곧
скри́пка	바이올린
ску́чно	지루하게
ску́чный	지루한
сла́бый 1 (~ челове́к)	힘이 약한 (사람)
сла́бый 2 (~ ве́тер)	약한 (바람)
сла́ва	명예
сле́ва	왼쪽부터, 왼쪽에
сле́дующий	다음의
слова́рь	사전
сло́во	단어
слон	코끼리
слу́шать	듣다
слы́шать	듣다
смартфо́н	스마트폰
смерть	죽음
смея́ться	웃다
смотре́ть	보다

смочь (см. мочь)	할 수 있다 (мочь의 완료상)	Спаси́бо!	감사합니다!
снача́ла	우선, 먼저	спать	자다
снег	눈	спекта́кль	연극, 공연
соба́ка	개	спеть (см. петь)	노래하다
собира́ть	모으다	спеши́ть	서두르다
собира́ться	~할 계획을 세우다	спина́	등
собра́ние	모임	спо́рить	논쟁하다
собра́ть (см. собира́ть)	모으다 (собира́ть의 완료상)	спорт	스포츠
		спорти́вный	운동의
собра́ться (см. собира́ться)		спортсме́н	스포츠맨 (남자)
	~할 계획을 세우다 (собира́ться의 완료상)	спортсме́нка	스포츠맨 (여자)
		спра́ва	오른편에서, 우측에서
сове́т	충고	спра́шивать	질문하다
сове́товать	충고하다	спроси́ть (см. спра́шивать)	
сове́товаться	의논하다		질문하다 (спра́шивать의 완료상)
совреме́нный	현대의, 동시대의		
со́да	소다	среда́	수요일
соедини́ть (см. соединя́ть)		сре́дний	가운데의, 중간의
	연결시키다 (соединя́ть의 완료상)	ссо́риться	싸우다
		ста́вить	세우다
соединя́ть	연결시키다	стадио́н	스타디움
сожале́ние (к сожале́нию)		стака́н	컵
	유감 (유감스럽게도)	станови́ться	~이 되다
сок	주스	старе́йший	가장 나이가 많은, 오래된
со́лнце	태양	стари́нный	과거의, 오래 된
со́лнечно	맑게	ста́рость	노년
со́лнечный	맑은	старт	시작
соль	소금	ста́рше	나이가 더 많은
сон	꿈	ста́рший	나이가 더 많은
сообща́ть	알리다, 통보하다	ста́рый	늙은, 낡은
сообщи́ть (см. сообща́ть)	알리다, 통보하다 (сообща́ть의 완료상)	стать (см. станови́ться)	되다 (станови́ться의 완료상)
		статья́	기사, 논문
со́рок	40	стира́ть	세탁
сосе́д	이웃 (남자)	стихи́	시
сосе́дка	이웃 (여자)	сто	100
сосе́дний	이웃의	стол	탁자
соси́ска (соси́ски)	소시지	столи́ца	수도
со́товый телефо́н	핸드폰	столо́вая	식탁
спаге́тти	스파게티	стоя́ть	서 있다

страна́	나라	темно́	어둡다
страни́ца	페이지	темнота́	어둠
стричь	머리를 자르다	температу́ра	온도
строи́тель	건축기사	те́ннис	테니스
стро́ить	건설하다	тепе́рь	이제
студе́нт	학생 (남자)	тепло́	따뜻하게
студе́нтка	학생 (여자)	тёплый	따뜻한
студе́нческий	학생의	тест	테스트
стул	의자	тетра́дь	공책
стюарде́сса	스튜어디스	тётя	아줌마, 고모, 이모
суббо́та	토요일	ти́хий	고요한
Су́здаль	수즈달	ти́хо	조용히
суп	수프	ти́ше	더 조용한, 더 조용하게
су́тки	1주야, 24시간	(с) тобо́й	너와 함께 (대명사 ты의
сфотографи́ровать (см. фотографи́ровать)			조격)
	사진 찍다	това́р	상품
	(фотографи́ровать	това́рищ	동무, 친구
	의 완료상)	то́же	역시
сча́стье	행복	То́кио	도쿄
сыгра́ть (см. игра́ть)	놀다 (игра́ть의 완료상)	торт	케이크
сын	아들	тошнота́	메스꺼움
сыр	치즈	трамва́й	전차
съесть (см. есть)	먹다 (есть의 완료상)	тре́тий	세 번째의
сюда́	여기로	три	3
		три́дцать	30
		трина́дцать	13
Т		три́ста	300
табле́тка	알약	тролле́йбус	트롤리버스
такси́	택시	тру́дно	어렵다
там	저기에	тру́дный	어려움
танцева́ть	춤추다	туда́	그리로
танцева́льный	춤의, 춤을 출 수 있는	тума́н	안개
твой (твоя́, твоё, твои́)	너의	тут	여기에
теа́тр	극장	ту́фли	구두
тебе́	(대명사 ты의 여격)	ты	너
	너에게	ты́сяча	천
тебя́	(대명사 ты의 생격, 대격)	тяжело́	힘겹게, 무겁게
	너를	тяжёлый	힘겨운, 무거운
текст	텍스트		
телеви́зор	TV		
телефо́н	전화		

у

убира́ть (~ ко́мнату)	치우다 (방을 치우다)
убо́рка	청소
убра́ть (см. убира́ть)	치우다 (убира́ть의 완료상)
уважа́ть	존경하다
уви́деть (см. ви́деть)	보다 (ви́деть의 완료상)
уви́деться (см. ви́деться)	만나다 (ви́деться의 완료상)
увлека́тельный	매력적인
увлека́ться	매혹되다
у́гол	구석
у́голь	석탄
уда́ча	성공
удово́льствие (с удово́льствием)	만족 (기꺼이)
уйти́ (см. уходи́ть)	떠나다 (уходи́ть의 완료상)
ужа́сно	매우 (=о́чень)
ужа́сный	1. 매우 무서운, 끔찍한 2. 아주 나쁜, 형편 없는
уже́	이미
у́же	더 좁은, 더 좁게
у́жин	저녁식사
у́зкий	좁은
у́зко	좁게
узнава́ть	물어서 알다, 알아보다, 알아채다
узна́ть	물어서 알다, 알아보다, 알아채다 (узнава́ть의 완료상)
у́жинать	저녁식사를 하다
у́лица	거리
улыба́ться	미소 짓다
улыбну́ться (см. улыба́ться)	미소 짓다 (улыба́ться의 완료상)
умере́ть (см. умира́ть)	죽다 (умира́ть의 완료상)
умира́ть	죽다
у́мный	지혜로운
умыва́ться	씻다, 세수하다
умы́ться (см. умыва́ться)	씻다, 세수하다 (умыва́ться의 완료상)
университе́т	대학
упа́сть (см. па́дать)	넘어지다 (па́дать의 완료상)
упражне́ние	연습문제, 연습
уро́к	수업, (책의) 과
услы́шать (см. слы́шать)	듣다 (слы́шать의 완료상)
успе́х	성공
успе́шно	성공적으로
успе́шный	성공적인
устава́ть	피로해지다
уста́ть (см. устава́ть)	피로해지다 (устава́ть의 완료상)
у́тренний	아침의
у́тро	아침
у́тром	아침에
утю́г	다리미
уха́	생선수프
у́хо (у́ши)	귀
уходи́ть	떠나다
уче́бник	교과서
уче́бный (~ год)	학교의, 학업과 관계된 (학년도)
уче́ба	학업
учёный	학자
учи́лище	전문학교
учи́тель	(초·중·고등학교) 교사 (남자)
учи́тельница	(초·중·고등학교) 교사 (여자)
учи́ть (= изуча́ть)	공부하다
учи́ться	공부하다
ую́тный	편안한

Ф

фа́брика	공작
факс	팩스
факульте́т	학부
фантасти́ческий	환상적인
фестива́ль	축제
февра́ль	2월
фи́зика	물리학
физи́ческий	물리적인, 신체의
фило́лог	인문학자
филологи́ческий	인문학의
фи́рма	회사
фиоле́товый	보라색의
флаг	깃발
фотоаппара́т	사진기
фотографи́ровать	사진 찍다
фотогра́фия	사진
Фра́нция	프랑스
францу́з	프랑스인
францу́женка	프랑스인 (여자)
францу́зский	프랑스의
францу́зский язы́к	프랑스어
фрукт (фру́кты)	과일
футбо́л	축구
футболи́ст	축구 선수
футбо́лка	티셔츠
футбо́льный (~ матч, кома́нда, мяч)	축구의 (축구 경기, 축구팀, 축구공)

Х

Хаба́ровск	하바롭스크
хи́мия	화학
хи́мик	화학자
хими́ческий	화학의
хлеб	빵
ходи́ть	가다
хо́лодно	춥다
холо́дный	추운
хоро́ший	좋은

хорошо́	잘, 좋게
хоте́ть	원하다
храм	사원
ху́же	더 나쁜, 더 나쁘게

Ц

царь	황제
цель	목표
центр	시내, 중심
центра́льный	시내의, 중심의
це́рковь	교회
цвет (цвета́)	색
цветно́й (~ карандаши́)	색이 있는 (색연필)
цвето́к (цветы́)	꽃
цирк	서커스

Ч

чай	차
ча́йка	갈매기
час	시간
ча́сто	자주
ча́стый	빈번한
часть	부분
часы́	시계
ча́шка	찻잔
ча́ще	더 잦은, 더 자주
чего́ (см. что)	что의 생격
чей (чья, чьё, чьи)	누구의
чем (см. что)	что의 조격
чему́ (см. что)	что의 여격
(о) чём (см. что)	что의 전치격
челове́к	인간
че́рез	대격 지배 전치사. ~후에
четве́рг	목요일
четвёртый	네 번째의
четы́ре	4
четы́реста	400
четы́рнадцать	14
чёрный	검은

Чёрное мóре	흑해
чи́стить	깨끗하게 하다
чи́стый	깨끗한
чита́ть	읽다
чи́ще	더 깨끗한, 더 깨끗하게
чте́ние	독서
что	무엇
чу́вствовать	느끼다
чужóй	낯선, 타인의

Ш

ша́пка	모자
шар	구(球), 원
шарф	스카프
ша́хматы	서양장기
шестóй	여섯 번째의
шестна́дцать	16
шесть	6
шестьдеся́т	60
шёл, шла, шли (см. идти́)	
	идти́ 동사의 과거형
ше́я	목
ши́ре	더 넓은, 더 넓게
широ́кий	넓은
широкó	넓게
шкаф	찬장, 장
шкóла	(초·중·고등) 학교
шкóльник	(초·중·고등) 학생 (남자)
шкóльница	(초·중·고등) 학생 (여자)
шкóльный	학교의
шоколáд	초콜릿
шóрты	반바지
шофёр	운전사
шум	소음
шуме́ть	소리를 내다

Щ

щётка	솔
щу́ка	꼬치고기

Э

экза́мен	시험
эконó́мика	경제
экономи́ст	경제학자
экономи́ческий	경제적인
экску́рсия	견학
эта́ж	층
э́то	이것은, 이 사람은
э́тот (э́та, э́то, э́ти)	이 (this)
Эрмита́ж	에르미타쉬 박물관

Ю

ю́бка	치마
юг	남쪽, 남
ю́жный	남쪽의
ю́ный	젊은

Я

я	나
я́блоко	사과
я́блочный (~ сок)	사과로 만든 (주스)
я́года	열매
яйцó	계란
янва́рь	1월
япóнец	일본인 (남자)
Япóния	일본
япóнка	일본인 (여자)
япóнский	일본의
япóнский язы́к	일본어
я́ркий (~ свет)	선명한 (빛)
я́рче	더 선명한, 더 선명하게
я́сно	1. 알아듣게, 이해할 수 있게
	2. 선명하게, 맑게
я́сный	1. 알아들을 수 있는, 이해 할 만한
	2. 밝은, 맑은

실속 100% 개정판

러시아어
첫걸음 2

초판발행	2007년 3월 23일
개정판 발행	2019년 3월 4일
개정판 4쇄	2023년 9월 25일

저자	안지영, 갈리나 부드니코바
편집	권이준, 김아영
펴낸이	엄태상
디자인	진지화
조판	이서영
콘텐츠 제작	김선웅, 장형진, 조현준
마케팅본부	이승욱, 왕성석, 노원준, 조성민, 이선민
경영기획	조성근, 최성훈, 김다미, 최수진, 오희연
물류	정종진, 윤덕현, 신승진, 구윤주

펴낸곳	랭기지플러스
주소	서울시 종로구 자하문로 300 시사빌딩
주문 및 교재 문의	1588-1582
팩스	0502-989-9592
홈페이지	www.sisabooks.com
이메일	book_etc@sisadream.com
등록일자	2000년 8월 17일
등록번호	제300-2014-90호

ISBN 978-89-5518-598-0(14790)